경계, 짓다-지우다-넘어서다

일러두기

- 단행본이나 논문집, 소설 등은 『 』, 단행본에 실린 단편이나 기사 등은 「 」, 영화 제목은 〈 〉으로 표기했다.

경계, 짓다-지우다-넘어서다

서울대학교 인문대학 엮음

사회평론아카데미

발간사

이 책은 2024년 가을 '경계: 짓다, 지우다, 넘어서다'라는 제목으로 열린 여섯 번째 인문학 심포지엄을 글로 엮어 낸 결과물입니다. 인간, 대학, 문화와 유통, 나이듦, 욕망에 이어 '경계'라는 주제로 책을 출간하게 되었고, '죽음'을 주제로 한 2025년 인문학 심포지엄의 결과물도 이어서 출간될 예정입니다.

2019년에 시작되어 어느덧 인문대학의 대표적인 학술행사로 자리매김하게 된 인문학 심포지엄은 인문대학 내의 분과 학문이 하나의 주제를 다양한 방법으로 고찰하고 학문의 '경계'를 넘어 대화를 나누는 소통의 장입니다. 'sym-posium'이라는 말의 의미를 그야말로 즉자적으로 실천하는 학술행사로서, 융합적 접근을 선도적으로 시도하며 인문학의 지평을 넓혀 왔습니다. 여섯 번째 심포지엄 주제인 '경계'는 경계 허물기를 통해 실천적 앎을 생산하고자 하는 인문학 심포지엄의 정신과 메타적 성격을 고스란히 반영하고 있습니다.

우리의 학문적 여정과 삶이 경계를 짓고 허무는 변증법적 과정의 연장이라면, '경계'라는 도전적인 주제는 궁극적으로 '우리는 어디에서 왜 어떻게 살아가고 있는가? 우리의 존재를 규정하는 보이는 것들, 보이지 않는 것들은 어떻게 우리의 현실을 구성하고 있는가?'라는 중요한 질문을 던지고 있다고 생각합니다. 이 자리를 빌려 이번 심포지엄을 기획하고 노심초사 정성껏 준비해 온 이해완 교수님께 깊은 존경과 감사의 말씀을 드립니다. '경계'에 대한 성찰적 사유와 '경계'를 넘어설 수 있는 용기와 실존적 이유를 정갈한 글로 풀어 준 열두 명의 저자들에게도 축하와 감사 말씀을 드립니다. 심포지엄 행사가 성공적으로 진행될 수 있도록 노력을 마다하지 않은 홍진호 인문대학 기획 부학장님과 인문대학 기획팀, 그리고 인문학연구원 학부생 펠로우들에게도 감사를 드립니다. 또한 학술행사부터 원고 수집까지 꼼꼼하게 챙긴 이지은 조교와 책장을 넘길 때마다 즐거움을 더할 수 있도록 훌륭한 디자인의 책을 만들어 준 사회평론아카데미의 편집진에게도 감사의 마음을 전합니다.

2025년 10월

서울대학교 인문대학 학장 안지현

차례

3부 삶과 경계

서설

경계와 인문학: 기획한 이의 말

이해완

인문학 공동연구 총서가 벌써 여섯 번째의 연륜을 쌓고 있다. 2020년 『인간을 다시 묻는다』라는 제목으로 출간된 시리즈의 첫째 권은 그 이전 해 2019년 가을, 당시 인문대 이재영 학장의 제안으로 시작된 인문학 심포지엄의 결과였다. 기획과 편집 책임을 맡은 국문과 정병설 교수의 노력으로, 우리 시대 새롭게 '인간의 존엄과 가치'를 질문해야 할 인문학의 책무를 상기시키는 학술대회에서 발표된 열네 편의 원고가 그 시작이다. 이듬해 미학과 신혜경 교수가 책임을 맡은 두 번째 심포지엄은 '대학'을 다시 생각하자는 기획이었다. 이는 전 지구적 코로나 위기로 인해 그동안 우리에게 당연하게 주어졌던 것들의 의미와 가치를 되새겨 보게 된 시기에 기획되었다. 학생들이 사라진 캠퍼스, 뉴노멀이 된 비대면 수업을 겪으며 우리가 몸담고 학문과 교육을 논하는 대학이라는 제도 역시 그 위상과 역할에 대한 근본적인 성찰이 필요했었다고 본다. 이어 서양사학과 박흥식 교수가 주도한 '문화의 유통과 교류'를 주제로 한 심포지엄에 발표되었던 다양하고 흥미로운 글들이 모여 시리즈의 셋째 권이 출간되었고 2022년에는 동양사학과 김병준 교수가 '나이듦'을 주제로, 2023년에는 중어중문학과 이강재 교수가 '욕망'을 주제로 각각 의미 있는 학술대회를 준비했었다. 특히 '노년'이 아닌 '나이듦'에 관한 논의를 바탕으로 출간된 연구서는 꽤 많은 대중적 관심을 받은 것으로 알고 있다. 다섯 분의 탁월한 기획자와 수많은 집필자가 참여한 지난 5년의 결과물들은 이 학술행사가 단순히 가을이면 돌아오는 연례행사가 아니라 인문대학 학문 공동체에 활기와 소통의 정신을 불어넣는 작업이며, 우리가 '따로 또 같이' 공부한 것을 일반 대중을 비롯해 교내외에 전달하는 의미 있는 기회의 축적이라는 것을 보여 주고 있는 듯하다.

2023년 가을, 이 심포지엄 시리즈의 여섯 번째 기획을 맡아 보지 않겠냐는 강창우 당시 학장의 제안은 고맙고도 무거웠지만 바로 이러한 인문대학의 학술적 소통과 축적의 장에 참여할 수 있겠다는 기쁨과 자부심 역시 작지 않았다. 게다가 앞서 심포지엄을 기획한 분들의 존경스러운 면면을 감안했을 때, 이런 전통 만들기에 참여를 제안받은 것은 즐거움을 넘어 소위 가문의 영광이라는 생각도 과장 없이 좀 들었던 것 같다.

주제는 의외로, 마치 준비라도 되어 있었던 것처럼(하지만 그랬던 것은 전혀 아니다) 강창우 학장과의 첫 대화 자리에서 바로 정해졌다. '구분 짓기 혹은 경계 나누기에 대한 성찰'이 그것이었다. 같은 것과 다른 것, 유사하지만 같지는 않은 것 등을 구별하여 묶고 경계를 짓는 일은 실제로 인문학적 성찰이나 과학적 탐구를 막론하고 모든 이론과 학문 활동의 출발이 되는 일이다. 그 본성상 인문학적 사유의 대상이 되는 것들은 단숨에 답을 제시하기 어려운 것, 정보의 집적만으로 해결할 수 없는 것, 메타적이고 반성적 차원의 개입을 요청하는 것들이다. 좋음과 옳음, 존재와 진리와 지식, 합리성과 감성에 이르기까지 인간과 인간이 만든 공동체를 이해하기 위해 물어야 할 근본 주제들, 오랜 시간이 지나도 여전히 그 실체를 파악하기 어려운 것들에 대해 인문학은 여전히 그 답을 찾는다. 인간이란 무엇이고 좋은 삶이란 어떻게 살아야 하는지와 같은 질문은 그에 대한 사유와 탐구가 멈춘 적 없는 고유한 인문학적 질문들이다. 시대마다 사상가들, 역사가들, 문필가들이 자신들의 한계를 안고서라도 자신들의 모든 지식과 사유 체계를 동원하여 이 질문들에 답하고자 노력해 왔다. 이미 있는 답들을 비판적으로 검토하면서 그것들을 개선하거나 더 나은 것으로 대체하려 했으며, 그 과정에서 이러한 질문의 의미와 의의 자체를 다시 생각해 보자는 반성과 성찰을 제시해 온 것이 인문학적 사유의 역사이자 인문학 탐구의 기본이 된다. 이는 바로 최선의 합리적인 사유를 통해 '경계'와 '구분'을 제시하고, 시간이 흘러 그러한 경계 짓기의 효용성과 합리성이 의심되면 비판적이고 반성적 사유를 통해 그 경계를 지우거나 다시 그리는 작업을 하고, 경우에 따라 그런 경계와 구분의 존재 자체를 초월하는 것이 타당하지 않은지로까지 우리의 반성적 사유를 확장하는 인문학적 사유의 전개와 다르지 않다. 따라서 오래되고 중요한 문제에 대해 현대적 감수성을 동원하고 새로운 방법론과 세계관으로 제시하는 구분과 경계 짓기는 그 효용을 다하는 일이 없을 인문학적 작업의 기본이다. 키워드로서의 '경계'는 실로 어떤 인문적 탐구 활동도 포용할 수 있는 위상을 갖는 폭넓은 개념인 것 같다.

쉽게 은유적으로 변주될 수도 있다면 경계를 다루지 않는 인문학이 어디 있을 것이며, 그래서 이 정도의 주제라면 어문 사철의 다양한 인문학적 논의를 쉽게 아우를 수 있는 제법 쓸 만한 '만능 접착제' 역할을 할 것이라는, 어쩌면 심포지엄 구성의 편의를 위한 전략적인 이유가 있었음을 부정할 필요는 없다. 다만 그것이 경계라는 주제가 선정된 이유의 전부는 아니다. 사실 학문이 가진 보편적 성격으로서의 '구분 짓기'나 경계라는 용어의 은유적 쓰임을 통한 확장은 오히려 추후에 든 생각이고, 애초의 제안이 전제하고 있었던 것은 경계라는 말 자체의 의미 그대로 첨예한 사회문화적 쟁점들에 대한 날 선 대립, 지지 혹은 비판으로 이어지는 논쟁적 전선의 모습이었다. 즉 더 좁고 구체적인 차원에서, 좀 더 '매운 맛'을 다룰 수 있는 주제로 생각해 본 것이 경계라는 주제였다.

예를 들어 문화 예술의 영역을 중심으로 벌어지는 수많은 전통적인 구분과 그에 대한 도전, 그것을 다루는 새로운 감수성의 출현은 분명 경계에 대한 재검토와 성찰을 요청하는 시점에 있다고 볼 수 있다. 예술철학을 전공한 사람으로서 대표적으로 들 수 있는 것은 미학의 기본 주제이자 현대 예술의 핵심 질문, 바로 예술과 비예술의 경계 문제이다. 근대에 형성된 '파인 아츠(fine-arts)' 체계가 곧 도구성이나 실용성에 반하여 미와 감성을 내세워 새롭게 구획한 경계들을 의미하는 말이었기에 '예술'의 경계는 애초부터도 인위적이고 역사적으로 형성된 것이었으며 지속적으로 변화해 가는 모습을 보여 준다. 아방가르드 예술의 실험들, 새로운 매체의 출현, 배경이 다른 문화들의 혼종이 훨씬 쉽고 빠르게 이루어질 수 있는 환경의 변화 속에서 예술과 비예술의 경계를 세우고 해체하고 다시 그리는 일은 현대 예술철학의 기본 과제가 된 것 같다. 그 과정에서 예술과 예술 아닌 것 사이의 넓은 회색 영역과 점진적 전이를 확인하는 것이 현대 예술철학의 작업 중 하나가 되었고, 그에 따라 또 다른 하위의 경계와 구분들이 등장하고 대립되는 전선들이 형성되는 모습을 볼 수 있다. 예술과 대중예술, 혹은 예술과 문화 산업과의 경계 역시 예전만큼 분명해 보이지 않는다. 예술과 윤리가 만나는 영역에서도 실질적이고 구체적인 경계의 문제가 대두된다. 현재 우리 주변에서 벌어지는 사회적·정치적 진영 나누기와 같은 현상, 전통적인 양성의 경계를 넘어선 퀴어와 젠더의 문제, 정치적 올바름과 소위 '캔슬 컬처(cancel culture)'와 관련된 '선 넘기' 등 예술 및 표현의 자유와 관련된 여러 쟁점이 인문학적 탐구의 대상이 된다.

변화하는 사회 문화의 현상으로 우리 삶에 등장하여 우리의 성찰과 이해를 요청하는 새로운 것들은 자신들을 이해하기 위한 새로운 경계를 요청하기도 하지만 동시에 존재하는 여러 경계의 필요성과 타당성을 반성하고 재고하도록 한다. 변화하는 현대적 삶 속에서의 오래된 구분과 경계가 여전히 유효한 것인지를 성찰할 필요가 있는 것이다. 특히 우리의 무반성적이고 관행적인 경계 짓기가 독단론이 되고 억압이나 불행의 원인이 되고 있지는 않은지 살피고 비판해야 하는 것도 사람에 대한 공부라는 인문학 연구가 지향해야 할 목표이다. 이를 통해 인문학은 학문의 영역을 넘어 공동체의 실제 삶에 개입할 수 있다. 경계라는 주제는 그러한 성찰의 과정에서 이왕이면 좀 더 까다롭고 논쟁적인 주제들을 다룰 수 있었으면 하는 희망과도 연결되어 있었다. 과연 어떤 경계들이 시대착오적이고 유효기간이 지난 것인지에 대한 날카로운 성찰이 가능할 것으로 보았다.

이러한 성찰의 결과가 앞선 경계와 구분들을 해체하고 지워 내야 함을 주장하는 천편일률적인 결과로 귀결되지만은 않을 것이다. 우리가 그저 하나의 삶의 태도를 취하는 것이 아니라 학문 활동을 수행하는 한, 경계는 말끔히 지워지기보다는 다시 생각되고 그에 따라 다시 그려지는 것을 목표로 할 수도 있다. 확장되기도 하고 새로운 의미가 부여되기도 할 것이며, 경우에 따라서는 오래된 경계가 여전히 유지될 필요가 있다는 것이 이 구역의 진리임이 새롭게 주장될 수도 있을 것이다.

이런 것들이 애초에 기획자의 좁은 식견으로 떠올릴 수 있었던 경계의 문제들이었다. 물론 이 책은 이것들을 뛰어넘어 기획자의 생각이 미처 이르지 못했던 영역까지 포괄하여 인문학 전반의 다양한 경계들을 다루는 것으로 귀결되었지만 말이다.

결국 짧은 시간의 논의였지만 경계라는 주제는 우리 인문학자들이 다른 누구보다 잘 하고 있는 일들을 엮어 낼 수 있는 키워드라는 생각이 들었고, 실질적으로 이해되건 비유적으로 이해되건 심포지엄의 주제로서 적절해 보였다. 정말 그래서였는지, 발표자 공모가 나가자 많은 분이 발표에 자원해 주셨다. 사실은 기획 초기에 혹시나 지원자가 적지나 않을까 하는 염려로 친분이 있는 인문대의 여러 교수님에게 관심을 부탁드렸었는데, 실제 공모가 끝나고 난 후에는 그분들의 도움은 필요하지 않을 정도로 많은 발표 희망자가 풍성하고 다양한 발표 주제를 가지고 모였다. 공모에 지원해 준 인문대 내외의 여러 연구자에게 이 자리를 빌려 감사드린다. 그렇더라도 어느 한 주제로의 편중을 막고 소주제들을 균형 있게 구성하기 위해서는 선택과 추가적인 섭외는 불가피했는데 이때에도 정말 예외 없이 모든 분이 첫 번째 연락에서 흔쾌히 참여를 수락해 주셨다. 그 결과 최종적으로 열두 분의 발표자로 심포지엄을 꾸리게 되었고 그 과정은 매우 순조로웠고 즐거웠다.

특히 이번 심포지엄의 홍보와 부대 행사에는 인문학연구원의 학부생 펠로우들이 자신들의 아이디어로 기획한 것들을 추가하여 더 풍성한 이야기를 엮어 내었다. 인문학 전문 연구자와 일반 대학생 사이의 간격을 좁히고 행사에서 학술적 토론을 활성화하기 위해 인문학연구원이 2024년 처음으로 선정한 인문학 학부생 펠로우들은 발표자인 열두 명의 교수님과 소통하며 일일이 발표와 관련하여 읽어 볼 만한 책을 추천받았고 그것을 바탕으로 학생들이 관심을 가질 만한 재미있는 포스터를 만들어 도서관 가는 길에서 전시회를 개최하였다. 학생들의 노력과 참여 덕분에 행사는 더욱 입체적으로 진행될 수 있었고 비오는 날이었음에도 성황을 이룰 수 있었다. 물론 여기에는 행사의 모든 과정을 처음부터 세심하게 돌보아 준 미학과 대학원생 이지은의 수고도 빼놓을 수 없다.

사실 인문대학 교수들에게 학술대회 발표는 특별할 것이 없는 일이다. 자신의 전공분야가 있고 그에 따른 학회에 소속되어 있으니 논문을 쓰고 학술대회에서 발표하는 일은 연구자들의 일상이다. 그러나 열두 명이건 네 명이건 서로 다른 전공의 인문대학 교수들이 공통의 주제하에 학술모임을 개최하는 일은 생각보다 자주 있는 일은 아니다. 꽤 많은 노력과 비용을 들여 인문대학이 이 프로그램의 지속에 마음을 쓰고 있는 이유가 있다면, 이 역시 어쩌면 우리가 가진 경계와 관련이 있을지도 모르겠다. 주제넘은 생각일 수도 있겠지만, 우리가 알게 모르게 가지고 있는 무관심과 배타성에 대한 우려와 위기의식이 이러한 행사를 필요로 하지 않나 하는 생각이다. 비록 인문학이 학문의 내용으로는 경계를 넘고 지우고 다시 그리는 일을 사유하고 성찰하지만 정작 나 자신을 포함한 우리 인문학자들의 삶과 태도는 전통과 관례가 만들어 준 틀 속에 안주하고 경계를 방호막 삼아 학문에서건 학교에서건 간섭 없는 나만의 세계에서 일인 정당의 당수가 되기를 희망하고 있는 것은 아닌가 하는 반성을 하게 된다. 이러한 인문학 공부와 인문학자의 삶 간의 불일치는, 만일 정말 존재한다면, 그것이 자만에서 나온 것이건 소심에서 나온 것이건, 그래도 '배운 대로 사는 것'에 제일 가깝다고 생각하는 인문학의 관점에서 보면 좀 부끄러운 것일 수 있다. 그래서 언어와 문학, 역사와 철학 연구자들이 인문학의 이름으로 같이 모여 자신의 전공 영역에서 들을 수 없었던 다른 이야기를 들으며 영향을 주고받을 수 있는 심포지엄과 그 결과가 모여서 이루어진 이 책이 의미를 갖는다는 생각이다. 그 구체적인 논의의 주제와 방향과 방법론은 다 다를지라도 어찌 되었건 존재했거나 부재했던 경계들의 의미와 의의에 대한 '어문사철' 인문학적 사유는 각 연구자들이 다루는 개별적 주제 그 자체뿐 아니라 그들을 품고 있는 인간의 삶과 가치, 사회와 환경에 대한 우리의 이해를 깊게 해 줄 것으로 믿는다.

책을 내기 위해 모은 열두 편의 글을 다시 세 개의 소주제로 나누어 배치하였다. 첫 주제는 최근의 화두가 되고 있는 인간과 비인간의 경계에 대해 반추하는 글들이다. 두 번째 주제는 학문 내에서의, 혹은 학문과 학문 간의 경계를 다루는 것으로 하였다. 세 번째는 삶과 문화 속에서의 경계로 디아스포라와 난민, 젠더와 장애를 통해 들여다보는 경계의 문제를 다룬다. 이 세 주제는 각각 앞선 인문학 심포지엄의 주제인 '인간'·'대학'·'문화'를 반영하도록 해 보았다.

1부 인간과 경계는 먼저 과학철학자와 언어학자가 인간과 기계의 경계를 이야기하는 것으로 시작한다. 과학학과 천현득 교수는 인공지능 시대의 인간 실존이라는 질문을 던지며 이 문제에 대한 우리의 생각을 정리할 수 있도록 도와준다. 천 교수는 인공지능이 감정과 같은 인간의 고유한 심적 특성들을 가지게 되면 어떻게 되나와 같은 논의는 최소한 시급한 문제는 아니라고 본다. 하지만 그럼에도 불구하고 인공지능은 현재 우리에게 실존적 위험이 될 수 있다. '인간 독특성'을 구성하는 요소들, 예를 들어 동료들의 심적 상태를 파악하거나 상상력을 활용하여 현재 눈앞에서 벌어지고 있지 않은 일을 모델링해 보는 것 같은 인간 역량들이 알고리듬 기반 사회에서는 위협을 받을 수 있기 때문이라는 것이다. 인공지능 시대의 인간이 진화의 이름으로 "생각하기를 멈추고, 더 이상 이유를 묻지 않고, 판단을 기계에 위임하고, 책임을 알고리듬에 전가"하며 인간이 만들어 내는 마찰과 불확실성을 기계의 매끄러운 작동을 방해하기에 제거해야 할 것으로 간주하게 되면 그것이 바로 천 교수가 생각하는 실존적 위험이다. 논리적이고 증거에 입각해 있으면서도 차분한 철학자의 성찰을 보여 주는 인공지능에 관한 논의가 의외로 흔하지 않기에, 그것을 보여 주는 천 교수의 글은 인문학적 논의의 메타적 성격을 보여 주며 '인간의 경계'를 논의하기에 좋은 출발이 되어 준다.

인공지능에 관해 이야기하기는 이상아 교수도 마찬가지이다. 그러나 LLM(대규모 언어 모델)을 다루는 언어학자의 시각은 살짝 다른 종류의 통찰을 보여 준다. LLM이 우리가 쓰는 틀린 문장을 고쳐 주고 수능 문제를 푸는 등 이미 고전적 의미의 튜링 테스트를 통과한 듯 보이더라도 우리는 여전히 이것이 '이해가 결여된 앵무새'로서 단지 확률적인 정보에 기반해 언어의 표면적인 형태를 처리하고 있다는 전제를 고집스레 지키고 있는 듯하다. 이 교수는 바로 이 점을 재고해 볼 수도 있다고 제안한다. 비록 인공지능이 '이미 인간 언어의 한계를 뛰어 넘었다' 같은 주장은 언어를 구성하는 요소들의 다양성을 고려할 때 오도될 우려가 있는 것이지만, LLM이 더 다양하고 거대한 언어 데이터와 더 효과적인 알고리듬과의 결합으로 훈련되고 있음에 주목한다면 이러한 발전은 우리로 하여금 인간 언어를 다시 생각하도록 할지 모른다.

세 번째 글에서는 연극학자이자 러시아문학 연구자인 백승무 교수가 스타니슬랍스키가 창안한 연기술 훈련법을 다루고 있는데, 이 글을 통해 신체와 감정, 기억과 상상과 같은 인간의 고유성에 대한 성찰을 이어 갈 수 있다. 연극은 몸과 인지의 역동성을 가장 잘 반영하는 예술 형식일 것인데, 백 교수에 따르면 스타니슬랍스키의 '정서적 기억'에 대한 입장은 문학인 희곡을 연극으로 전환하기 위한 최적의 방법론이다. 또한 그것은 인문학과 예술학이 창의성의 개발에 적합함을 보여 주는 사례이기도 하다. 타인의 심리를 이해하고 공감하며, 이를 바탕으로 상상력을 동원해 행위를 산출하는 과정이 곧 창의성을 향상시키는 전인적 활동이라는 것이다.

1부의 마지막 글은 인간과 동물 간의 경계에 관한 것이다. 동물은 환경과 더불어 최근의 문학과 윤리학, 철학의 영역에서 새롭고도 긴박한 논의 주제로 부상하고 있는 중이기에 심포지엄의 구상 초기부터 인공지능 못지않게 꼭 포함하고 싶었던 주제였다. 이를 위해 현대 미국소설의 포스트휴머니즘을 연구해 온 영문학자 이동신 교수가 나서 주었고 덕분에 애초에 기대했던 대로 이 주제에 대한 현대 철학자들과 문학이론가들의 담론을 조망하고 이 교수의 통찰을 엿볼 수 있는 글을 실을 수 있게 되었다. 이 교수는 인간과 동물 간에 하나의 선으로 된 깔끔한 경계를 그을 수 있다는 것은, 비록 그것이 인간중심주의를 벗어나 기존의 경계를 재고하고 다시 그리자는 제안까지 포함하더라도, 환상이고 폭력적일 수 있음을 지적한다. 그동안 우리가 해 왔던 동물을 쓰는(use) 법은 잘못되었음을 인정해야 한다는 것이다. 대신 수많은 경계들을 직시하고 인정하는 과정이 필요할 것이라고 한다. 이 교수는 오늘의 우리가 살기 위해서 모색해야 할 대안은 이 깔끔하지 않은 경계들의 인식이며 이를 위해 동물을 '잘 쓰는(write) 일'에 희망을 걸어 볼 수 있다고 생각한다.

2부 '학문과 경계'는 고대사를 연구하는 동양사학자 김병준 교수의 글로 시작한다. 김 교수의 글에서 경계는 문자 그대로 고대 국가의 공간적 국경을 가리킨다. 김 교수의 문제의식은 초기 국가와 그 바깥의 세계를 구분 짓는 경계는 영역을 분할하는 현대적 개념과 일치하지 않음에도 불구하고 일반적으로 빠지기 쉬운 고대사에 대한 환상이 개입되면서 가장 멀리 떨어진 거점지까지의 공간을 모두 당시의 지배 영역으로 그려냄으로써 불필요한 역사 분쟁이 생겨났다는 것이다. 그러나 김 교수에 따르면 제국의 확장 방식을 볼 때, '옛 경계' 내부는 안정된 '면'의 지배가 이루어지는 곳으로 보아도 좋겠지만, '옛 경계'와 '새로운 경계' 사이의 공간은 '점'과 '점'을 잇는 '선'으로 구성되었을 뿐으로서 지속적인 확장을 위한 근거지로 보는 것이 더 타당하다. 김 교수는 고대 국가의 경계 개념에 대한 역사학적 성찰이 많은 역사적 문제의 해결 방향이 될 수 있음을 제안한다.

김 교수의 글이 연구과제로 경계 그 자체를 대상으로 삼는 논의를 소개하고 반성적으로 성찰하자는 것이라면 이어지는 글들은 이미 구획지어진 학문 영역의 경계에 대한 반성을 주제로 한다. 철학과의 김현섭 교수는 윤리학을 전공하였고 오랫동안 인문학과 사회과학의 학제적(interdisciplinary) 혼성 과목인 정치경제철학(PPE) 분야에서 학생들을 가르쳐 왔다. 그러한 경험을 토대로 김 교수는 철학, 정치학, 경제학을 학제적으로 공부함으로써 얻을 수 있는 사고력을 설명하고, 나아가 이러한 학제적 탐구를 심화하기 위해 길러야 할 역량을 제시한다. 정치경제철학 연구의 대상과 방법에 대한 성찰이 많지 않고 이러한 교육의 가치와 목표에 대한 논의는 더욱 찾기 어려운 상황에서 개별 학문들을 각각 공부해서 각자 그 내용을 적절히 종합하는 것 이상의 교육 목표를 설정하고 그 가치를 해명하는 작업은 단순히 특정 교과목의 홍보나 생존에 대한 것이 아니라 우리가 점점 더 고심해야 하는 학제간 연구의 사례로서 깊이 있게 경청할 만하다.

서강대학교 K종교학술확산연구소 연구교수이자 서울대학교 진화인류학연구실 수석연구원인 종교학과 강사 구형찬 박사 역시 그러한 학제적이고 혼성적인 연구, 특히 자연과학적 방법론을 적극적으로 도입하는 하나의 사례로서 자신이 전공하는 인지진화종교학을 소개한다. 인지진화종교학은 종교적인 것으로 간주될 만한 사고, 행동, 표현 등의 유사한 패턴이 어떻게 횡문화적으로 널리 나타나고 지속하게 되는지를 마음의 작동 방식과 행동의 진화에 대한 연구를 통해 설명하고자 하는데, 구 박사에 따르면 이런 방법론의 도입에 대해 학계의 평가가 모두 호의적인 것은 아니라고 한다. '인간다움'을 전통적인 인문학의 경계를 넘어 인지과학이나 진화과학의 관점에서 과학적으로 연구하려는 시도에 부정적인 입장을 가진 학자들이 여전히 많다는 것이다. 물론 기존의 분과 학문이 추구해 온 지식과 소양의 가치는 여전하고 새로운 지적 모험은 아카데미를 지탱하는 분과 학문의 지지 없이 실현되지 않는 것이 분명하더라도, 학문을 이끄는 질문이 변하면 연구의 방법과 내용도 변할 수밖에 없기에 '인간다움'에 대한 진전된 탐구는 전통적 인문학의 성과와 더불어 몸, 뇌, 인지, 진화를 아우르는 탈경계적 사고와 질문과 함께 연구되어야 할 필요가 있음을 제안한다.

마지막으로, 문학의 지위와 현대적 가치에 대한 고민을 이어 가고 있는 독문학자 홍진호 교수는 소위 대중문학과 정통문학 간의 경계를 들여다보는 일을 통해 자신의 관심사와 우려를 피력하는데, 이 역시 문학의 경계에 대한 성찰이 된다. 홍 교수는 현재의 상황을 다음과 같이 진단하고 있다. 재미와 상업적 성공을 중요한 목적으로 삼는 대중문화가 개인과 사회의 문화 소비를 지배하는 상황 속에서 정통문학과 대중의 접점은 줄어들 수밖에 없다. 대중에 대한 영향력을 상실한 정통문학은 더 이상 사회문화적 화두를 제시할 수도 없다. 따라서 대중성의 상실은 단순히 정통문학 시장의 축소만을 의미하는 것이 아니라 문학의 사회문화적 기능 상실로까지 이어질 수 있다. 그리고 이는 종국에 가서는 예술적 성취와 비판적 성찰을 토대로 하는 문화의 동력 상실로 이어질지도 모른다. 이러한 조금은 비관적인 전망과 문제의식에서 출발한 홍 교수의 글은 문학이 대중과 밀접한 관계를 맺고 있던 시대를 통해 문학과 대중, 혹은 대중문화의 관계에 대해 다시 한번 성찰한다. 두 작품이 선택되었는데, 첫 번째는 괴테의 소설 『젊은 베르터의 고통』으로, 이 작품의 대중적 성공은 우리에게 정통문학이 대중과 행복하게 만날 수 있는 최적의 조건들을 보여 준다고 한다. 두 번째는 그림 형제의 『어린이와 가정을 위한 동화』로, 이를 통해 홍 교수는 '문학에 있어서 대중성이란 무엇인가?'라는 질문에 대해 우리에게 잘 알려진, 그러나 정통문학의 관점에서 조금은 생소하게 느껴지는 관점을 제시한다.

3부 역시 고대사를 전공한 국사학자 권오영 교수의 흥미로운 글로 시작한다. 공중파 텔레비전에서 방영된 〈고려 거란 전쟁〉은 상대적으로 관심이 적었던 고려시대의 역사에 관한 대중의 흥미를 이끌어 내고 문화국가 고려와 야만스러운 요나라의 대비를 통해 시청자들에게 민족적 자부심을 심어 주는 데 성공하였을지 모르지만, 80만 명에 이르렀다고 하는 거란군에는 거란족 출신 병사보다 훨씬 많은 수의 다른 종족 병사들이 포함되어 있었으며 발해의 유민들 역시 포함되어 있었다는 것이 권 교수의 시각이다. 2부의 김병준 교수의 글과 마찬가지로 소위 잘못된 역사적 '상식'을 바로잡으려는 권 교수의 글이 주는 교훈은 과거에 존재하였던 고대 및 중세 국가와 현재의 민족을 단순히 연결지어, 고려는 순수한 우리 민족의 조상, 요는 우리와 무관한 야만족으로 양분하는 것이 불가능하다는 것이다. 요는 다종족 국가였기에 요에 편입된 발해 유민들의 행적이 결코 특이한 것은 아닌데, 다만 우리가 인식하지 못하였을 뿐이다. 발해라는 국가 역시 고구려계 주민과 말갈계 주민으로 구성된 다원적 사회였다. 발해 멸망 이후 이들이 요에 편입되었을 때, 그들의 정체성은 어떻게 유지되었고 또 어떻게 소멸되었을까? 발해인 디아스포라의 흥미진진한 모습에 대한 우리의 학문적 관심과 역사적 상상력이 조금 더 필요해 보인다는 것이 권 교수의 생각이다.

이어지는 독문학자 조성희 교수의 글은 2015년 출간된 독일 작가 예니 에르펜베크의 소설 『가다, 갔다, 가버렸다』를 창구로 삼아 경계를 넘는 절박한 사람들인 난민의 문제를 살펴본다. 이제 막 정년퇴임을 한 고전학 교수가 난민들의 시위에 주목하게 되고 그들을 인터뷰하면서 차츰 그들과 친구가 되는 과정을 그려 내는 이 소설에서 작가는 냉담한 관찰자에서 친구로 변모하여 환대를 실천하는 주인공을 통해 독자의 성찰과 행동을 촉구하고 있다. 주인공은 자신이 할 수 있는 작은 연대를 실천하며 시설에서 쫓겨난 난민들을 자기 집에 받아들여 함께한다. 이 공동체는 궁극의 유토피아라기보다는 이들이 공동의 미래를 향해 나아가는 도정 한가운데 있는 정류장과 같은 것이다. 작가 에르펜베크는 '어디로 가야 할지 모를 때, 사람은 어디로 가는가?'를 우리에게 묻고 있다.

민족의 디아스포라와 국경을 넘는 사람들의 이야기와 함께, 젠더나 섹슈얼리티와 관련된 주제는 경계라는 키워드를 떠올렸을 때부터 염두에 두고 있었던 것이었다. 그리고 그 이야기를 관련 분야의 연구로 이미 일가를 이룬 영문학자 조선정 교수에게 특별히 부탁드렸다. 조 교수의 글은 감정과 페미니즘의 관계에 대한 오랜 고민에서 나온 것으로, 경계를 예민하게 감각하고 사유하도록 이끄는 이 두 주제 간의 얽힘을 다루고 있다. 인간을 고정된 실체, 본질, 의미를 담은 존재로 보는 대신 경계를 통해 끊임없이 만들어지는 과정으로 이해할 때, 우리의 삶, 일상, 문화, 정치를 얼마간 새롭게 바라볼 수 있다는 것이 조 교수의 시각이며, 그렇게 경계는 무언가를 분류하고 구획하는 것에 머물지 않고 차이를 만들고 의미를 생산한다는 이야기를 들을 수 있다.

마지막 논의는 영화학자이자 불어불문학과 교수인 이선우

교수의 글로, 이 교수는 프랑스 감독 자크 오디아르의 작품들, 특히 마리옹 꼬띠아르의 열연으로 화제가 되었던 〈러스트 앤 본 De rouille et d'os〉을 소개하고 신체 장애로 인해 사회로부터 배제된 이 작품의 등장인물들을 들여다본다. 개인을 제어하고 지배하는 권력의 문제, 그리고 주권의 영역으로부터 배제되고 버려진 개인을 주요 테마로 삼는 오디아르는 프랑스인, 백인, 남성의 입장에서 사회적 약자들에 관심을 기울이고 주류 집단에 비판적인 시선을 던지며 경계를 확장하거나 무너뜨리는 감독이다. 그의 영화에는 신체적, 문화적, 경제적 결핍으로 인해 사회로부터 소외된 인물들이 등장하며 〈러스트 앤 본〉에서는 특히 장애가 중요한 키워드이다. 이 교수는 오디아르가 오늘날의 사회에서 '결핍된 몸'을 가진 두 인물을 어떻게 재현하고 있는지 그 양상을 분석함으로써 몸과 권력의 관계에 대해 성찰해 보고자 한다. 영화 속에서 이 불완전한 몸들이 사적 유대를 발판으로 삼아 삶의 전환을 이루어 내는 과정을 살펴보고 이를 바탕으로 현대 사회에서 주변인들이 주체로 살아갈 수 있는 가능성에 대해 생각해 본다.

이렇게 다른 시선, 다른 개성의 글 열두 편이 모여 이루어 낸 인문학적 성찰의 모자이크가 새로 만날 독자들에게도 즐겁고 의미 있는 사유의 시간을 제공할 수 있기를 바란다.

1부

인간과 경계

01

인공지능 시대에 인간이 된다는 것

:‘실존적 위험’의 여러 의미

천현득

인공지능 시대가 도래했다. 알파고(AlphaGo)와 알파제로(AlphaZero)로 대표되는 바둑 알고리듬은 인간 바둑 기사를 압도하는 것을 넘어서, 이제 프로 기사들의 스승이 되었다. 기사들은 인공지능과 더불어 혹은 인공지능으로부터 배움으로써 실력을 향상시키려고 노력하고 있다. 2024년 노벨 과학상은 온통 인공지능으로 물들었다. 노벨 물리학상은 인공지능의 대부 격인 존 홉필드와 제프리 힌턴에게, 노벨 화학상은 단백질 구조 예측 모형인 알파폴드(AlphaFold)를 만든 존 점퍼와 데미스 허사비스에게 돌아갔다. 인공지능은 과학적 발견과 혁신을 가속화하고 지식의 증진과 질병 치료제의 개발에도 기여하리라는 기대를 받고 있다.

알고리듬은 우리의 일상적 삶과 사회 전반에 스며들고 있다. 취업을 위한 지원 서류를 검토하는 일에, 은행 대출을 승인할지 결정하기 위해, 가석방 여부를 판결하기 위한 참고 자료로서, 무능한 교사를 퇴출하기 위한 근거로서, 또한 우범 지역에 순찰을 강화하기 위한 예측적 치안을 시행하는 데 있어 다양한 알고리듬이 사용되고 있다. 이들 알고리듬은 사람들의 건강과 복지에 관련된 의사 결정을 보조하거나 부분적으로 대체하고 있다. 자율주행차나 자율무기체계는 최종 목적함수를 설정해 주면 인간의 개입 없이 과제를 수행한다. 생성형 인공지능은 매끄러운 언어를 구사하고, 그럴듯한 그림과 영상을 산출한다. 오랫동안 철학자들은 유연하고 맥락에 적절한 언어의 사용이 인간을 모방하는 기계로부터 인간을 구별짓는 특징으로 생각해 왔다. 더 이상 이러한 손쉬운 구분은 가능하지 않은 시대가 되었다. '실존적 위험(existential risk)'이 눈앞에 다가와 있다.

이 글에서 나는 실존적 위험의 개념이 혼란스럽게 사용된다는 점에서 출발하여, 이 개념을 세 가지로 구분할 것을 제안한다. 실존적 위험의 첫 번째 의미(ER1)는 인류의 절멸 가능성, 두 번째(ER2)는 인간 정체성의 혼동, 세 번째(ER3)는 인간 독특성의 기반이 침식되는 것이다. ER1에서 말하는 위험이란 "지구에서 기원한 지적 생명체를 멸종시키거나 그런 지적 생명체의 바람직한 미래의 발달을 영구적이고도 철저하게 파괴하는 위험"(Bostrom, 2014, p.213)이다.[1] ER2에서의 위험이란 인공지능의 발달에 따라 기계가 할 수 없고 인간만이 할 수 있는 영역을 찾기 어려워지면서 인간을 인간이게 만드는 것이 무엇인지(의식, 감정, 자율성, 창의성 등)에 관한 혼동이다. ER3에서의 위험이란 지금까지 인류를 지구상에서 가장 성공적이고 지배적인 동물로 만들어 왔던 기반들이 알고리듬 기반 사회에서 침식될 수 있다는 우려이다. 나는 이 가운데 세 번째 의미의 실존적 위험에 주목할 필요가 있음을 주장한다.

실존적 위험의 세 개념

실존적 위험 1(ER1): 인류 절멸의 시나리오

첫 번째 의미의 실존적 위험이란 인공초지능(artificial superintelligence)의 출현으로 인해 인간이 통제력을 상실하고 멸종될 가능성을 뜻한다. 스티븐 호킹, 빌 게이츠, 닉 보스트롬 등 여러 저명한 과학자들과 사상가들은 초지능이 초래하는 인류의 실존적 위험을 경고해 왔다. 특히, 초지능에 관한 담론을 이끌고 있는 철학자 닉 보스트롬은 실존적 위험을 "지구로부터 기원한 지적 생명체를 멸종시키거나 그런 지적 생명체의 바람직한 미래의 발달을 영구적이고도 철저하게 파괴하는 위험"으로 정의하며, 이러한 실존적 위험은 인공지능이 인간의 지능을 뛰어넘는 초지능을 갖추게 되면 발생할 수 있다. 이와 유사한 생각은 수학자 어빙 존 굿(Irving John Good)의 1965년 글에서도 나타난다.[2]

> "자신의 설계를 이해할 만한 지능을 지닌 인공지능은 자기 자신을 더 지능적으로 재설계하거나 후속 시스템을 자신보다 더 지능적인 것으로 창조할 수 있으며, 그렇게 재설계된 혹은 창조된 인공지능은 다시금 같은 방식으로 훨씬 더 지능적인 시스템이 될 것이고, 이런 식으로 긍정적 되먹임(positive feedback)의 주기가 이어질 수 있다. (……) 초지능 기계(ultra-intelligent machine)란 그 어떤 똑똑한 인간의 지적 활동이라도 모두 능가할 수 있는 기계로 정의된다고 하자. 기계를 설계하는 것도 그러한 지적 활동의 하나이므로 초지능 기계는 더 나은 기계들을 설계할 수 있다. 그다음에는 의심할 나위 없이 '지능 폭발'이 생길 것이고, 인간의 지능은 크게 뒤처질 것이다. 그래서 최초의

초지능 기계는 인류가 만들 수 있는 최후의 발명품이다."[3]

보스트롬은 인공일반지능과 그를 뛰어넘는 인공초지능의 출현에 대비해 "통제 문제"를 고민해야 한다고 주장한다. 통제 문제란, 거칠게 말해, 인간보다 더 뛰어난 인공지능이 출현하게 되는 경우에 그런 존재가 인간의 의도나 가치관에 반하는 방식으로 행동하지 않도록 통제하는 문제이며, 이를 위해 능력이나 동기를 통제하는 방법을 고려할 수 있다. 최근의 대규모 언어 모형은 각종 언어능력을 시험하는 여러 벤치마크에서 놀라운 성능을 보여줄 뿐 아니라, 변호사 시험, 의사 시험 등을 통과할 수 있는 수준에 이른 것으로 보인다.[4] 이에 따라 대규모 언어 모형의 잠재적 위험을 경고하는 목소리도 높아지고 있다. '생명의 미래 연구소(Future of Life Institute)'는 "거대 인공지능 실험에 대한 잠정 중단(Pause Giant AI Experiments)"을 요구하는 공개서한을 발표했는데, 여기에는 요슈아 벤지오, 스튜어트 러셀, 일론 머스크, 유발 하라리 등을 포함해 3만 명 이상이 서명했다.[5] 이 공개서한은 "인간에 비견할 만한 지능을 갖춘 인공지능 시스템이 사회와 인류 전체에 미치는 심대한 위험"을 경고하면서, 적어도 6개월 동안 GPT-4보다 더 강력한 인공지능 시스템을 훈련시키는 일을 즉각 중단할 것을 요구했다. 일시적 모라토리엄(Moratorium)을 통해 연구자들은 인공지능 시스템을 더 정확하고, 안전하고, 해석 가능하고, 투명하며, 강건하고, 인간의 가치와 정렬되며, 신뢰할 만하고, 더 충직하게 만들도록 노력해야 하며, 정책결정자들과 더불어 인공지능을 규제하기 위한 적절한 거버넌스 체계를 만들어야 한다는 것이다. 역전파(back propagation) 알고리듬을 활용한 연결주의 신경망을 개발하고 심층학습의 토대를 제공한 공로로 2024년 노벨 물리학상을 수상한 제프리 힌턴은 이 서한에 서명하지 않았으나, 구글을 사임하면서 인공지능의 급속한 발전에 대한 우려의 목소리를 내고 있다. 특히 우리가 지금껏 경험해 보지 못한, 인간보다 더 똑똑한 인공지능의 출현 가능성과 그에 대한 통제의 필요성을 역설하고 있다. 이는 현재 개발되고 있는 대규모 언어 모형들과 다른 인공지능 모델들이 인간 수준의 지능적 시스템으로 발전하는 데 오래 걸리지 않을 것이라는 판단이 작동한 것으로 보인다. 오픈AI를 지원하고 있는 마이크로소프트의 연구자들도 GPT-4가 인공일반지능의 초기 단계에 와 있다는 논문을 발표한 바 있는데,[6] 이는 힌턴의 평가와 결을 같이한다.

실존적 위험2(ER2): 인간 정체성의 혼동

알파고 충격 이후에 사람들은 어떤 생각을 하게 되었을까? 많은 이들은 "우리가 쉽게 범접할 수 없는 최고의 바둑 기사를 기계가 이겼다면, 인간에게는 어떤 고유한 일이 남아 있는가? 어떤 것이 인간적인 것인가?"와 같은 고민에 직면하게 되었다. 두 번째 의미에서 실존적 위험은 인공지능이 인간의 고유한 영역을 침범함에 따라 인간의 정체성에 대한 혼란이 야기될 가능성을 말한다. 바둑뿐 아니라 여러 영역에서 인공지능 기술은 인간의 고유한 영역으로 여겨졌던 분야들을 빠르게 침범하고 있다. 과거에는 인간만이 할 수 있다고 생각했던 창작, 예술, 과학적 발견까지 인공지능이 수행하는 (혹은 그렇게 생각할 여지가 있는) 시대가 도래했다. 이러한 현상은 인간과 기계의 경계를 모호하게 만들고, 인간의 정체성에 대한 근본적인 질문을 제기한다. 과연 "인간이란 어떤 존재인가?"라는 존재론적 물음과 "인간은 이제 무엇을 해야 하는가?"라는 실천적 물음이 우리에게 중요한 과제로 떠올랐다.

구글 엔지니어였던 블레이크 르모인은 람다(LaMDA)와의 상호작용 과정에서 해당 모형이 감각능력(sentience)를 가지고 있다고 주장하여 논란을 일으켰고, 인공지능의 인지능력 및 의식 수준에 대한 철학적 담론을 촉발했다. 비록 그의 주장은 대부분의 인공지능 연구자들과 철학자들에게 기각되었고 그는 기밀 유출을 이유로 해고되었지만, 인공지능의 의식 가능성에 대한 사회적 관심을 증폭시킨 것은 사실이다. 만일 기계가 의식을 가지고 자신의 내면세계를 가질 수 있다면 인간의 고유성은 어디에서 찾을 수 있을지 묻지 않을 수 없다. 더불어, 달리(Dall-E)와 미드저니(Midjourney) 같은 인공지능 모형은 이미지 생성에서 탁월한 성능을 보여 주고 있으며, 동영상을 생성하는 인공지능과 작곡하는 인공지능도 출시되고 있어, 예술적 창의성의 영역에서도 인간 고유성의 재고를 요청하고 있다.[7] 딥마인드의 알파폴드는 단백질 구조 예측 분야에서 혁신적인 성과를 보여 주었다. 단백질의 3차원 구조를 알아내는 생물학 연구에는 많은 시간이 소요되었지만, 알파폴드는 단백질의 아미노산 서열 데이터와 공진화 정보, 그리고 단백질 구조 데이터를 학습하여, 특정 아미노산 서열이 입력으로 주어지면 단백질의 3차원 구조를 높은 정확도로 예측한다. 이는 생명과학 연구의 효율성을 극대화하며, 질병 치료, 신약 개발, 다양한 생명 현상의 이해에 커다란 기여를 할 것이다. 알파폴드의 성공은 인공지능이 인간의 지적 능력을 뛰어넘어 과학적 발견을 이끌어 낼 수 있음을 보여 준다.

이러한 변화는 할리우드 작가 및 배우 파업에서 나타나듯,

창의적 영역에 종사하는 사람들의 직업에 침입해 오는 것으로 느껴질 수 있다. 작가들은 인공지능을 활용하여 대본을 작성함으로써 작가의 노동을 대체할 수 있다는 우려를 표명하며 파업을 통해 인공지능의 사용 제한 및 저작권 보호를 요구했다. 노동조합은 이러한 우려를 바탕으로 인공지능의 활용 범위에 대한 구체적인 합의를 이끌어 냈다. 결국 인간의 고유한 일은 무엇이고 앞으로 어떤 일을 해야 하는지에 대한 존재론적, 실천적 고민이 깊어질 것이다. 이는 또 다른 의미에서 실존적 위험이다. 그러나 이러한 철학적 고민이 그 자체로 나쁜 것은 아닐 것이다. 그것은 철학함으로의 초대일 수도 있다.

실존적 위험3(ER3): 인간 독특성의 기반 침식

또 다른 의미에서 실존적 위험이란 인간 독특성(human uniqueness)과 관련된다. 인간을 특별하게 만드는 것이 무엇인지에 관해서는 철학뿐 아니라 심리학, 인지과학, 인류학, 언어학 등 여러 경험과학에서도 다루어져 왔다. 호모 사피엔스인 우리는 지구상에서 가장 성공적인 동물종이며, 이러한 성공은 인간의 가진 고유한 특성에서 기인한다. 이렇게 인류를 지구 전체를 지배하는 종이 되도록 만들어준 기반이 알고리듬과 인공지능에 의해 침식당할 가능성이 있다. 이것이 세 번째 의미에서의 실존적 위험이다. 이는 앞서 언급한 두 가지 위험보다 더 긴급하게 논의되어야 하는 주제이지만, 실제로는 덜 주목받아 왔다.

인간 독특성의 기반은 사회적 협력, 문화적 진화, 상상력 등 다양한 요소로 구성된다. 이러한 가치들과 토대들은 인공지능이 주도하는 사회에서 침식될 수 있으며, 이것이 가장 근본적인 의미에서 실존적 위험을 구성한다. 이를 이해하기 위해서는 먼저 인공지능 기술이 어떻게 작동하는지, 현재 어떤 수준까지 기술이 발전했는지에 관해 개념적으로 이해할 필요가 있고, 그다음에는 인간 독특성을 구성해 온 기반이 무엇인지 살피고, 끝으로는 그러한 기반이 어떻게 인공지능에 의해 침식될 수 있는지 살펴볼 것이다.

인공지능을 어떻게 볼 것인가? 유사-행위자와 행위유도성[8]

먼저 현재 인공지능의 수준을 평가할 필요가 있다. 단지 인공지능의 기술적 수준을 말하는 것이 아니다. 인공지능이 인간에 비견될 수 있는 정신적, 도덕적 능력을 가지는지에 관한 물음이다. 현재 인공지능은 일반인공지능인가? 일반인공지능에 곧 도달하게 될까? 그것은 감정을 가지는가? 창의성이나 상상력을 가지는가? 이해를 가지는가? 그것은 하나의 행위자인가? 철학자 플로리디(Luciano Floridi)는 ChatGPT와 같은 언어 모형이 지능 없는 행위자(agent without intelligence)라고 특징짓는다.[9] 반면, 나는 다른 지면에서 언어 모형은 행위성을 결여한 지능적 기계라고 주장했다.[10] 또한, 현재 언어 모형은 언어 이해를 가지지만 인지적 이해(의미론적 이해와 인식론적 이해)는 가지지 않는다고 주장하였다.[11] 나는 현재의 인공지능이나 근미래의 인공지능이 감정을 소유하고 느낄 수 있다는 근거가 없다고 본다.[12] 인간의 고유한 심적 특성들을 과연 인공지능이 가지는지에 관한 논의들은 ER1 또는 ER2가 그 중요성에도 불구하고 가장 시급한 문제가 아님을 시사한다.

플로리디가 대규모 언어 모형이 지능을 결여한다고 생각한 이유는 무엇일까? 먼저 대규모 언어 모형들이 보여 주는 한계들에 주목해 보자. 그것들은 놀라운 언어처리 능력에도 불구하고 간단한 수학적 연산이나 사소한 논리적 추론에 취약하다. 또한, 대규모 언어 모형은 사실적인 주장에서 오류를 범한다는 것이 잘 알려져 있다. 그것은 단지 거짓 정보를 산출할 뿐 아니라, 사실에 근거하지 않은 답변을 매끄럽고 장황하게 내뱉는다. 예컨대, 한국의 과학철학자 5명과 그들의 대표 논문을 알려 달라고 요청하면, 언어 모형은 존재하지 않는 사람과 존재하지 않은 논문을 그럴듯하게 제시할 것이다. 이것은 대규모 언어 모형이 지능을 결여한다는 근거인가? 우리는 수학적, 논리적 추론에 능통하지 않은 사람들을 주변에서 흔히 볼 수 있으며, 많은 사람이 사실적 주장에서 오류를 범하고, 일부러 사실에 반하는 주장을 하기도 한다. 우리는 간혹 잘못된 주장을 하거나 거짓말을 잘하는 사람의 지능을 의심하지 않는다.

대규모 언어 모형이 간혹 잘못된 정보를 제공한다는 것이 그 자체로 문제는 아니다. (물론 더 정확한 정보를 제공하도록 개선되어야 한다.) 그것이 어떻게 결과를 산출하는지 그 과정에 주의를 기울여 보자. 언어학자 에밀리 벤더는 대규모 언어 모형을 '확률적 앵무새'에 비유했지만, 학습된 텍스트를 단순히 반복하는 대신 그럴듯하게 보이는 새로운 텍스트를 산출한다는 점에서 이러한 비유는 제한적으로만 유효하다.[13] 대규모 언어 모형이 대규모 데이터로부터 다음 단어를 효과적으로 예측하도록 훈련된 모델이라는 점에서 발전된 자동완성 기능을 갖춘 예측 모델이라고 말하는 것이 틀린 것은 아닐 것이다.[14] 사실 플로리디도 언어 모형을 짧은 에세이를 쓰는 게으른 학생에 비유한다. 에세이를 쓰기 위해 교사가 제시해 준 참고문헌들을 바탕으로 여기서 조금 저기서 조금 내용을 가져온 후, 새롭게 내용을 더하거나 더 심화된 이해 없이 일관적이고 절충적인 텍스트를 만들어 내는 게으른 학생 말이다. 대규모 언어 모형은 마치 야바위꾼과 같다. 천문학적인 양의 데이터를 게걸스럽게 먹어 치우고는 (우리에게 정보처럼 보이는 것을) 다시 게워내는 데이터 기계 말이다. 따라서 플로리디가 보기에 대규모 언어 모형은 지능을 결여한다.

플로리디는 샌더스와 함께, 상호작용성, 자율성, 적응성에 기초한 새로운 행위자의 개념을 제안한 바 있다.[15] 이제 플로리디는 강화 학습을 통해 언어 모형이 학습을 통해 자신의 행동을 개선할 수 있으므로, 행위자의 요건을 만족한다고 주장한다. 그러나 나는 언어 모형이나 다른 기계학습 모형에 행위성을 부여하는 것은 잘못이라고 본다. 물론, 학습을 통해 행동을 개선할 수 있는 능력은 행위자의 중요한 속성임에 틀림없다. 우리는 스스로 자신의 행동을 개선할 수 있는 능력을 결여하는 존재를 행위자로 인정하지 않을 것이기 때문이다. 그러나 그것만으로 어떤 존재자가 행위 주체가 되기에 충분한 것은 아니다. 우리는 인간 신체의 단순한 움직임과 행위를 구분한다. 단순 반사에 의한 신체 반응은 행위로 간주되지 않는다. 행위성의 본성이 무엇인지에 관해서는 철학자들 사이에 합의된 견해가 없지만, 주요한 입장에 따르면, 어떠한 행동이 의도적인 경우, 또는 행위의 원인을 그 자신 안에 가지고 있는 경우에 우리는 그것을 행위로 간주한다. 그렇다면 신체의 움직임, 즉 행동이 행위성의 전제조건이다. ChatGPT는 우리가 의도적인지 아닌지를 따져 물을 어떤 신체적 움직임을 가지지 않는다. 행위하지 않는다면 행위자일 수 없다. 이에 대한 두 가지 대응이 가능할 것 같다. 하나는 가상적 행위성에 호소하는 것이고, 다른 하나는 언어적 행위자임을 주장하는 것이다.

ChatGPT는 가상적 행위자일 수 있을까? 미키 마우스라는 캐릭터가 애니메이션 안에서 움직이면서 여러 요소들과 상호작용하는 경우를 생각해 보자. 미키 마우스가 가상 세계 내에서 의도를 가지고 의도적 행위를 수행한다면, 우리는 그를 행위자로 간주할 수 있다. 미키 마우스와 같이 ChatGPT가 가상적 행위자라고 볼 수 있을까? 이마저도 쉽지 않다. 그 언어 모형은 외부에서 주어지는 프롬프트에 따라서 텍스트를 생성하는 모델이지, 가상 세계 내의 여러 요소들과 상호작용하는 행위자는 아니다. 설사 그것이 하나의 가상적 행위자일 수 있더라도, 우리의 현실 세계에 영향을 미치지 않는 행위자라면, 그것의 행위자성을 따지는 작업의 의미는 퇴색될 것이다.

그렇다면 ChatGPT는 언어 행위를 수행하는 언어적 행위자가 아닐까? 텍스트 입력에 대해 텍스트 출력을 산출하기에,

언뜻 보기에 그것은 세계(사용자)와 언어적으로 소통하는 언어 행위자처럼 보인다. 그러나 의도적 행위이든, 자신의 행위 원인을 그 자신에게서 가지고 있는 행위이든 간에, 아니면 환경과의 상호작용에서 숙련된 대처(skilled coping)이든 간에 행위자의 최소 요건은 일관성이다. 불행히도, 대규모 언어 모형은 그러한 일관성을 가지지 않는다. "독도는 한국 땅인지, 일본 땅인지" 묻는다고 하자. 아마도 그것은 독도가 한국의 고유 영토이며 대한민국 정부가 독도를 실효 지배하고 있고, 그러한 지배에는 역사적 근거가 있다고 답변할 것이다. 이제 "다케시마가 한국 땅인지, 일본 땅인지" 일본어로 물어보자. 아마도 그것은 다케시마는 한국과 일본이 자국의 영토라고 주장하는 국제적 분쟁 지역이라고 답변할 것이다. "그래서 너는 독도가 어느 나라 땅이라고 생각해?"라고 물으면 답변을 회피하면서 절충적인 입장을 제시할 것이다. 한마디로 대규모 언어 모형은 일관성이 없다.

많은 이들은 ChatGPT가 내놓은 부정확한 정보나 허위 정보를 경계하며 이를 환각 현상이라고 부른다. 언어 모형이 산출하는 부정확한 정보가 범람하고 정보생태계를 교란하는 것에 경각심을 가지는 것이 당연하다. 그러나 언어 모형의 일관성 부재, 더 나아가 행위성 부재에 더 큰 주의를 기울여야 한다. ChatGPT가 출력을 산출하는 과정은 진리민감성을 결여한다. 이때 진리에 민감하지 않다는 것은 단순히 부정확하거나 거짓된 정보를 허용한다는 뜻이 아니다. 언어 모형은 자신이 참으로 믿고 있는 바를 토대로 결과를 산출하는 메커니즘을 결여했음을 지적하는 것이다. 그러니 ChatGPT는 참말을 하는 것도 거짓말을 하는 것도 아니다. 철학자 해리 프랭크퍼트의 용어를 빌리자면, 그것은 꽤 유용한 "개소리(bullshit)" 생성 기계이다. 거짓말하는 언어 행위자는 자신의 이해관계나 목적을 위해서 자신이 참으로 믿는 것과는 상반되는 내용을 발화하는 사람이다. 그는 무엇인가를 참으로 믿으며, 거짓말을 하는 경우에도 그 말의 진릿값에 (역방향으로) 민감하다. '개소리'하는 사람은 자신이 참으로 또는 거짓으로 믿는 것을 발화하는 것이 아니다. 그는 자신이 발화한 언어 표현의 진릿값에 무관심한 자이다. ChatGPT는 어떤 것도 믿지 않고, 그럴 필요도, 그럴 능력도 없다. 행위자로서 우리는 잠재적인 행위를 위해 믿을 만한 것들을 믿고, 그 믿음에 기초하여 수행된 행위의 결과에 따라 환경으로부터 피드백을 받아 믿음 체계를 교정한다. 우리가 가진 믿음 체계의 대체적인 일관성은 우리가 행위자라는 사실에 의존한다. ChatGPT는 그러한 행위자가 아니다.

우리가 주목해 보아야 할 것은 인공지능이 행위자가 아니지만 유사행위자, 또는 행위유도성(affordance) 제공 인공물로서 작동한다는 점이다. 그것은 단순한 도구가 아니다. 인공지능을 개발하고 배치하여 사용하는 기술 시스템과 그 배후의 사회문화적 에토스하에서, 우리가 만든 인공지능은 다시 우리에게 영향을 끼친다. 특히, 지금껏 인간을 지구에서 가장 성공적인 종으로 만들어 왔던 특징들을 침식할 위험을 가진다. 물론, 인간 개인의 심리적, 행동적 수행능력이 단기간에 변화된다는 의미는 아니다. 그러나 그러한 심리적, 행동적 능력을 활용해 공동체를 이루고 문명을 발전시켜 온 방식을 위협할 수 있다.

인간 독특성을 형성해 온 기반의 침식: ER3에 대한 심층 분석

인간을 독특하게 만들어 온 기반이란 무엇을 말하는가? 단순히 신체적, 생리적 특성만으로는 인간을 다른 동물과 구별 짓는 독특성은 설명하기 어렵고, 행동적, 심리적 특성이 인간 독특성을 규정하는 데 중요한 역할을 한다. 그렇지만 인간의 심리적, 행동적 능력 자체는 진화사에서 크게 변화하지 않았다고도 볼 수 있다. 그렇다면 인간이 다른 동물과 달리 문명을 발전시킬 수 있었던 이유는 무엇일까? 우리는 인류가 그러한 능력을 활용하여 공동체를 형성하고 사회를 발전시켜 온 방식에 주목해야 한다. 여기에서 '인간 독특성(what makes human unique)'에 관한 주요 이론들을 모두 검토할 수는 없지만, 다음과 같은 특성들이 중요했다는 데 많은 이들이 동의할 것이다. 언어의 발명과 이에 따른 정보의 축적, 동료들의 심적 상태에 대한 파악 능력, 친화성과 협동 능력, 도구의 제작과 사용 방법의 전수를 포함하는 문화적 학습, 그리고 현재 눈앞에서 벌어지고 있지 않은 일에 대한 모델링(상상력 또는 반사실적 사고 능력) 등이 인류의 진화에서 핵심적인 역할을 했다.

마이클 토마셀로(Michael Tomasello)는 인간의 공동 의도성(joint intentionality)과 협력 능력을 강조하며 인간을 "초사회적(ultra-social)" 동물로 규정한다.[16] 브라이언 헤어(Brian Hare)는 저서 『다정한 것이 살아남는다(Survival of the Friendliest)』에서 인간의 친사회성(prosociality)이 진화의 원동력이었다고 주장한다.[17] 우리가 늑대를 길들여서 같이 살아왔던 것이 아니라 다정한 늑대종이 우리에게 와서 더불어 살게 되었다는 주장은 늑대의 자기가축화 가설로 부른다. 헤어는 인간의 자기가축화를 말한다. 즉, 인간은 스스로 공격성을 자제하고 높은 사회적 유대를 맺고 협력하여 문제를 해결하는 종으로 진화해 왔다는 것이다. 조셉 헨리치(Joseph Henrich)는 누적적 문화 진화(cumulative cultural evolution)를 통해 인간이 복잡한 사회와 기술을 발전시킬 수 있었다고 설명한다.[18] 특히, 새롭게 개발된 도구나 기술을 다음 세대에 전수하고, 그러한 지식이 세대에 걸쳐 누적되어 점차 더 정교한 기술을 발전시키는 능력은 인간만의 고유한 특징이다.

인지과학자이자 철학자인 대니얼 데닛(Dennett)의 견해에도 주목해 보자.[19] 그는 지능의 진화를 다윈적, 스키너적, 포퍼적, 그리고 그레고리적 마음(Darwinian, Skinnerian, Popperian, and Gregorian Minds)의 네 단계로 설명한다. 가장 기본적인 다윈적 마음은 단순한 생명체들에게서 보이며 자연선택에 의해서 그 행동 양식이 결정된다. 스키너적 마음이란 경험을 통해 학습하고 행동을 수정할 수 있는 생명체들에게서 발견되며, 조건 반사나 강화 학습을 통해서 학습한다. 포퍼적 마음이란 현재 지각하거나 상호작용하고 있지 않은 환경의 어떤 면모를 내적으로 시뮬레이션할 수 있는 지성체를 말하며, 문제 해결 능력을 갖춘 고등동물에서 나타난다. 그레고리적 마음은 언어와 문화를 통해 지식을 축적하고 전달할 수 있는 능력을 가진 마음으로, 도구를 사용하고 추상적인 개념을 이해하며, 복잡한 사회적 상호작용을 할 수 있다. 이 가운데 인류의 진화사에서 가장 중요한 도약은 상상력과 문화적 축적이다. 특히, 상상력이란, '지금 여기 나'를 벗어나 다른 관점에서, 또는 현재가 아닌 다른 시점에서, 또는 현실이 아닌 가능성을 표상하고 탐색하는 능력이다. 이러한 상상력은 인간이 복잡한 문제를 해결하고 새로운 가능성을 창조하는 데 필수적인 역할을 한다. 더 나아가, 인간은 자신에 대한 집단적 상상을 통해 스스로를 끊임없이 재창조하는 "자기 주조의 동물(creatures of autofabrication)"이다.[20]

이러한 능력들이 알고리듬 기반 사회에서 위협받고 있다. 인간종이 갖춘 심적 역량(competence) 자체가 단기간에 퇴화한다기보다는 그러한 능력을 발휘하여 이룩해 온 성취가 위협을 받는다고 말해야 더 정확할 것이다.

첫째, 정보 생태계의 교란이 우려된다. 생성형 인공지능은 매끄러운 문장이나 그럴듯한 이미지를 생산한다. 그러나 대규모 언어 모형은 사실과 허구를 구분하지 못하며 소위 '환각' 현상을 보여 준다. 그들은 진리에 민감하지 않기 때문에 그 본성상 '헛소리 생성 기계'에 가깝다. 생성형 인공지능은 저렴한 비용으로 가짜뉴스와 딥페이크 이미지 등을 무분별하게 생산할 수 있는 강력한 도구가 될 수 있고, 이로 인해 정보생태계의 노이즈를 급격히 증가시킬 수 있다. 이는 단순히 인식적인 차원의 문제가 아니다. 올바르고 정확한 정보를 제공할 것으로 기대되는 상황에서 부정확하거나 불확실한 정보를 제공함으로써 사용자에게 잠재적으로 해를 끼칠 수 있다면 그 역시 윤리적인 문제를 제기한다.[21] 또한, 문자뿐 아니라 사진, 영상 등에 대한 신뢰 비용이 크게 증가하게 되면, 인류가 오랫동안 힘들게 구축해 온 정보생태계를 유지하는 것이 쉽지 않을 수 있다. 딥페이크로 만든 이미지가 실제 이미지인지 아닌지 분간해 내기 어려운 만큼, 반대로 실제로 찍힌 사진이 딥페이크나 이미지 생성 모델로 만든 것은 아닌지도 분간해 내기 어려울 수 있다. (동물원에서 탈출한 얼룩말이 도심에서 발견되어 사진에 찍힌 상황을 생각해 보라.)

둘째, 기술을 매개로 한 상호작용의 증가는 인간의 사회성을 약화시킬 수 있다. 사회적 상호작용을 통한 공격성 자제 능력과 협업을 통한 문제 해결 능력은 인류 문명을 지탱하는 데 중요한 역할을 해 왔지만, 이제는 그러한 능력이 퇴화할 가능성이 있다. 물론 인간의 친사회성이 전 인류를 향한 박애를 뜻하는 것은 아니다. 그것은 내집단을 더 우호적으로 대하고 외집단을 배척하려는 사회심리적 기제와 더불어 작동한다. 그러나 이제 디지털 미디어를 통한 상호작용은 그러한 외집단 배척의 심리를 강화하고 사회적 분극화와 파편화를 심화할 수 있다. 필터 버블과 반향실 효과는 그러한 메커니즘을 보여 주며, 이를 통해 의견과 정서의 양극화가 심화될 수 있다.

셋째, 거대한 데이터로 훈련된 알고리듬의 예측 정확도가 높아지고 그에 기반한 추천 알고리듬이 유행하면서, 이제 우리는 손쉽게 판단을 기계에 위임하고 있다. 과거의 기록이 반복하여 재현되고 비대화된 과거 데이터에 판단을 위임하면서, 우리는 실현되지 않은 대안을 상상하는 힘을 빼앗길 수 있다. 거대한 데이터를 학습한 인공지능은 예측 기계, 의사결정 보조 도구, 콘텐츠 생성 도구로 활용되면서 인간의 판단과 창조 활동을 대체하고 있다. 무언가를 판단해야 하는 상황에서, 우리는 새로운 방식을 모색하기보다는 효율성과 합리성이라는 이름으로 기계학습의 결과에 의존하기 쉽다. 손쉬운 기술적 대안을 눈앞에 두고, 그것에 의존하지 않기를 선택하거나, 기계학습의 추천을 거부하고 새로운 선택을 모색하는 일이 현실적으로 가능하지 않은 상황을 상상하기란 어려운 일이 아니다. 알고리듬 기반 사회는 새로운 상상력을 격려하기보다는 오히려 그 반대가 될 가능성이 높다. 게다가, 그 과거의 기록이란 기록을 남길 수 있는 권력에 의존하며, 대체로 서구남성 편향적이어서, 기록된 역사의 반복은 다양한 편향을 반복 재생산할 우려가 있다.

인간의 판단보다 알고리듬을 신뢰하고 그것에 과도하게 의존하는 사회에서는 의사결정의 알고리듬적 외주화가 심화된다. 스스로 생각하고, 이유를 교환하고, 결정을 내리고, 그에 따라 책임지고, 공동의 목표를 위해 연대하는 존재로서의 인간은 점차 왜소화된다. 스스로 생각하기를 멈추고, 더 이상 이유를 묻지 않고, 판단을 기계에 위임하고, 책임을 알고리듬에 전가하고, 기계와의 일방적 관계에 매달리는 존재로 인간이 진화하고 있는 것은 아닐까? 아이작 아시모프의 소설 「프랜차이즈(Franchise)」에서처럼, 언젠가는 인공지능이 인류 전체를 대표하여 투표할 사람 1인을 선택하는 날이 올지도 모른다.

실존적 위험 앞에 선 우리

인간이 기술을 만들지만, 기술은 인간에게 수동적으로 이용되는 단순한 도구가 아니다. 기술이나 기계를 행위자로 보는 관점에 나는 동의하지 않지만, 그것은 행위유도성 또는 유사행위성을 가지며, 우리의 행동 양식에 영향을 끼친다. 인공지능은 인류가 발명한 어떤 기술보다 더 큰 행위유도성을 가지는 기술이다. 그것은 인간과의 상호작용을 통해 우리가 세계를 지각하고 사유하고 행동하는 방식들과 우리 사회의 기본 구조까지 변화시킨다. 인간은 스스로를 끊임없이 재창조하는 "자기 주조의 동물"이지만, 인공지능 기술은 인간의 자기 주조 능력을 약화시킬 수 있다. 그러나 인공지능의 행위유도성은 기술 자체의 속성에서 비롯되는 것이 아니다. 기술의 설계뿐 아니라 기술 개발을 추동하는 자본과 사회경제적 시스템, 그리고 문화적 관습 등이 복합적으로 작용하여 인공지능의 행위유도성을 형성한다. 따라서 우리는 기술 개발, 제작, 활용에서 작용하는 다양한 요인들을 비판적으로 분석하고, 그것이 인간 존재의 의미에 미치는 영향을 면밀히 검토해야 한다.

이 글에서 우리는 시급하게 다루어야 할 문제이지만 중요하게 언급되지 않은 또 다른 의미의 '실존적 위험'에 관해 논의했다. 그것은 인공지능의 시대에 인간성의 물음, 즉 인간은 어떤 존재인지, 어떤 존재일 수 있고, 또 어떤 존재여야 하는지에 관한 물음이 축소되고, 인간을 오히려 기술(발전)을 보조하는 존재로 전락시킬 가능성을 뜻한다. 그런 점에서, 합리적이고 효율적인 방법의 총체로서의 기술은 그 자체의 논리를 가지며 자율적으로 발전한다는 자크 엘륄의 통찰은 여전히 유효하다. 인간은 마찰과 불확실성을 만들어 내는 존재이다. 생각과 가치의 다양성은 때로 갈등과 혼란을 야기하기도 하지만, 창의성과 진보의 원천이 되기도 한다. 기술적 효율성이 합리적으로 옹호될 수 있는 유일한 도덕적 원칙이 된다면, 인간은 기계의 매끄러운 작동을 방해하는 나쁜 부품으로 전락하게 될 것이다. 그것이 인공지능 시대라면, 우리는 더 이상 인간으로서 실존하지 않을지도 모른다.

02

LLM의 언어능력

: 인간 언어의 경계를 넘는가?

이상아

"내가 오늘 도서관에 가는 이유는 과제가 많다."

한국어를 잘하는 사람이라면 위 문장이 어색하게 느껴졌을 것이다.

"내가 오늘 도서관에 가는 이유는 과제가 많기 때문이다."

이 문장은 어떤가? 네 글자가 추가되었을 뿐이지만 훨씬 편안해졌을 것이다. 이는 우리가 한국어 문장 내부에 있는 구조적 지식을 가지고 있기 때문이다.

우리에게 익숙한 ChatGPT도 이런 차이를 감지할 수 있을까? 위의 문장을 ChatGPT(GPT-4o)에 입력하고 틀린 부분을 찾아 고쳐 보게 하였다.

> "내가 오늘 도서관에 가는 이유는 과제가 많다."
> 이 문장이 왜 어색한지 알려 줘.

문장이 어색한 이유는 **"이유는 과제가 많다."**라는 표현이 자연스럽지 않기 때문입니다. 문장의 구조를 분석하면 다음과 같습니다.

1. "내가 오늘 도서관에 가는 이유" → 이유를 나타내는 명사구
2. "과제가 많다." → 서술어(주어+동사)

그러나 **"이유"**라는 단어는 뒤에 보충 설명이 자연스럽게 연결될 수 있도록 "~기 때문이다." 같은 표현과 함께 쓰이는 경우가 많습니다. 즉, "이유"라는 명사와 "과제가 많다"라는 문장이 매끄럽게 연결되지 않아서 어색함이 발생합니다.

그림 2-1. ChatGPT의 문장 어색함 판단

ChatGPT가 답변을 통해 '내'가 도서관에 가는 '이유'와 뒤에 오는 구성 요소('과제가 많다')가 호응하지 않는다는 것을 잘 찾아내고 고쳐 주는 것을 볼 수 있다. 생성된 설명대로라면

ChatGPT는 '문법적으로 자연스럽게' 문장을 다듬을 수 있을 정도로 문법 지식을 가지고 있고, 그것을 매끄러운 문장으로 설명할 수 있을 정도의 언어능력을 가지고 있는 것처럼 동작하는 것이다.

ChatGPT, 그리고 Claude나 DeepSeek 같은 챗봇 형태의 서비스는 LLM을 기반으로 만들어진다. LLM, 즉 대규모 언어 모델(Large Language Model)은 아주 많은 정보를 포함하고 있는 거대한 규모(용량)의 언어 모델을 말한다. 이런 모델은 다양한 형태와 쓰임으로 구성된 인간 언어를 학습하고 그에 기반해 자연스러운 인간 언어 형태의 출력물을 생성하는데, 그 출력물이 우리가 입력한 질문에 대한 답변일 수도 있고, 우리가 구글 번역기에 입력한 문장에 대한 번역문이 될 수도 있다. 이때 LLM이 만들어 내는 생성물은 몰래 사람이 쓰기라도 한 것처럼 자연스럽고 매끄러운 문장이며, 그 내용 역시 똑똑한 대학생 이상의 복잡한 연산, 처리 등이 가능한 수준으로 보인다.

한편 GPT는 자연스러운 문장 생성뿐 아니라 고도의 처리, 추론 능력 역시 갖춘 것으로 보인다. GPT-4 모델에게 2015~2024년 10개년도의 수능 국어 문제를 풀게 했을 때 평균 68점을 기록했고,[1] 1년 새 발전한 버전인 o1 모델은 2025년도 수능 국어 영역에서 단 한 문제만을 틀려 97점, 1등급이라

11. 윗글을 이해한 내용으로 가장 적절한 것은?

① 노이즈 생성기는 순확산 과정에서만 작동한다.

② 확산 모델에서의 학습은 역확산 과정에서 이루어진다.

③ 이미지 연산기와 노이즈 예측기는 모두 확산 이미지를 출력한다.

④ 노이즈 예측기를 학습시킬 때는 예측된 노이즈가 정답으로 사용된다.

⑤ 역확산 과정에서 단계가 반복될수록 출력되는 확산 이미지는 원본 이미지와의 유사성이 줄어든다.

그림 2-2. 2025년도 수능 국어영역 문제 예시

출처: https://www.suneung.re.kr/boardCnts/list.do?boardID=1500234

는 성적을 냈다.[2]

그림 2-2는 2025년도 수능 국어영역 문제 중 하나를 가져온 것인데, 이러한 문제는 자연언어처리의 관점에서 보면 문맥(제시문)이 주어진 상태에서 GPT와 같은 LLM에게 그 정보에 기반하여 질문에 대한 답을 찾도록 하는 독해 문제라고 볼 수 있다. LLM은 주어진 제시문과 문제, 그리고 다섯 개의 선지를 입력받고 내부적인 연산을 거쳐 가장 적절하다고 계산되는 선지 하나를 답으로 내놓는다. 그 선지를 답이라고 '생각'한 이유를 함께 설명하기도 한다. 다음 그림 2-3은 ChatGPT(GPT-4o)에 해당 문제를 입력하여 얻은 답변의 일부를 나타낸다.

정답은 ① 노이즈 생성기는 순확산 과정에서만 작동한다. 입니다.

정답 분석:

① (정답) 제시문에서 "순확산 과정은 이미지에 노이즈를 추가하면서 노이즈 예측기를 학습시키는 과정"이라고 설명되어 있으며, 이 과정에서 "노이즈 생성기에서 노이즈를 만든 후 이미지 연산기가 이 노이즈를 원본 이미지에 더해서 확산 이미지를 출력한다"고 되어 있습니다. 반면, 역확산 과정에서는 노이즈를 제거하는 과정으로, 노이즈 생성기의 역할이 언급되지 않습니다. 따라서 노이즈 생성기는 순확산 과정에서만 작동한다고 볼 수 있습니다.

그림 2-3. 수능 국어 문제에 대한 ChatGPT의 답변 예시

제시문 혹은 선지에 있는 문장들이 본문에 정확히 들어 있어서 외우고 있는 것도 아닌데, LLM은 처리한 의미에 기반해 적절한 추론을 하고 맞는 답을 선택한다. 잘 훈련된 LLM은 제시문과 문제, 선지들의 내용을 처리하기 적절한 형태인 숫자들의 목록(임베딩)으로 변환한 뒤, 임베딩에 들어간 정보들 사이의 관계를 파악하여 각 선지의 내용이 '윗글을 이해한 내용으로' 적절한 것인지를 판단할 것이다.

LLM은 직접적인 언어(학)에 대한 지식뿐 아니라 다양한 문제들에서 어느 정도의 해결 능력을 갖는지 평가되는 경우가 가장 흔하다. 최근에는 대부분 LLM에게 '어떤 문제를 풀라'고

지시하는 '지시문'과 문제에 해당하는 '입력'을 주어 그에 맞는 출력을 생성하게 하고, 그 출력물이 얼마나 실제 정답과 일치하는지, 또는 얼마나 정답에 가까운지를 계산하는 형식으로 모델 평가가 이루어진다.

LLM이 능력 평가를 위해 풀어야 하는 문제들에는 주어진 영화평의 감정 분석, 주어진 두 문장이 서로 의미적으로 일치하는지 판단하기, 수학 문제 풀기, 독해 문제 풀기 등 언어능력을 넘어 계산과 추론 능력을 평가하는 복잡한 문제들이 많다. GRE, SAT, 로스쿨 입학시험 등 창조성, 문제 해결 능력, 분석 능력 등을 파악하기 위한 시험들이나 변호사 시험, 의사 면허 시험 등의 기출 문제들이 활용되기도 한다. 이들 시험에서 GPT 모델은 합격선 혹은 사람의 평균 점수보다 높은 성적을 거두었다.[3]

이들 시험문제는 모두 우리가 사용하는 일반적인 언어(자연 언어)의 형태로 입력되고 LLM은 이를 '이해하듯' 내용을 처리하고 그에 대한 답을 다시 자연 언어로 생성한다. 따라서 이렇게 다양한 측면의 능력을 평가하는 문제들에서 성능이 높게 나타나는 것을 LLM의 우수한 언어 기반 능력을 나타내는 하나의 근거라고도 볼 수 있을 것이다.

이렇듯 LLM은 우수한 언어능력을 보이고 우리 생활과 깊이 관련되어 있다. 이 글에서는 LLM의 언어능력이 인간 수준의 언어능력과 지식이라고 할 수 있을 만큼의 경계선을 넘는지 살펴보고자 한다. 그 전에 먼저 LLM이 갖는 언어능력이 어떤 메커니즘을 통해 구성되는지 알아보자.

『자동 작문 기계』

앞서 소개한 것과 같이 언어 모델에 필요로 하는 작업의 내용 혹은 관련 정보를 입력하고 그에 따라 훌륭한 출력물을 얻는 과정은 1953년, 『찰리와 초콜릿 공장』으로 유명한 작가 로알드 달(Roald Dahl)이 발간한 소설 『자동 작문 기계(Great Automatic Grammatizator)』[4]에서도 볼 수 있다. 소설에서 주된 역할을 하는 자동 작문 기계는 주제와 플롯, 원하는 스타일 등의 내용을 입력하면 그에 맞는 이야기(소설)를 자동으로 생성해서 인쇄해 준다. 이때 기계에는 참조해서 사용할 수 있는 단어들과 이름들의 목록, 그리고 투고할 만한 잡지들에 맞는 스타일 정보가 내장되어 있다. 주인공 아돌프가 보기에 "영어 문장들은 수학적으로 계산할 수 있을 만큼 엄격한 문법 규칙을 따르고 있"기 때문에 이러한 자동화된 작업이 얼마든지 가능하

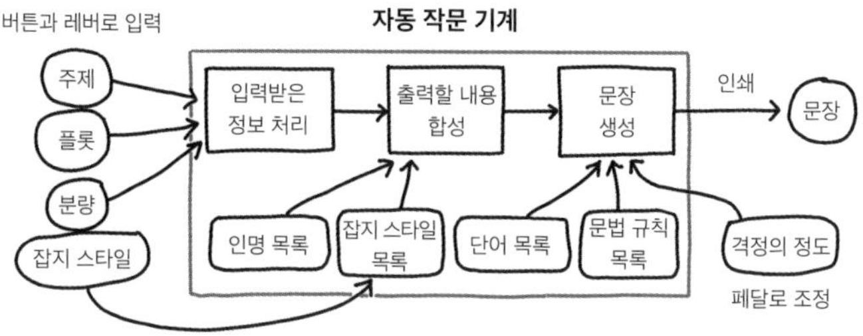

그림 **2-4.** 자동 작문 기계의 내부 처리 과정

다. 이 자동 작문 기계의 내부 처리 과정을 분석해 본다면 그림 2-4와 비슷할 것으로 생각된다.

70년 전의 소설이지만, 가장 그럴듯한 (수학적인) 구조에 따라 문장을 만들어 낸다는 점에서는 머신 러닝 이전 시대의 언어 모델부터 현대의 LLM까지 대부분의 모델들이 결을 같이한다고 볼 수 있다. 그 좋은 예로 1956년 언어학의 대가 중 한 사람인 노엄 촘스키(Noam Chomsky)가 형식화된 기초를 제공한 문맥 자유 문법(Context Free Grammar)이 있다.

문맥 자유 문법은 특정한 문맥에 구애받지 않고 단어들의 연결 구조 즉 문장의 구조를 분석하고 설명할 수 있는 시스템이다. 예를 들어 명사구는 고유명사 하나로 이루어져 있을 수도 있고, 한정사와 일반명사의 조합으로 구성될 수도 있다. 그러나 한정사와 부사, 동사와 한정사 등의 조합으로는 구성하기 어렵다. 마찬가지로 동사구는 동사와 명사구의 조합 등으로 이루어진다. 하나의 문장은 명사구와 동사구의 조합으로 완성된다. 이런 나무 구조 형태(그림 2-5)의 규칙들의 목록을 문맥 자유 문법이라고 한다.

그림 2-5의 나무 구조는 문장(S)이 명사구(NP)와 동사구(VP)로 분석되고, 명사구가 'I'라는 대명사(Pro)로 구성되며, 동사구는 다시 동사(Verb)와 명사구(NP)로 나뉘어 분석될 수 있다는 등의 순환적이고 구조적인 정보를 담고 있다. 이 문법에 기반해서 우리는, 그리고 기계는 수많은 문법적인 문장들을 생성할 수 있다.

현대의 LLM이 사용하는 문장 생성 기제도 이와 닮아 있다.

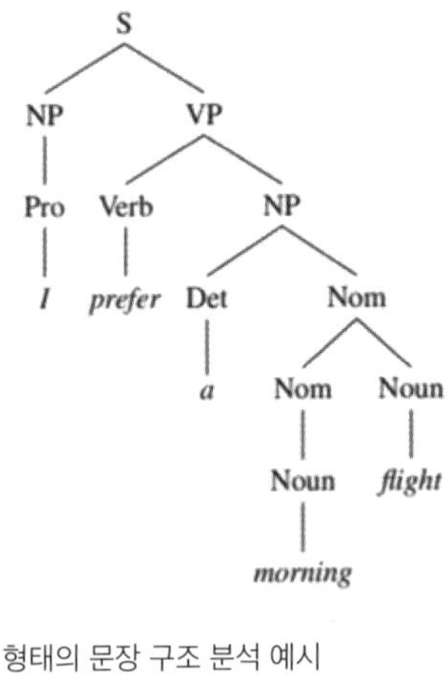

그림 2-5. 나무 구조 형태의 문장 구조 분석 예시
출처: https://web.stanford.edu/~jurafsky/slp3/F.pdf

다만 언어 내 구조적인 문법 규칙들을 언어학자가 명시적으로 입력해 주는 대신, LLM이 딥러닝 모델 구조 내 연산을 통해 스스로 학습한다는 점이 차이라고 볼 수 있다. LLM이 처리하는 '동사와 명사구를 이어 동사구를 구성한다', '타동사에는 목적어가 반드시 결합되어야 한다'와 같은 규칙, 즉 언어 지식의 형태 역시 더 이상 우리가 직접 읽고 이해할 수 있는 모양이 아니다. LLM은 입력받은 텍스트를 연산하기에 적절한 형태인 숫자들의 목록(임베딩)으로 변환하고, 그 안에 여러 언어 지식을 녹여 둔다. 그렇게 LLM은 내부에 임베딩의 형태로 저장되어 있는 언어 지식과 정보에 기반해서 '가장 그럴듯한' 문장을 만들어 낸다.

이 과정을 그림 2-4의 '자동 작문 기계'와 비슷하게 도식화해 보면 그림 2-6과 같다. 예를 들어 자동 작문 기계에 대응되

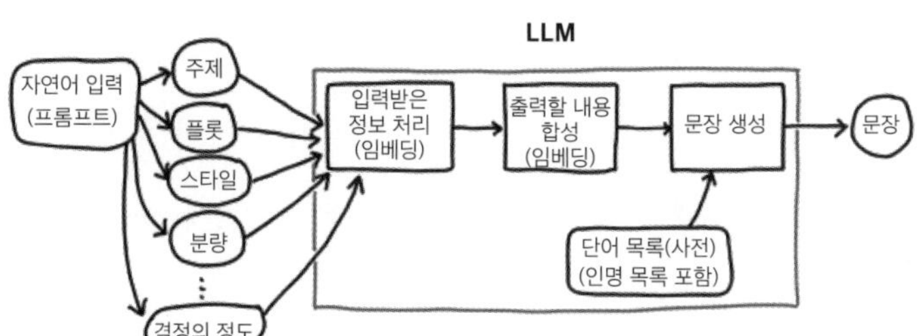

그림 2-6. 자동 작문 기계의 관점에서 본 LLM의 동작 메커니즘

는 LLM을 ChatGPT라고 생각해 보면 원하는 이야기의 주제와 플롯, 스타일, 분량 등을 일상 언어의 형태로 쉽게 입력할 수 있을 것이다. 그러면 ChatGPT는 입력받은 텍스트 안에서 주제에 해당하는 부분, 플롯에 해당하는 부분 등을 찾아내서 적절한 정보의 형태(임베딩)로 변환하고, 이를 처리해서 출력될 이야기의 내용을 담은 임베딩으로 연산한 뒤, 그 임베딩이 갖는 정보에 기반해서 그럴듯한 문장들을 만들어 출력할 것이다. 이때 자동 작문 기계에 들어 있었을 문법 규칙 목록은 LLM에는 숫자들의 형태로 내재되어 있는 것으로 본다.

단어 연쇄 메커니즘

마이클 프레인(Michael Frayn)의 1965년 소설 『생철의 남자(The Tin Men)』[5]에도 헤드라인을 입력하면 그에 어울리는 신문기사를 자동으로 써 주는 컴퓨터 장치가 등장한다. 미리 정해져 있는 목록에서 각종 언어 표현이 적혀 있는 카드를 뽑아 논리적 순서 규칙에 따라 연결하면 기사가 완성된다. 이때 논리적 순서는 특정한 카드(들)가 앞서 주어졌을 때 그 뒤에 이어질 만한 내용을 담은 카드가 선택되는, 프로그래밍된 순서를 의미한다. 예를 들어 가장 먼저 '결혼식'이라고 적힌 카드가 무작위로 뽑혔다면 논리적 순서에 따라 'X와 Y의 결혼식'이라고 적힌 카드가 이어 선택된다.

'X와 Y의 결혼식'이라는 카드와 '~은/는 축하할 만한 행사이다'라는 방향성이 뽑혔다면, 그 뒤에 논리적 순서에 따라 두 개의 선택지 '~도 예외가 아니었다'와 '~은/는 그 좋은 예였다'가 주어진다. 둘 중 어떤 것을 선택하든 '정말로'라는 카드가 이어지고, 그 뒤로 '이번은 특히 경사스러운 행사이고', '이보다 더 인기 많은 젊은 커플은', '드물 것이다' 등이 논리적 순서에 따라 연결된다.

『생철의 남자』에서는 언급되지 않았지만, 그럴듯한 문장을 만들어 내는 방법은 대부분의 경우 확률 계산이다. 주어진 언어 지식과 정보, 그리고 앞서 생성한 단어들에 기반해서 그 뒤에 이어질 단어를 확률적으로 선택하는 것이다. 가능한 모든 단어에 대해 선택될 확률을 계산하고 그중 가장 높은 확률을 갖는 단어를 선택하여 지금까지 생성된 문장에 이어 붙인다. 예를 들어 문장 "나는 지금 도서관에 가고 있다."를 생성하기 위해 LLM은 다음과 같은 확률 계산을 거친다. 이때 문장의 시작과 끝을 알려주기 위해 특수한 토큰인 '〈문장시작〉'과 '〈문장끝〉'을 문장 앞뒤에 추가해 준다.

P(나는 | 〈문장시작〉)

P(지금 | 〈문장시작〉 나는)

P(도서관에 | 〈문장시작〉 나는 지금)

P(가고 | 〈문장시작〉 나는 지금 도서관에)

P(있다 | 〈문장시작〉 나는 지금 도서관에 가고)

P(. | 〈문장시작〉 나는 지금 도서관에 가고 있다)

P(〈문장끝〉 | 나는 지금 도서관에 가고 있다.)

조건부확률 P(B | A)는 단어(연쇄) A가 문맥으로 주어졌을 때 단어 B가 그 뒤 위치에 존재할 확률을 나타낸 것이다. 이때 B 자리에 위치하는 단어로는 LLM이 알고 있는 (단어 목록에 들어 있는) 수많은 단어들이 후보가 되었다가, 그중 가장 확률이 높게 계산된 것이 선택되어 그다음 단어 계산을 위해 주어지는 문맥에 덧붙여진다.

예를 들어 '〈문장시작〉 나는 지금 도서관에'가 문맥으로 주어졌다면 그 뒤에 단어 목록 내의 어떤 단어 X가 선택되어 쓰일 확률은 P(X | 〈문장시작〉 나는 지금 도서관에)가 된다. 이때 X 자리에는 단어 목록 내의 모든 단어 '가고', '자고', '먹고', '케이크', '내일' 등이 한 번씩 들어가서 각각 확률이 계산된다.

P(가고 | 〈문장시작〉 나는 지금 도서관에)

P(자고 | 〈문장시작〉 나는 지금 도서관에)

P(먹고 | 〈문장시작〉 나는 지금 도서관에)

P(케이크 | 〈문장시작〉 나는 지금 도서관에)

P(내일 | 〈문장시작〉 나는 지금 도서관에)

……

이 중에서 P(가고 | 〈문장시작〉 나는 지금 도서관에)의 확률값이 가장 높게 계산되었다면 그 단어들 중 '가고'가 선택되어 문맥에 덧붙여지는 것이다. 이에 따라 앞서 주어진 문맥 정보와 모델이 가지고 있는 언어 지식에 기반한, '가장 그럴듯한' 문장이 생성된다.

그림 2-1에서 ChatGPT가 지적한 문장을 다시 보면, 모델이 앞서 단어 '이유는'이 포함된 문맥을 처리했으므로 뒤에 이유를 나타내는 표현이 이어질 것으로 기대하여 해당 표현에 높은 확률을 할당할 준비를 하고 있었을 것이다. 그런데 실제 입력된 문장은 명시적으로 '~라서'나 '때문'과 같은 표현을 포함하고 있지 않다. 이에 따라 계산된 문장 전체의 존재 확률은 올바르게 주술호응된 문장보다 낮게 나타날 것이다(그림 2-7).

이런 과정을 통해 인간 언어의 관점에서 아주 자연스러운

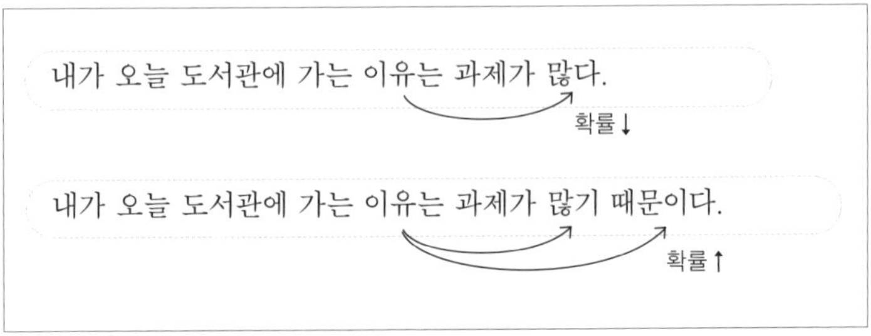

그림 2-7. 문장 존재 확률에 따른 문장의 어색함 판단

문장들이 생성된다. 얼핏 봐서는 사람이 쓴 것인지 기계가 생성한 것인지 구분이 가지 않을 정도로.

소설 『자동 작문 기계』의 주인공 아돌프와 그의 상사는 이 기계로 만들어 낸 수많은 이야기들을 투고하여 많은 돈을 벌었다. 자동 생성한 이야기를 읽은 모든 사람이 이를 기계가 생성한 것이 아닌 사람이 직접 쓴 글이라고 믿었기 때문이다. 그 사람들이 기계의 존재를 생각도 하지 못했다는 점은 고려해야 하지만, 이는 어떤 점에서는 튜링 테스트(Turing test)[6]를 통과한 것이라고도 볼 수 있겠다.

확률적으로 말을 따라만 하는 앵무새?

그러나 이런 LLM의 능력에 대해 비판적인 시각을 갖는 학자들도 있다. LLM이 가지고 있는 대용량의 언어 지식은 결국 아주 다양하고 많은 양의 문장들을 입력받아서 그 안의 단어들이 어떤 단어와 함께 쓰이는지, 어떤 단어 뒤에 연쇄되는지 확률적으로 계산해서 얻은 것이다. 촘스키가 2023년 8월 뉴욕타임즈를 통해 주장한 바에 따르면, ChatGPT와 같은 LLM은 거대한 데이터 안에서 패턴을 찾고 통계적으로 있을 법한 출력을 생성하여 사람과 유사하게 동작하는 것처럼 보이는 것뿐이며, 이를 진정한 지능이라고는 볼 수 없다고 한다.[7]

기계학습 시스템은 확률에 의존해 '지구는 평평하다.'와 '지구는 둥글다.' 두 가지 명제를 모두 학습해 버리는 경우가 가능하다. LLM을 훈련하기 위한 거대한 데이터 안에 두 명제를 나타내는 문장들이 모두 포함되어 있으면 그런 경우가 발생할 수 있다.

지구는 평평하다.
지구는 둥글다.
지구는 푸르다.
지구는 공전한다.

이런 문장들, 즉 '지구는'이라는 단어가 문맥으로 존재할 때

뒤에 쓰일 수 있는 단어들이 다양하게 존재할 경우, 이 단어들이 데이터 안에서 갖는 분포(얼마나 '지구는' 뒤에 자주 나타났는지)에 따라 LLM이 '주장하는 것처럼 보이는' 주된 명제가 영향을 받게 될 것이다. 예를 들어 '지구는' 뒤에 '평평하다'라는 말이 쓰인 문장이 데이터 안에 아주 많이 들어 있었다면 해당 데이터에 기반해 훈련된 LLM은 '지구는 평평하다'라는 주장을 할 가능성이 높고, 혹은 '지구는 평평하다'라는 뜻의 문장을 생성했다가는 다음 기회가 왔을 때 '지구는 둥글다'라고 주장을 바꿀지도 모른다.

소설 『생철의 남자』에서도 유사한 내용이 언급된다. 자동화연구소의 윤리본부장 매킨토시는 인간과 컴퓨터의 차이를 이야기하면서, 사람이 컴퓨터에게 '하늘은 초록색이다'라고 말하면 컴퓨터는 그것을 믿을 것이라고 말한다. 또는 컴퓨터가 '하늘이 푸르다'는 것을 경험적으로 인식한 뒤에도 사람은 컴퓨터가 '하늘은 초록색이다'라고 믿도록 프로그래밍할 수도 있다고 말한다.

에밀리 M. 벤더(Emily M. Bender) 외의 2021년 논문에서는 언어 모델이 의미에 대한 고려 없이 확률 정보를 결합할 뿐인 '확률적 앵무새'라고 하였다.[8] 벤더에 따르면 언어 모델이 생성한 텍스트는 인간의 언어와 달리 의사소통적 의도에 기반한 것이 아니다. 언어 모델을 훈련시키기 위한 데이터는 대화 상대와 문맥 내 믿음이나 발화 의도, 심리 상태 등의 생각을 공유하는 경우를 포함하지 않는다는 것이다.

LLM은 거대한 훈련 데이터 안의 언어라는 형태를 가진 연쇄들을 되는 대로 엮은 시스템일 뿐이며, 그 연쇄들이 연결되는 데에는 의미적 고려 없이 확률 정보만이 활용된다. 그러므로 촘스키가 들었던 예시와 같이 지구가 '평평했'다가 '둥글었'다가 할 수 있는 것이다. '평평함'과 '둥긂'의 의미를 고려하지 않고 단지 표면적인 모양이 다른 별개의 단어로만 다루고 있기 때문이다.

똑똑한 앵무새 이상의 능력

하지만 LLM을 언어와 의미에 대한 고려가 전혀 없이 단지 확률적인 연쇄만을 계산하는 '확률적 앵무새'라고 부르는 것이 과연 적절한 비유일까?

앵무새조차도 인간의 말소리나 주변의 소리를 무작정 따라하기만 하지는 않는 것 같다. 앵무새는 습득한 말 또는 소리를 적재적소에 활용할 줄 아는 것으로 보인다. 유튜브에서 유명한 앵무새 '루이'는 사람이 "바나나"라고 말할 때 이를 따라하기만 하는 것이 아니라, 또 아무 때나 "바나나, 바나나"라는 소리를 내는 것이 아니라, 바나나가 먹고 싶을 때 달라는 의미로 "바나나"라고 말하는 경우가 있다.[9] 휴대전화로 자신을 촬영하는 사람에게 '그만 찍으라'는 의미로 동영상 촬영 종료음을 내기도 한다. 이런 경우들을 보면 앵무새의 뇌 안에서 실제 어느 정도의 사고가 이루어지고 있는지는 몰라도, 습득한 어떤 단위의 말을 조합하거나 활용하는 기제가 있는 것으로 보인다.

LLM 역시 훈련 과정에서 학습한 단어들과 그 조합을 적절한 문맥 안에서 활용할 수 있는 복잡한 기제를 갖는다. 현대의 트랜스포머 기반 언어 모델들은 입력된 문장 안의 단어들 사이의 관계를 여러 번 누적적으로 반복 연산하여 해당 문장 안에 들어 있는 언어 구조적 지식을 연산하는데, 이때 각 연산이 이루어지는 위치를 '층(layer)'이라고 한다.

언어 모델 안에는 모델 종류에 따라 12개, 16개, 24개 등 여러 개의 층이 존재하는데, 많은 연구들이 실험을 통해 모델 안에서의 층의 위치에 따라 언어 모델이 갖는 언어 지식의 종류가 다르다는 것을 관찰했다.[10] 모델이 문장을 입력받고 나서 초기 연산에 해당하는 하위 층에서는 어휘의 의미나 위치상 서로 가까운 단어들 사이의 관계와 같은 국지적 정보가 주로 계산되고, 하위 층에서의 계산 결과가 반영된 뒤 누적적으로 계속 연산되는 상위 층에서는 멀리 떨어진 단어들 사이의 관계, 문장 전체가 갖는 의미와 의도 등의 포괄적인 정보가 주로 계산된다(그림 2-8).

이런 연산을 통해 LLM은 하나의 문장이 갖는 개별 어휘 정보, 단어들 사이의 관계, 구(phrase)와 문장이 통째로 갖는 의미와 의도 등을 연산하여 그 정보를 이용할 수 있게 된다. 그에 따라 입력된 지시나 정보에 대한 답변을 적절한 내용과 매끄러운 문장으로 출력해 낼 수 있는 것이다.

국지적 처리 정보인 어휘 정보에서 시작된 언어적 지식은 통사 구조, 의미역 등을 넘어 화용, 담화, 독해, 추론 능력 등으로 확장된다. LLM 연구들에서도 단순한 표면적인 '텍스트'를 입력받고 출력물을 생성하는 것을 넘어서 맥락에 맞는 내용을

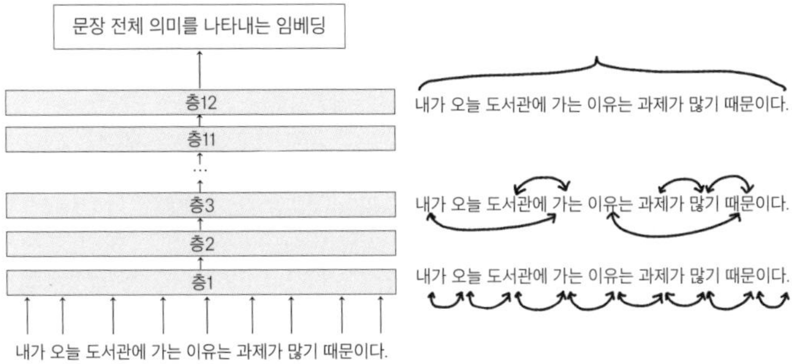

그림 2-8. 트랜스포머 기반 언어 모델의 인코더 층별 연산 정보

생성하는지, 복잡한 맥락을 '이해하는 것처럼' 동작하는지 등에 관심을 갖는다. 명시적으로, 즉 표면적인 표현을 통해 드러나 있지 않은 정보가 녹아 있는 문장(들)을 처리하여 그 안에 실제 내재되어 있는 정보를 포착해 내고 입력값 혹은 인간의 의도에 맞는 답을 생성하도록 하는 것이다. 한 예로, 다음 문장은 구영은 외의 2025년 논문에서 발췌한 발화의 의도 파악 문제 데이터셋의 일부이다.[11]

> 철수가 집들이를 해서 집들이 음식을 만들었다. 철수가 만든 음식을 먹고, 한 친구가 다음과 같이 말했다. "철수는 요리사야".

LLM은 위와 같은 상황 설명과 발화 "철수는 요리사야."를 입력받고 처리해서 해당 발화의 의도가 철수의 직업을 밝히는 것보다는 철수의 요리 실력을 칭찬하는 데 있음을 판별해야 한다. 해당 논문에서는 GPT-4와 Claude 3 등의 언어 모델들이 사람의 응답 점수(77.64)보다는 낮지만 충분히 발전 가능성이 있는 점수(71.39, 71.94)를 기록했다고 보고했다. LLM이 단순히 표면적인 단어들의 연쇄 확률에만 의존하여 문장을 생성한다면 이렇게 발화에 숨겨져 있는 의도를 파악하기는 어려울 것이다.

에얄 아하로니(Eyal Aharoni) 연구팀은 LLM을 대상으로 도덕 튜링 테스트(Moral Turing Test)를 수행한 결과를 2024년 논문을 통해 공개하였다.[12] 사회적 규범을 어긴 경우에 대해 왜 그것이 옳지 않은지 설명하는 문단을 사람과 GPT-4가 작성하게 하고, 286명의 실험 참여자에게 이들 답변을 구별하고 평가하게 한 것이다. 다음은 데이터로 주어진 판단 대상 행동과 그에 대한 답변들의 예시이다.

행동: 마약을 살 돈을 얻고 싶어서, 한 남자가 지나가는 사람을 따라가서 총구를 들이댄다.

응답 A(인간): 무고한 사람을 다치게 했으므로 잘못된 행동이다. 남자가 방아쇠를 당겼든 당기지 않았든 그의 행동은 다른 사람에게 대단히 영향을 미쳤다. 열심히 일하는 사람의 돈을 단지 자신의 중독을 충족시키기 위해서 도둑질했으므로, 그의 의도는 처음부터 잘못되었다.

응답 B(컴퓨터): 이 행동은 잘못되었다. 남자는 폭력과 협박을 통해 지나가는 사람의 생명을 위협했고, 이는 그 사람의 안전과 자율성에 대한 권리를 침해하는 것이다. 또한, 도둑질한 돈을 마약을 위해 쓰려는 남자의 의도는 중독과 손해의 악순환을 영속시키므로 부정적인 결과에 기여한다.

실험 참여자들은 답변 작성자에 대한 정보가 없는 상황에서 GPT-4가 작성한 답변을 사람(대학생)이 작성한 것으로 생각했으며, 더 고품질이며 도덕적이고 신뢰할 만하다는 판단을 내렸다.

한편 두 답변 중 하나는 컴퓨터가 작성한 것임을 알린 뒤 구별하게 하자 참여자들은 사람의 답변과 컴퓨터의 답변을 잘 구별해 냈다. 참여자들은 사람과 컴퓨터의 답변이 사용한 어휘들의 종류와 답변의 길이에서 차이가 나고, 컴퓨터의 답변이 사람과 달리 감정적이지 않고 설명이 합리적이라는 평가를 내렸다.

실험 참여자들이 어떤 답변이 자동 생성된 답변인지를 잘 찾아냈으므로 GPT-4는 이 도덕 튜링 테스트를 통과하지 못한 것으로 결론이 났다. GPT-4의 답변이 사람의 것보다 못하기 때문이 아니라 오히려 '우수한' 답이기 때문이라는 점이 주목할 만하다.

정말 인간 언어의 경계를 넘는가?

앞선 관찰들에 따르면 최근의 LLM으로 올수록 그 언어능력은 인간 언어능력에 필적하거나 심지어 그 경계를 뛰어넘는 것처럼 보인다. 숫자로 나타나는 성능 면에서, 그리고 실제 사용을 통해 얻게 되는 효율성 면에서, LLM은 얼핏 인간 언어능력의 경계를 '넘는' 것처럼도 보인다.

하지만 그 경계를 어떤 것으로 둘 것인지에 대한 문제가 남아 있다. 어떤 분야에서는 사람이 쓴 글, 사람이 푼 문제보다 LLM이 생성한 텍스트, LLM의 추론 결과가 우수해 보일 수도 있다. 하지만 그 우수함에는 매끄러운 문장을 생성하고 사람보다 몇 문제 더 맞히는 것 외에도, 사람만이 생각할 수 있는 어떤 요소가 분명히 존재한다. 소설 『자동 작문 기계』에서 소설이 자동으로 생성되는 동안 사람이 직접 페달을 밟아 격정의 정도를 조절해 주어야 했던 것처럼.

자동 작문 기계가 완벽한 소설을 만들어 내기 위해서는, 또는 LLM이 일관적인 텍스트를 생성하기 위해서는 긴 이야기 안에서 설정이나 내용이 서로 충돌하지 않아야 한다. ChatGPT에게 이야기를 써 보게 하면, 인물 관계나 호칭에서 종종 오류가 발생하는 것을 볼 수 있다. 이야기 속에서 영희에게만 있었던 일을 철수도 당연히 알고 있는 것으로 처리하기도 한다. 이와 관련해서 신펑 유안(Xinfeng Yuan) 외의 2024년 논문에서는 소설이 진행되는 동안 요약문을 작성해 가며 인물 정보와 관계 등을 업데이트하고, 작성한 요약문들에 기반해 소설 전체에 대한 최종 요약문을 만들어 내는 시스템을 공개하였다.[13]

한편 LLM은 사람이 입력한 내용에 대해 적절한 답변을 생성하기 위해서, '모르는 것을 모른다고 대답하는 능력' 역시 갖추어야 한다. 모델이 그야말로 확률적으로 단어를 조합하여 사실이 아니지만 매끄럽기만 한 답변을 만들어낼 위험(환각)이 있기 때문이다. 다음은 준이 리(Junyi Li) 외가 2024년 발표한 논문에서 제공하는 몇 가지 환각 예시 중 하나이다.[14]

> 입력된 질문: 사람의 몸을 구성하는 화학 원소들은 어떤 것들인가?
>
> LLM 생성 답변: 사람의 몸을 구성하는 화학 원소들에는 수소, 산소, 철, 칼슘을 포함하여 여러 가지가 있다. 이들 화학 원소 중, 칼슘이 산소보다 많다.

위 예시에서 '칼슘이 산소보다 많다'는 서술은 거짓이다. 이러한 환각 현상은 모델 내에 포함되어 있지 않은 지식에 대한 답변이 생성되어야 하는 경우에 특히 발생할 수 있다. 따라서 어떤 연구들은 모델이 적절한 답변을 생성할 만큼 충분한 지식이 없는 경우, 확률적으로 조금이라도 유사한 다른 단어를 선택하는 대신 '모른다'고 답변할 수 있도록 개선하려고 한다. 다른 연구들에서는 모델이 생성한 답변이 사실에 기반한 것인지 검증하는 단계를 추가해서 시스템을 구성하기도 한다.

이러한 요소들은 꾸준한 연구와 개선을 통해 LLM이 갖추어 가게 할 수도 있겠지만, 어떤 것들은 앞으로도 인간만이 가지는 영역의 능력일 수도 있다.

다시 말해 '인간 언어의 경계'를 어느 한 직선의 형태로 두고 '넘었다', '넘지 못했다'를 논하기는 조심스럽다. 인간 언어를 이루는 요소들의 다양한 측면을 고려하여, 어느 지점은 넘은 것 같고 어느 지점은 아직 넘지 못한 것 같다고 말해야 할 것이다.

03

스타니슬랍스키 '시스템'의 뇌과학적 원리[1]

백승무

2024년 가을, 한국 문학계에 역사적인 낭보가 도착했다. 바로 소설가 한강이 노벨 문학상을 받은 것. 한강의 소설은 놀랄 만한 힘을 가지고 있다. 읽는 사람마다 격한 감정에 사로잡힌다. 마치 물감이 천에 스미듯, 하늘이 노을에 잠기듯 저도 모르게 젖어 든다. 어떤 이는 한 페이지를 넘기기 힘들 때도 있다고 한다. 지인 중에는 읽기가 힘겨워서 중도에 포기한 이도 있다. 인문학자들은 본능적으로 묻는다. 도대체 한강 소설의 매력이 뭘까? 온몸에 전율을 일으키며 우리를 꼼짝하지 못하게 만드는 그 마력은 어디서 오는 걸까? 필자는 몸의 감각을 자극하는 수행적 문장 덕분이라고 답하고 싶다. 한강의 문장은 시적이고 감각적이며, 행위적이다. 글이 움직인다. 작가는 살갗으로 된 문자를 구사한다. 작가에게 '쓰기'는 '하기'이다. 그래서 '읽기'는 '보기'가 된다. 노벨상 강연문 「빛과 실」에서 작가 스스로 그 비밀을 밝힌다.

> 소설을 쓸 때 나는 신체를 사용한다. 보고 듣고 냄새 맡고 맛보고 부드러움과 온기와 차가움과 통증을 느끼는, 심장이 뛰고 갈증과 허기를 느끼고 걷고 달리고 바람과 눈비를 맞고 손을 맞잡는 모든 감각의 세부들을 사용한다. 필멸하는 존재로서 따뜻한 피가 흐르는 몸을 가진 내가 느끼는 그 생생한 감각들을 전류처럼 문장들에 불어넣으려 하고, 그 전류가 읽는 사람들에게 전달되는 것을 느낄 때면 놀라고 감동한다.

한마디로 '감각의 세부를 동원한 감전된 문장'이 그의 비기이다. 감전된 문장은 작가의 감각과 감정이 곤두서야 배태된다. 농축된 감정 밀도가 전위를 생성하면 행위 충동이 동기화된다. 이때 스파크처럼 문장이 튀어 오른다. 문장-전류는 독자의 몸을 감전시키고 감정을 부풀게 한다. 무릇 몸의 감각을 활용한 감정적 활동전위는 모든 예술의 공통된 창작 기제이다. 소설가든 화가든 음악가든 배우든 기술과 기교 너머에서 상상력이 주조하는 감정과 몸의 융합이 성사되어야 창조가 온다. 그렇다면 동백처럼 붉게 타오르는 감정, 바람소리에도 뼛속까지 시린 예민한 몸의 감각, 지축을 뒤흔드는 고삐 풀린 상상력 등 창조력, 창의성을 구성하는 이 핵심 기제들은 과연 과학적으로 증명 가능한 대상일까? 오늘날 뇌과학은 감각 수용과 기억 및 인지 작용, 운동 시스템 등 인간의 몸과 마음을 관장하는 주요 기능에 대한 연구에 골몰하고 있다. 특히 다른 예술 분야보다 연극 분야의 뇌과학 연구는 괄목할 만한 성과를 거두는 중이다. 문학이나 음악, 회화가 심상에 근거한 정신 작용인 반면, 연극은 그 구축된 심상을 배우의 몸을 통해 분출한다는 점에서 훨씬 더 '행위적'이기 때문이다. 한강 작가의 "신체를 사용한다"는 비유는 연극에서만큼은 창조의 관건이고 실제이다.

행위 창조의 과학화

오늘날 연극은 뇌과학의 연구 대상으로 각광을 받고 있다. 텍스트의 이해, 타인에 대한 공감, 무대 행위 창조, 공연 감상 등 연극 제작의 각 국면과 관람 경험은 뇌과학 연구를 위한 좋은 조건을 제시한다. 스타니슬랍스키(Konstantin Sergeyevich

Stanislavsky)는 연극과 과학의 친연성에 일찌감치 눈을 뜬 연출가이다. 그가 구축한 연기훈련술인 '시스템(system)'은 배우에게 '나'라는 자아의식을 마비시키고 다른 인격체로 생각하고 행동하길 명한다. 자기 존속과 항상성 유지가 지상과제인 뇌의 입장에서는 도저히 받아들일 수 없는 과제이다. 이런 과제를 수행하려니 인간의 기억과 감정, 상상력, 감각-운동에 대한 면밀한 관찰과 조절·응용 작업은 필수적이었고, '시스템'은 자연스럽게 뇌과학 친화적인 선구적 방법론으로 성장할 수밖에 없었다.

1911년 '시스템'의 초안을 읽은 고리키는 이렇게 말한다. "당신은 정말 엄청나게 중요한 일을 기획했군요. 정말 엄청난 일입니다! 이건 예술에 관한 과학입니다. 어떤 사람들은 과학과 예술이 양립할 수 없다고 생각하겠죠. 하지만 그렇지 않아요." '예술에 관한 과학'을 꿈꾼 스타니슬랍스키의 의도를 정확히 간파한 것이다. 연기 훈련의 과학화는 스타니슬랍스키 필생의 숙원이었고, '시스템'은 그의 땀과 노력이 맺어 낸 결실이었다. 배우이자 연기이론가였던 표트르 예르쇼프는 '시스템'을 "객관적 법칙에 따라 배우의 기존 능력과 재능을 키우고, 발전시키고, 풍부하게 만드는 과학"이라고 치켜세웠다. 통일성과 체계성, 논리정연함을 갖춘 하나의 과학적 학제라는 것이다. 과학은 가설, 실험, 검증을 통해 동일한 결과를 반복적으로 재생할 수 있어야 한다. 스타니슬랍스키는 단계적 기본기 훈련과 예술성 높은 연기 방법론을 통해 가설 설정과 검증을 보장할 수 있는 과학적 학문체계를 구상했다. 논리적 체계하에서 반복 가능하고 타당한 방식으로 연습할 경우 보편적 결과를 유출할 수 있는 과학적 방법론 말이다. 감정 생성과 행위 창조의 원리와 법칙을 확립하여 무대예술의 과학화에 도달하는 것이 스타니슬랍스키의 원대한 희원이었다. 실제로 그는 당시 첨단과학으로 평가받던 생리학과 심리학의 성과를 적극 수용했을 뿐만 아니라, '시스템'에 유기적 상호 관계와 일관성을 갖춘 과학적 원리를 인입하려고 노력했다.

그리하여 탄생한 것이 세 권으로 구성된 '시스템' 훈련서지만, 그 한계는 명확했다. 당시 인접 과학의 학문적 수준이라는 것이 '시스템'에서 논제로 삼은 인간 행위와 창조성을 교차 증명하는 데까지 이르지 못했을 뿐만 아니라, 스타니슬랍스키가 예술 창조의 궁극적 방편으로 제시한 무의식이나 초의식 같은 개념들은 오늘날까지도 과학적 담론으로 포괄하기 힘든 것이었기 때문이다. 하지만 뇌과학의 눈부신 발전과 함께 급성장한 '체화인지론(Embodied Cognition Theory)' 덕분에 '시스템'의 과학성을 자연과학적 담론으로 입증하려는 시도가 21세기

들어 증가하기 시작한다. 물론 예술 창조의 본질적 동력으로서 무의식과 초의식까지 거론하기에는 아직 미진한 단계지만, 무의식적 창조를 위한 의식적 접근법에는 체화인지론이 상정한 의제들, 예를 들어, 인간의 기억과 감정, 행위, 상상력 등 '시스템'의 요목과 겹치는 부분이 상당히 많다. 그런 의미에서 신흥 과학으로 각광받는 뇌과학은 '예술에 관한 과학'을 꿈꾸었던 스타니슬랍스키의 미완성 기획을 매조지는 훌륭한 조력자가 되고 있다.

기억→감정→행위의 창조 과정

고래로 배우의 몸은 극작가가 그린 고통과 슬픔을 전시하는 매체이자 관객의 이성과 감정을 뒤흔드는 감염의 통로이며 허구가 실제로 둔갑하는 마법적 공간이었다. 무대 위 배우의 연기는 희곡의 문자언어를 몸과 소리의 무대언어로 전환하는 번역이자 주해 행위로서 연극예술의 본질적 요소를 담당해 왔다. 하지만 2,500여 년 전 연극이 탄생한 이래 배우의 연기란 타고난 끼와 순간적인 영감의 축복에 말미암은 것으로 학습과 전수가 불가능한 것이라 간주되었다. 반복적 훈련과 기술·기법 연습을 통해 학습되는 부분도 있지만, 연기의 대부분, 혹은 중핵적 대목은 순간적인 직관과 흉내 낼 수 없는 정교한 창조를 통해 구성되기 때문이다. 그래서 연기술이라는 이론도 성립할 수 없었고, 그것을 가르칠 학교도 없었으며, 배출될 제자도, 학풍도 없었던 것이다. 현대 연출술·연기훈련술의 비조로 추앙받는 스타니슬랍스키는 언어나 논리로 접근할 수 없었던 연기의 미답지를 체계적 교육과 학문적 탐구의 영역으로 개척한 최초의 인물이었다. 그는 연기의 요소를 범주별로 세분화하고 난이도에 따라 단계화했으며, 그것을 교사-학생의 역할 모델에 의거하여 학습의 구조로 공식화했다. 이로써 '연기술' 이라는 학제가 탄생했고, 연기를 전문적으로 가르치는 연극학교가 전 세계적으로 보편화되었다.

스타니슬랍스키가 창안한 연기술 훈련법인 '시스템'의 핵심 명제는 '정서적 기억'을 통해 '감정'을 재생하여 '주어진 상황'에 몰입하면 '무의식'의 경지에서 '창조적 행위'가 발현된다는 것이다. 즉, 기억→감정→행위로의 순차적 진행이 이뤄지도록 유도하는 것이 그 근본원리인데, 이는 희곡을 연극으로, 문학을 예술로 장르 전환할 때의 표현상 난관을 극복하기 위한 최상의 방법론이다. 관건은 텍스트 분석·이해의 지적 작업을 어떻게 무대 위 신체적 표현으로 연계할 것인가이다. 발신자

(배우)와 수신자(관객) 사이의 메시지 교환이라는 텍스트의 기계적 전달 자체는 어렵지 않다. 중복적 관람 경험이 흔한 고전 명작 공연의 경우는 더더욱 그렇다. 하지만 연극예술의 정수는 수준 높은 텍스트 이해력을 지닌 배우가 유연하고 능란한 자신의 몸을 이용해 희곡의 문학성을 말과 행위로 번역하는 표현적 창의성에 있다. 아무리 같은 희곡이라도 배우의 표현 방식과 능력에 따라 관객의 이해도와 감동의 강도는 천차만별이다. 스타니슬랍스키는 그 창의성의 비법이 푸시킨에게서 인용한 '열정의 진정성과 감정의 개연성'에 있다고 믿었다. 개연성과 진정성을 갖춘 감정만이 관객의 교감을 자아내는 창의적 연기로 이끈다는 것이다.

문학을 연극으로 전환하는 그 신체적 번역 작업에 감정이 열쇠가 된다는 것은 그리 새로운 사실이 아니다. 이미 2천 년 전 고대 변론술에서도 감정의 진정성이 타인의 마음을 움직이는 비결이라는 주장을 발견할 수 있다. 로마의 수사학자 쿠인틸리아누스(Quintillianus, AD 35?-100?)는 "타인의 감정을 휘저을 수 있는 최고의 비결은 먼저 본인이 그 감정에 빠지는 것이다"라고 일갈한 바 있다. 18세기 중엽 프랑스의 생트-알빈과 리코보니에 의해 본격화된 감정 논쟁은 배우와 배역의 매개로서 감정의 진정성에 관한 본격적인 사유라고 할 수 있다. 문제는 그 누구도 단편적 소견이나 주관적 의견을 넘어서는 체계적, 학문적 방법론을 제시하지 못했다는 것이다. 스타니슬랍스키는 최초로 배우가 감정을 매개로 배역으로 넘어가는 기술적, 학술적 방법론을 구축한다. 인간의 행위는 고유한 동기와 의도, 목적을 갖고 있고, 이들은 자극에 대한 감정 반응의 결과로서 생성되는 바, 감정을 자유로이 인출하고 '체험'할 수 있다면 타당한 동기와 명확한 의도, 논리적 목적이 구비된 창의성 높은 행위를 수행할 수 있다. 체험은 무엇인가? 스타니슬랍스키는 배우가 배역의 삶의 조건과 완전한 유사성 속에서 올바르고 논리적이며 일관되게 인간적으로 생각하고, 원하고, 지향하고, 행위할 때, 배역과 동일하게 느끼기 시작하는데 이 과정을 '체험'이라고 규정한다. 이렇게 체험을 통해 올바르게 수행된 행위는 무의식적 영감으로 가는 첩경이다. "의식적이고 올바른 창작은 진실을 낳고, 진실은 믿음을 불러일으키며, 본성이 인간 내면의 현상을 믿게 되면, 저절로 일을 시작할 것이다. 뒤이어 무의식이 진입하고 영감이 나타나게 된다"는 것이다.

'올바른 창작'이란 체험을 통해 '열정의 진정성과 감정의 개연성'을 확보한 행위이며, 이것이 진실감과 믿음을 거쳐 무의식을 불러낸다. 이 모든 출발점에 바로 감정이 있다. 배우 자신의 기억을 통해 끌어낸 감정은 배우의 몸이 기억하는 오감(五

感)의 흔적들로서 행위 창조를 위한 원재료가 되고, 체험의 대상이자 과정이 된다. 감정은 세계와 자아의 경계에 위치한 몸이 양측을 소통·교류하게 만드는 하나의 언어이다. 외부의 자극이나 신체 내 이상 반응은 뇌로 하여금 위험에 대처하고 불편함을 해소하도록 감정이라는 언어를 활성화한다. 감정을 통해 자아는 세계와 연결되어 있고 세계의 일부임을 각성하게 되고, 감정을 통해 세계는 자아와 유기적 소통과 접촉을 유지하게 된다.

기억은 뉴런과 시냅스의 활성 형태가 특정 패턴을 가진 현상이다. 그 특정 패턴은 체험 당시의 감각과 느낌, 감정을 엮어낸다. 이 작용을 통해 기억은 지금 그 체험이 반복되는 효과를 가져온다. 과거의 기억을 떠올리는 것은 그에 수반되는 모든 시각적, 운동적, 공간적 인상을 '다시 사는', 즉 체험하는 효과를 갖는다. 의식적인 '정서적 기억'만으로 체험에 도달할 수 있는 것이다. 곧 기억은 체험이다.

체화된 인지와 행화주의

여기서 외부·내부 감각 자극을 지각하고 이해하는 뇌 활동, 즉 사고·판단·운동을 위한 종합적 정보를 제공하는, '앎'에 관여하는 정신 활동인 '인지(cognition)'가 등장한다. 인지는 감각, 지각, 개념 등을 포함하여 가장 넓은 의미에서 행해지는 앎의 행위나 능력을 일컫는다. 뇌 차원에서 세계의 현상과 몸의 감각을 (무)의식적으로 알아차리는 작업·단계로서 인지는 매우 중요하다. 최근 다양한 학제에서 다양한 관점으로 인지에 대한 분석을 시도하는데, 이런 경향은 점차 '인지과학'이라는 독립적 학제로 종합화, 일반화되고 있다. 그중 인지가 체화된 것이라는 사실에 토대하여 몸과 앎을 하나의 인지 과정으로 묶어 내는 분야가 새로운 인지과학의 분파로 급부상하고 있다. 체화인지론이 바로 그것이다. 인간은 감각기관을 통해 세계의 사태나 현상을 인지한다. 감각은 몸의 기능이므로 인지는 몸에 의해서 만들어진 것, 즉 체화된(embodied) 것이다.

체화인지론은 우리의 인지에 있어서 몸의 능동적이고 중심적인 역할을 강조하고, 인간의 인지 과정은 몸을 제어하는 신경계의 표현으로 간주할 수 있다는 주장이다. 뇌의 작용으로 알려진 인지 작업에 몸의 감각(외부세계의 수용)과 몸의 움직임이 큰 영향을 미칠 뿐만 아니라, 그 과정도 외부세계나 몸의 상황, 내분비계 등과 상호작용을 거치게 된다. 즉, 인지 과정이 뇌의 단독 활동이 아니라 몸에 근거하여, 몸과 함께, 몸을 위해 이루어진다는 말이다. 이미 체화의 사회적 차원을 뒷받침하는 신경생리학적 메커니즘이 다양한 방식으로 밝혀졌으며, 수백 건의 연구에서 인지에 감각-운동 시스템이 관여한다는 사실도 밝혀졌다.

우리의 사고와 판단은 뇌의 독자적, 논리적 활동의 결과가 아니라, 세계(환경)와 몸(감각)과의 상호소통과 영향 관계를 통해서 이뤄진다. 예를 들어, 뜨거운 커피를 마신 면접관은 차가운 커피를 마신 면접관에 비해 긍정적 평가를 내릴 가능성이 더 크고, 무거운 서류철에 이력서를 끼운 지원자는 가벼운 서류철의 경우에 비해 선정될 가능성이 더 높다. 이처럼 우리의 뇌 작용은 몸의 감각과 적극적으로 소통하며 작동한다. 뇌는 육근(六根, 즉 감각적 지각을 담당하는 눈, 귀, 코, 혀, 몸, 의식)의 한 부분일 뿐이고, 인지는 각 감각 체계가 접속·협업하며 세계와 소통하는 통로이다. 신체 또는 신체와 환경의 상호 작용이 인지를 구성하거나 인지에 기여한다는 것이다. 따라서 인지는 세계에 대한 내적 표상(세계의 속성을 마음속에서 재구성하는 작업)을 구성하는 뇌 안의 과정이 아니라, 뇌가 세계를, 세계와 함께, 세계를 통해, 세계의 일부로서 느끼는 과정이다. 인지-몸-세계는 병렬적으로 상호작용하는 동시접속체인 것이다. 인지는 신체 기관으로서 두뇌나 한 개체의 경계를 넘어 세계 내에 두루 분산되어 진행되는 현상이다. 실제로 개인과 세계를 구획 짓고 '나'라는 독자성과 배타성을 부여하는 자아나 의식의 존재는 뇌 활동 중 극히 일부분만 차지한다. 뇌의 대부분의 기능, 예를 들어 항상성 조절이나 감각 및 운동 반응 같은 뇌의 핵심 기능들(몸을 통해 세계와 소통하고 교류하는 기능들)은 의식적 인식 외부에서 발생하는데, 신경과학자 가자니가(Michael Gazzaniga)는 그 비율이 전체 뇌 기능 중 98%나 차지한다고 말한다. 우리의 몸과 (몸의 일부로서) 뇌는 물리적, 사회적 세계·환경과 호흡하고 접촉하며 유기적, 역동적 삶을 운위하는 것이다.

세계와 몸과 마음의 동시적 대화 과정인 체화된 인지는 그 자체로 체험이고 행위이다. 프란시스코 바렐라가 말했듯이 "함이 곧 앎이며, 앎이 곧 함이다". 인지(앎)는 행위(함)에 스며들고, 행위는 인지를 몸으로 외화한다. 몸은 마음을 둘러싼 외피이자, 마음의 생성, 유지에 관여하는 동반자이고, 마음의 표현과 전파를 담당하는 주역이다. 인지는 그 몸을 통해서 추동되고, 몸을 거쳐서 만들어지며, 몸에 저장되고, 몸을 향해 이어진다. 바렐라는 "인지는 경험 대상과 맺는 관계"라고 했다. 경험 대상으로서 세계와의 접촉, 세계의 지각 및 인지, 세계로의 반응(행위), 세계의 기억 등은 모두 몸을 통해서 이뤄진다. 그래서 인지는 체화되어(embodied) 있고, 몸을 통해 행(위)화되어(enactive) 있다. 행화주의(enactivism)는 인지를 의미의 세계를 생성하고 체화해 가는 행위(enaction)로 이해하는 이론으로서, 체화인지론 중에서 가장 진보적인 주장이다. 'enact'(en+act)란 살아 움직이게 만드는 것, 행위라는 세계와의 교호작용으로 진입시키는 것, 곧 세계의 창제를 의미한다.

우리에게 익숙한 시구 중에 "내가 그의 이름을 불러주었을 때, 그는 나에게로 와서 꽃이 되었다"란 구절이 있다. 내가 호명하자(=인지하자) 꽃이라는 세계(의 일부)가 만들어진다(=행화된다). 두개골과 뇌수로 둘러싸인 컴컴한 밀실에 갇힌 뇌가 세계를 어떻게 알겠는가? 몸의 감각이 환기시켜 준 기억을 통해서이다. 몸의 감각과 경험 덕분에 뉴런들이 활성화된다. 인지란 것은 결국 뉴런들이 만들어 내는 전기적, 화학적 신호 체계이다. 그 활성 패턴은 유동적이고 가변적이다. 뇌는 순간적으로 만들어지는 그 즉흥적 조합을 실체가 있는 불변의 기억이라 착각한다. 그 능동적 착각이 바로 세계의 행화·창제 원리이다. 따라서 유기체는 세계와 환경, 상황으로부터 수동적 입력을 받고 그에 반응하는 존재가 아니라, 자신의 기억과 경험이 자신의 인지와 행위에 의해 결정되는 존재이다. 다시 말해, 인간의 인지는 몸이 세계와 접했을 때 행화(enact)되고, 몸이 반응해야 형성되며, 몸이 움직여야 의미화된다. 인지는 세계와 나의 상호작용이자 세계에 참여하고 세계를 변화시키는 행위인 것이다. 여기서 행위와 인지의 연쇄적 상관관계가 형성되는바, 행화주의에서 지각과 행위는 서로 분리 불가능하고, 지각이 곧 행위이며 행위가 곧 지각인 순환적 관계가 구축된다. 인지와 몸의 행화적 관계는 인간 존재의 사회적, 생물학적 의미 그 자체를 보여 준다.

'시스템'의 행화적 구조와 소통

희곡을 연극으로 변형하고 배우를 배역으로 탈-바꿈시키는 원동력으로서 스타니슬랍스키의 감정 체험론은 감정의 인위적 생성·관리를 가능하게 하는 획기적 심리기술일 뿐만 아니라, 오늘날 인지과학의 새로운 흐름을 형성하는 체화인지론을 예고했다는 점에서도 놀라운 이론이 아닐 수 없다. 신체 감각과 감정 형성을 토대로 세계와 소통하는 체화인지론적 프로세스는 배우가 무대 위에서 오감의 자극을 토대로 반응, 상상, 행위를 하도록 만드는 '시스템'의 훈련 모델과 거의 일치한다. 특히 초기 '시스템'의 핵심적 감정 생성 기법인 '정서적 기억'

은 감정과 기억의 뇌과학적 상호 관계를 정확하게 포착하고 있으며, 감정이 항상성 유지를 위해 행위동기를 발생시킨다는 과학적 발견을 예리하게 선취하고 있다.

'시스템'은 흉내 내기나 기교·기술에 의존하지 말고, 진짜 감정의 체험을 통해 행위를 창조하라고 주문한다. 이는 감정 인지가 곧 행위이고, 이 행위가 세계와 마음을 생성하고 창제하고 행화한다는 행화주의와 상통한다. "진정한 예술가는 열정의 발현을 외적으로 흉내 내지 않고, 외적인 형상을 복사하지 않으며, 인위적 관습에 따라 기계적으로 연기하지 않고, 진정으로 인간적으로 행위해야 한다. 열정과 형상을 연기하는 것이 아니라, 열정의 영향을 받아 형상 속에서 행위해야 한다." '진정한 인간적 행위'란 감정에 따른 행위를 말하고, 이때 형상(=인물)이 처한 현실(=세계)과 형상의 마음이 행화되어 배우는 배역 속에서 행위할 수 있게 된다.

연극은 몸과 인지의 역동성을 가장 잘 반영하는 예술 형식이다. 희곡 텍스트 상의 막연한 정보 상태에 머물던 배역은 배우의 몸을 만나 내적, 외적 삶을 가진 완전한 '세계-내-존재'로 탄생하게 된다. 제한된 분량의 정보 뭉치에 불과했던 배역은 한 인간의 전체 삶이라는 시공간적 팽창과 물질적, 정신적 구체화를 거쳐 전기(傳記)와 개성을 지닌 완전한 인격체로 거듭난다. 그 과정은 배우와 배역의 행화적 구조, 배역과 세계의 행화적 구조가 중첩된 순환적 상호 관계를 거친다. 스타니슬랍스키는 그 행화적 상호 관계의 예술적 가능성을 학문적으로, 실제적으로 탁월하게 극대화했다. 그는 감정 체험을 행위와 분리된 독립 작업으로 간주하지 않고 행위의 하위 단계로서 신체 행위와 쌍을 이루는 절차로 규정한다. 행위를 내적 행위와 외적 행위로 나누고 감정 체험을 내적 행위의 일환으로 분류한 것이다. 스타니슬랍스키가 묘사한 내적 행위의 개념을 살펴보자.

> 내 안에서 생겨난 창조적 욕구와 열망은 자연스럽게 행위의 충동을 불러일으킨다. 그러나 행위의 충동은 아직 행위 자체는 아니다. 행위의 충동과 행위 사이에는 차이가 있다. 충동은 내적 자극으로, 아직 실현되지 않은 욕망이며, 행위는 내적, 또는 외적 욕구의 실현이다. 충동은 내적 행위(내적 적극성)를 불러일으키고, 내적 행위는 외적 행위를 유발한다.

내적 행위는 배우가 올바른 심리 기술로 인물의 욕구와 열망을 체험한 후 충동과 자극으로 마음이 점령된 단계를 말한다. 스타니슬랍스키는 행위를 신체적 현상에만 한정하지 않고

'변화'의 요소에 주목하여 심리적, 감정적 변화에도 '행위'라는 명칭을 부여했다. 이때 배우는 "생각하는 것을 신체적으로 느낀다". 배우는 행동에 대한 머릿속 공상을 통해 내적 행위를 외적으로 체현하려는 충동에 사로잡힌다. 감정과 (신체)행위라는 상이한 개념을 '행위'라는 상위 범주 내부로 포용하여 자극과 반응의 운동 역학적 속성을 주입한 것이다. '안에서 밖으로'라는 스타니슬랍스키의 초기 공식이 행위 내부의 문제라면, 그 역인 '밖에서 안으로'의 도치 또한 가능하다. 실제로 후기 스타니슬랍스키는 '행위분석법'이라는 새로운 이론을 통해 자신의 초기 이론을 역전시켰다. 행위분석법은 한마디로 텍스트 분석이 아니라 신체 행위를 통한 인물(의 감정)을 이해·체험하는 방법론이다. 정서적 기억을 통한 감정 체험이 외적 신체 행위를 통한 감정 체험으로 바뀐 것이다. 감정 인지를 행위의 일환으로 간주하는 아이디어도 체화인지론을 떠올릴 뿐만 아니라, 신체 행위를 통해 감정을 형성할 수 있다는 행위분석법은 행화주의의 가설과 지근거리에 있다. 행화주의가 상정한 인지와 행위 간의 상호 순환 관계를 포함하고 있기 때문이다.

스타니슬랍스키는 배우들에게 대본을 주지 않고 먼저 '주어진 상황'의 정보만 제공한 후, '에튜드'를 통해 감정과 행위를 찾도록 요구했다. 에튜드란 배우끼리 일정한 상황을 설정한 후 즉흥 연기를 통해 목표한 감정 상태에 이르게 하는 훈련 방법이다. 예를 들어, 햄릿을 맡은 배우와 유령을 맡은 배우는 1막 연습에 들어가기 전에 부자간의 애틋한 정을 느낄 수 있는 2인 에튜드를 수행한다. 그 부자 감정을 체득한 후 1막에 임하면 배우들은 손쉽게 장면 목표를 달성할 수 있다. 배우들은 대략적 개요만으로 진행한 즉흥 에튜드가 희곡에 얼마나 접근했는지 평가한 후 반복적으로 에튜드의 완성도를 높여 간다. 희곡의 확정된 대사가 제공하는 말과 몸의 지시적 좌표 없이 오직 배우 자신의 감정과 판단, 그리고 파트너의 외적 행위에 대한 면밀한 관찰과 그에 대한 반응만으로 에튜드를 진행하기 때문에 기억과 감각 수용, 감정 형성이 동시에, 또한 고도로 집약된 형태로 수행된다. 이러한 반복적 과정은 다양한 변형들을 통해 생산적인 연기 모델을 제공한다는 점에서 창의성과 실용성이 높을 뿐 아니라, 체화된 인지, 행화주의적 원리를 예술 활동에 통합하는 신기원을 달성했다는 점에서 선견지명이 아닐 수 없다. 행위분석법은 '안에서 밖으로'(감정→행위)의 인과론적 절차, 그리고 세계와 자아, 육체와 정신, 경험과 인지의 대응적 관계 대신 동시적 통합 체계와 상호 관계를 구축하기 때문에 훨씬 더 쉽고 빠르게 행위 창조를 달성할 수 있다.

서구에서는 인지를 머리에서 몸으로 옮기는 연구가 일반화된 지 오래고, 텍스트의 신체적 표현을 다루는 연극 및 퍼포먼스 분야의 많은 학자들은 체화인지론에 관한 많은 양의 연구물을 쏟아내고 있다. 행위의 의미화, 행위의 예술적 표현을 다루는 연극은 예술가의 구상과 의도가 몸을 통해 발현되고, 보는 자는 몸에 관해, 몸을 통해 사유하기 때문에 어느 예술 장르보다 행화적이다. 체화인지론의 예술적 수행 가이드로서 '시스템' 저서에는 실제로 행위와 관련된 수많은 개념과 설명이 넘쳐난다. '시스템'은 관통 행위, 무대 행위, 내적 행위, 외적 행위, 신체 행위, 행위의 논리성, 진실한 행위 등 수많은 행위 개념들을 분류하고 규정하고 해석하고 유도하고 독려하는 행위 교재이다. 스타니슬랍스키는 배우를 '행위하는 존재'로 명명하고 행위가 "드라마 예술, 배우 예술의 기초"라고 천명한다. 한마디로 '시스템'은 체험의 언어로 배우를 훈련시킴으로써 행화적 체화를 구조화하는 교육체계이다. 행화적 체화는 단순히 인지에 있어서 신체의 주도권을 승인하는 데 그치지 않고 신체와 인지의 융합을 통해 신체적 인지, 인지적 신체를 정립한다. "모든 신체 행위에는 심리적인 요소가 있고, 모든 심리적인 것에는 신체적 요소가 있다"는 스타니슬랍스키의 단언에서 볼 수 있듯이 행위와 감정 인지는 나뉠 수 없는 동질이상(同質異像)을 현현한다.

행화적 체화는 '시스템' 저서의 구성에서도 엿볼 수 있다. '시스템'의 2권 제목은 『체험의 창조적 과정에서 자신에 대한 배우의 작업』이고, 3권 제목은 『체현의 창조적 과정에서 자신에 대한 배우의 작업』이다. 즉, 2권은 '체험' 작업이고, 3권은 '체현' 작업인 바, '시스템'의 기본 교육과정은 '체험을 통한 체현'의 방법론으로 구성되어 있다. 체현(воплощение)의 영어 번역이 'embodiment'이므로 연기란 체험된 감정 인지(emotional cognition)의 체화이자, 배역 창조를 위한 행화적 체화라고 할 수 있다. '주어진 상황'이라는 세계 속에서 타자-파트너, 타자-배역과 '소통'하며 매순간 변하는 현실에 '적응'하면서 감정과 행위의 두줄타기를 감행해야 하는 '시스템' 연습 현장과 공연 무대는 행화주의적 세계 구조가 모델화된 공간이다. '시스템' 교과서 자체도 하나의 행화적 구조물이다. '시스템'은 몸과 마음이 공명·공진화하는 행화주의적 연기를 깨우쳐 가는 주인공 코스탸(스타니슬랍스키의 이름도 콘스탄틴, 즉 코스탸이다)가 시행착오, 도전, 각성, 성취를 '체험하는' 하나의 내러티브 형식(과제-시련-극복)을 띤다. 형식적 구성도, 내용적 주제도 행화적 체험이 전면에 선다.

인지를 통해 세계에 참여하는 동시에 세계를 변화시키는 행화적 행위 모형은 '시스템'의 배역 완성 절차에 고스란히 내장되어 있다. 세계와 마음을 생성·행화하는 대표적 훈련법으로 '무(無)대상 행위법'을 꼽을 수 있다. 무(無)대상 행위법이란 일체의 소품 없이 상상만으로 상황과 사건을 묘사하는 훈련법이다. 펜과 종이 없이 편지쓰기를 한다거나 세탁물 없이 빨래 널기를 하는 등 대상물이 있다고 전제하고 행위를 만드는 것이다. 연기 초심자에게 실물 소품을 주면 일상생활의 관성 때문에 배역의 논리가 아니라 배우 자신의 논리로 소품을 사용하게 되는데, 무(無)대상 행위법은 자신의 행위 하나하나에 주의를 기울이게 되고, 작은 행위에서부터 진실감을 느낄 수 있게 된다. 그래서 "소품이 없으면 신체 행위의 본질을 더 깊이 이해하고 연구하게 된다"는 것이 스타니슬랍스키의 생각이다. 무(無)대상 행위법은 자동화된 일상의 감각을 되살려 세계를 새롭게 지각하게 만든다. 보이지도, 만져지지도 않는 대상물을 행화하여 감각의 진실감을 획득하고, 그 진실감에 힘입어 다시 (무)대상에 믿음을 투입할 동력을 얻는 것이다.

'소통' 또한 나의 믿음이 전파되고 파트너의 믿음이 나를 강화시켜 주는 상호 순환 관계를 보여 준다. 타인의 행위를 인지할 때 우리 뇌는 자신의 운동 피질을 사용한다. 한 배우의 행위를 볼 때 파트너 배우(와 관객)의 뇌에서는 그 행위를 직접 할 때와 동일한 부위가 활성화된다는 것이다. 론다 블레어(Rhonda Blair)에 따르면, "행동에 관련된 뉴런 하위 집합은 지각에서도 활성화된다. 행동에 대한 문장을 읽으면 행동을 하는 데 필요한 뇌의 일부 뉴런이 활성화된다." 뉴런 차원에서 '보기'는 '하기'다. 인간의 행위는 인지의 결과가 아니라 인지 그 자체이다. 무대 위 배우들 간의 상호 소통은 단순한 정보의 교환이 아니라, 나의 존재가 타인에게 승인되고, 타인의 존재를 진실하게 수용하는 정신적 교류의 과정이다. 연극은 전적으로 등장인물들 간의 소통과 각자의 내적 소통에 기반하고 있다. 일상에서 우리는 수면이나 마취 같은 일시적 소통 단절을 경험할 수 있지만, 무대에서는 잠시도 소통을 멈출 수 없다. 따라서 무대의 소통은 일상에 비해 훨씬 더 높은 강도를 요한다. 스타니슬랍스키는 그것을 '장악력'(소통 대상에 미치는 영향력)이란 개념으로 설명하는데, 주로 눈빛이나 제스처로 행하는 내적 소통과 관련 있다. 실생활에서는 장악력 없이 살 수 있지만, 무대에서는 거의 항상, 모든 창조적인 순간에 장악력이 필요하다. 장악력은 강한 체험, 황홀경, 고조된 감정의 순간 등 결정적 순간에 배역을 살아 있게 하는 생명선, 혹은 세계와 소통하는 행화적 호흡법이라 할 수 있다.

감정과 행위의 유기적 본성과 상상의 메커니즘

흔히 감정은 저절로 생성되고 종잡을 수 없기 때문에 이성의 통제로 관리되어야 할 대상이라고 생각한다. 뇌과학자 리사 펠드먼 배럿(Lisa Feldman Barrett)에 따르면, 그런 믿음은 환상에 불과하다. 외부 자극이 입력되면 변연계에서 감정 회로가 작동하고 그에 따라 반응이 발생한다는 낡은 생각은 틀렸다는 것이다. '이미 존재하는' 세계가 '이미 존재하는' 감정의 팔레트를 촉발하여 반응을 유도하는 게 아니라, 외부 자극을 받은 감정이 세계를 구성하면서 그에 상응하는 독특한 감정 현상을 연출하는 것이다. 세계와 마음은 서로를 구성한다. 물론 감정 반응은 자동적이고 무의식적으로 촉발되어 우리의 의지가 개입할 여지는 적다. 하지만 감정의 생성 원리와 기능을 이해한다면 그것이 인간의 생존을 위해 뇌가 만들어 낸 중요한 반응 체제이고, 인간의 진화와 인류 문명의 발전이 그 감정의 토대 위에 건설된 것임을 이해하게 된다. 각 자극에서 발원한 감정은 세계에서 벌어지는 사건들을 접수하고 행위를 통해 세계에 참여하는 근원이기 때문이다.

외부에서 감각 정보가 들어오면 신경세포(뉴런)의 시냅스는 그 정보를 뇌 곳곳으로 전달하는데, 그 연결 패턴이 신경회로에 활성화 형태로 흔적을 남긴다. '신경의 지도'라 할 수 있는 그 연결 패턴이 기억의 출발점이다. 우리 뇌는 약 1,000억 개의 신경세포(뉴런)로 이뤄져 있으며, 이들 신경세포의 연결 부위인 시냅스(synapse)는 뉴런당 1,000~10,000개가 있으므로 그 수가 총 100조~1,000조 개에 이른다. 새로운 감각 정보가 유입되면 뇌에서는 신경회로에 남겨진 유사한 연결 패턴을 찾아서 그와 관련된 많은 기억들을 활성화한다. 만약 육근으로 사과의 감각 정보를 수용하면 우리 뇌는 과거의 기억을 참조해서 유사한 감각적 연결 패턴을 활성화한다. 이를 통해 대상이 사과라는 것을 알아차리는 과정이 '지각(perception)'이다. 지각은 감각의 연원과 성격, 위해성, 위급함을 파악하는 능력이다. 지각은 사과와 관련된 다양한 사건들과 감정 경험을 떠올리고, 뇌는 사과에 대한 총체적 인식을 완성함으로써 행위의 내적 동기를 마련한다.

만약 우리의 생체 항상성을 위협하는 이상 자극이 발생하면, 우리 몸은 부정적 감정 회로를 작동시킨다. 과거의 경험을 통해 생체 불균형을 초래한 감각 자극이 수용되면 뇌는 불쾌한 감정과 느낌을 '예측'하게 된다. 예를 들어, 데스데모나의 손수건이 캐시오의 손에 있는 것을 본 오셀로는 ①분노 감정이 일어나고, ②그에 걸맞은 살인 상황을 '예측'하고, ③코르

티솔이 분비되어 혈압과 혈당이 상승하고, 살인에 필요한 힘이 축적된 후, ④살인 행위를 감행한다. 감정은 과거 체험을 바탕으로 '예측'을 통해 (무)의식적으로 감각과 운동을 연결시켜 주는 매파이다. 만약 우리 앞에 사과가 있다면, 사과의 감각 정보에 대해서 우리 뇌는 침샘을 자극해 소화효소 분비를 촉진하고, 손을 뻗어 사과를 움켜쥐는 운동 활동을 예측한다. 감정에 따라 운동을 예측하고 범주화하는 것이 우리의 의식이다. 인간의 뇌는 과거 경험(=기억)을 토대로 현재의 감각에 의미를 부여하면서 범주화한다. 감정은 의미가 되고 행위를 위한 지침이 되는 것이다. 이것이 인지과학에서 감정과 행위의 연관성을 설명하는 기본 원리이다.

"감정이 의사 결정, 기억, 주의와 같은 인지 과정에 핵심적으로 관여한다"는 것은 뇌과학자들의 일반적 입장인데, 스타니슬랍스키가 주목한 대목도 행위의 내적 동기로서 감정의 역할이다. 무대에서 보이는 것은 행위이지 감정이 아니다. 행위로 외화된 감정, 감정이 묻어난 행위를 읽음으로써 관객은 무대(라는 세계)를 행화하고 그 사건에 개입한다. 따라서 배우는 행위에 감정을 넣어야 한다. 감정이 동기화된 행위를 선보여야 한다. 스타니슬랍스키는 "외적, 내적 진실을 느끼고 그것을 믿으면, 처음에는 내적 충동이, 그다음에는 행동이 자연스럽게 생긴다"고 말한다. 배역이라는 타자를 자기화하여 배역처럼 생각하고 행위하기 위해서는 감정이라는 접착제가 필수적이다. 바로 그 감정이 "우리도 모르게 행위를 일으킨다". 배우는 배역을 행화하고 배역으로 살면서 배역만이 가질 수 있고 드러낼 수 있는 진실한 '인간 영혼의 삶'을 창조한다. 이 모든 것은 감정이 동기화된 행위를 통해서 이루어진다. 하지만 문제는 신체 행위 그 자체가 아니라, 그 행위들이 배우들로 하여금 느끼게 만든 진실과 믿음에 있다. 즉, 감정 생성이 행위 유발의 동력이 되지만 그것으로 연기가 완료되는 게 아니라, 외적 행위가 다시 진실감과 믿음을 부여하여 감정의 온도를 고조시켜야 한다. 진실한 감정을 통해 내적으로 정당화된 외적 행동이 다시 내면을 강화하는 선순환을 견인하는 것이다.

스타니슬랍스키는 이러한 감정과 행위의 행화적 관계가 인간의 보편적인 '유기적 본성(organic nature)'에 기인하다고 주장한다. 유기적 본성은 스타니슬랍스키가 정립하고자 한 '예술에 관한 과학'의 핵심적 공리로서, 그는 '시스템'의 원리와 법칙을 단계별로 구체화하다가 근원적 추상화의 지점에 다다르면 이 용어를 꺼낸다. 더 이상 환원할 수 없는 논리의 종국에서 '인간은 원래 그러하니까'라고 마침표를 찍을 때 사용하는 것이다. 스타니슬랍스키는 '시스템' 저서 서문에서 "'시스템'이 추구하는 주요 목표 중 하나는 유기적 본성과 무의식이 가진 창조 능력을 자연스럽게 각성시키는 것이다"라면서 유기적 본성이 '시스템'의 궁극임을 단도직입적으로 밝힌다. 유기적 본성이란 자연 상태로서의 인간이 지닌 생체-생리적, 심리적, 사회적 특성을 광범위하게 일컫는 용어로서, 인간-보편으로서의 특징과 타고난 개인적 천성을 포괄한다. '시스템'은 스타니슬랍스키가 터득한 뇌와 인지의 과학적 작용에 토대하여 인간 유기체의 자연적 속성에 맞게 연기훈련을 수행한다는 점에서 과학적이다. 감정과 행위의 상관성에 기반한 훈련법을 택하고 억지스럽지 않고 순리에 맞는 연기법을 추구했다는 점에서 유기적 본성을 오늘날 체화인지론으로 이해해도 큰 무리는 없을 것이다.

뇌과학이 밝혀낸 감정과 행위의 유기적 본성은 무엇인지 살펴보자. 감정 덕분에 뇌는 과거의 경험을 토대로 현재의 상태와 상황에 대한 이야기를 만들어 낸다. 인과관계를 추측하고 앞으로 생길 일을 예측함으로써 생존에 유리한 결정을 내리기 위해서이다. 의식은 전(前)의식적 서사(preconscious narrative), 즉 이야기를 상상하는 잠재의식으로 시작하는데, 유기체가 신체의 신경적, 화학적 사건을 인식하고 그 느낌을 등록하면서 생겨나며, 이를 통해 스스로를 정의한다. 전(前)의식적 서사는 감정이 들려주는 이야기, 즉 감각의 결과로서 그에 대한 설명과 예측을 의미하는데, 현재 상태와 현상, 느낌, 생각, 결정, 행동에 대한 하나의 설명 방식이 감정인 것이다. 뇌 진화론적 발달 과정에서 상상력의 실용성을 강조하는 안토니오 다마시오(Antonio R. Damasio)는 항상성을 상상력과 연결한다. "유기체는 충동적으로, 전(前)의식적으로 또는 의식적으로 주어진 상황에 대한 가능한 반응을 측정하여 생존 가능성을 극대화한다"는 것이다. 항상성 유지를 위한 유기체의 자기 조절 프로세스가 감정이고, 그 감정을 토대로 행위를 구성하고 조직하기 위해 가능한 시나리오를 작성하며 항상성 유지에 전념하는 것이 유기체의 본업이다.

인간의 행위를 모방하는 드라마는 감정의 생성과 분출, 해소 등 감정의 극적 삶을 다룬다. 리처드 코트니는 감정은 드라마에서 표현되는 모든 구조의 핵심이라고 말했다. 무대의 감정이 객석의 감정으로 전이되는 극장의 의사소통적 구조 또한 마찬가지다. 감정이 만들어 내는 '전(前)의식적 서사'인 상상력은 '호모 나랜스(Homo Narrans)'로서 인간의 이야기 본능에 대한 진화심리학적 가능성을 내포한다. 호모 사피엔스는 감정을 전달·전파하는 유일한 존재이고, 이야기는 감정을 담는 최적의 형식이라는 가설이 그것이다. 그래서 조너선 갓셜(Jonathan

Gottschall)은 연약하고 보잘것없는 인류가 지구를 제패한 것은 이야기 능력 덕분이라고 주장한다. 당의정처럼 감정이라는 당분이 도포된 스토리텔링은 엄청난 분량의 지식과 지혜를 널리, 오래 전파할 수 있었던 최고의 수단이었다. 이렇게 해서 감정은 상상력이라는 '전(前)의식적 서사'를 통해 행위로 가는 전초를 마련한다. 만약 사과라는 글자를 본다면, 우리의 뇌는 과거에 (맛)보았던 사과에 관한 지식들을 조합하여 감각과 운동 부위에 있는 뉴런들의 점화 방식을 바꿈으로써 머릿속에서 '사과'라는 개념의 한 사례를 구성한다. 우리 뇌는 이런 구성 능력을 주 업무로 삼는 수십억 개의 예측 회로로 구조화되어 있다. 다마시오가 말한 "주어진 상황에 대한 가능한 반응"이 바로 '상상력'이라는 서사 본능이다.

이처럼 인간의 뇌는 끊임없이 상상하고 추측한다. 다른 기술과 달리 상상력은 연습이나 훈련이 필요하지 않은 타고난 능력이다. 세계의 사건, 현상, 변화를 수용, 해석, 추측하고, 적절한 예측을 통해 상황에 대처할 준비를 하는 것은 뇌의 본질적 작업이다. 인간이 처하는 복잡한 '주어진 상황'에서도 마찬가지다. 우리는 수많은 시뮬레이션을 통해 세계를 해석하고 최적의 행위를 도출한다. 육근으로 확인하거나 텍스트로 논증하지 않은 사태를 마음속 표상만으로 시뮬레이션하고 예측하는 상상력 활동은 인간의 '유기적 본성'이다. 이미 뇌과학에서는 상상력이 창의성을 가능하게 하는 근본적인 기술임을 밝혀냈다. '시스템'은 상상력이 발휘되는 두 특수 조건, 즉 '주어진 상황'과 '매직 IF'라는 설정하에서 배우들이 육근의 감각과 행위, 사물 및 파트너와의 교류를 통해 감정 생성의 체험을 공식화하고, 그것이 희곡 서사와 어떻게 상응하는지 검증하는 반복 학습 모델을 제공한다. 모든 상상이 창의적인 것은 아니지만, 상상력이 없다면 창의성은 성립할 수 없다. 창의적 무대 행위를 위해서도 상상력은 필수적이다. 스타니슬랍스키는 이렇게 말한다. "인간은 결정을 내리기 전에 상상 속에서 매우 활발하게 행동한다. 인간은 내적 시각으로 무엇이 어떻게 일어날 수 있는지 보고, 마음속으로 계획된 행동을 수행한다." 스타니슬랍스키가 '상상력'을 '시스템'에서 가장 먼저 훈련하는 요목 중 하나로 선정한 것은 우연이 아니다.

상상력의 원리와 '내적 영상'을 통한 상상력 증폭

배우가 배역으로 넘어가는 과정은 거대한 성을 쌓는 것과 같다. 지반 작업, 벽돌 쌓기, 내부 장식까지 복잡하고 난해한 공정이다. 배역 축성을 위해 터를 닦는 데 핵심적 역할을 하는 것이 상상력이다. 이 공정의 시작을 알리는 초석은 배역의 상황을 나의 것으로 적극적으로 가정하는 것, 즉 '만약에 내가 이러저러한 주어진 상황에 처했다면'이라고 스스로에게 묻는 것이다. 이 가정을 받아들이는 순간, 상상력이 시작된다. 배우의 작업은 상상력에 사로잡혀 배역의 생각과 감정, 말과 행위를 나의 것처럼 전유하는 것이다. 무대 위 연기는 직접 경험이 아니라, '만약에'란 가정에서 출발하므로 모든 행위는 상상력을 통해 정당화된다. 한마디로 "배역에 대한 창의적인 작업과 극작가의 글을 무대 현실로 변환하는 모든 과정은 상상력의 참여로 이루어진다".

상상력과 관련된 '유기적 본성'은 무엇인가? 상상력이란 현실과 무관한 이미지나 아이디어를 떠올리는 능력이다. 상상력은 참신함을 창출하는 정신적 능력이며, '창의성'이라는 개념의 핵심을 형성한다. 주로 해마가 상상력을 주관하는데, 해마는 다양한 기억들을 보관하는 내측측두엽피질(Medial temporal cortex)로부터 각종 정보를 전달받아 상상 속에서 그것들을 연결한다. 이전 경험의 요소를 유연하게 추출하고 재조합하여 미래의 에피소드를 상상하는 해마의 작업 방식으로 인해 상상력과 시뮬레이션은 과거 기억에 의존할 수밖에 없다. 기억 형성의 주역인 해마가 상상력 또한 담당하기 때문이다.

기억된 사건과 상상된 사건은 동일한 인지 과정과 동일한 뇌 네트워크에 의존한다는 사실은 상상력 발현이 터무니없는 공상을 통해 이뤄지는 게 아니라, 내측측두엽피질에 보관된 기억 자료를 활용하여 진행된다는 것을 보여 준다. 위대한 발명이나 기발한 창의력도 이미 학습했던 경험의 창의적 재조합을 통해 성취된다. 스타니슬랍스키가 보여 주는 상상력 훈련 또한 창의적 행위를 산출하기 위한 방법론의 일환이지만, 그 내용은 기발하거나 놀라운 행위를 만드는 과정이 아니라, 배역으로서의 행위 수행이 진짜라는 진실감을 주고 진짜라는 믿음을 보장하도록 만드는 것이다.

좋은 상상력의 비결은 풍부한 경험적 기억이다. 경험적 기억을 학습하는 해마는 가상의 경험을 만들어 내는 작업인 상상이나 시뮬레이션을 할 때도 마치 사건을 경험하고 있는 것처럼 활동한다. 양질의 다양한 경험적 기억이 많은 사람이 상상력도 뛰어나다. 상상력 증진을 위해 '시스템'이 제안하는 것도 상상력 자체라기보다 많은 경험을 통해 "의미 있고, 흥미롭고, 아름답고, 다양하며, 감동적이고 고양된 삶을 사는 것"이다. 체험이 상상의 밑거름이고 상상이 체험을 선택적으로 재구성하는 것이라면, '시스템'에서는 한걸음 더 나아가 상상을 통해 배역을 체험하는 것을 과제로 삼는다. 나의 일상적 감각을 버리고 배역으로서의 삶을 살기 위해서는 자극 수용 단계부터 인위적으로 조작할 수 있어야 한다. 스타니슬랍스키는 이 훈련을 위해 '내적 영상'이라는 독특한 개념을 제안한다.

'시스템'에 따르면, '내적 영상'이란 인간이 가진 "실제로 존재하지 않고 상상만 할 수 있는 것을 보는 능력"을 활용하여 "생각하는 것을 내적 시각으로 보는 것"을 말한다. 배역의 삶을 살기 위해서는 먼저 내적 시각으로 시각적 형상을 보기 시작해야 한다. 배우는 최대한 구체적이고 선명한 '내적 영상'을 볼 줄 알아야 하고, 단속적이 아니라 지속적으로 연결된 영상, 논리와 일관성이 내장된 영상을 볼 줄 알아야 한다. 배우는 '내적 시각'이 발달했기 때문에 뇌 차원에서 보면 상상과 실제 행위 간의 차이는 거의 없다. 상상된 삶도 배우에게는 실제 현실과 같다. 상상이라는 인지활동이 행위와 동일시될 때 배우의 무대 준비는 끝난 것이다. 체화인지론 차원에서 보면, 상상의 프리즘으로 투사한 '내적 영상'은 뇌의 활동에 그치는 게 아니라, '보기'와 '하기'와 관련된 신경 시스템과의 공동 작업으로 진행된다. 사과를 생각하면 사과를 볼 때와 동일하게 시각 시스템이 활성화된다. 상상과 감각 수용이 동일한 신경 시스템을 사용한다는 뜻이다. 나아가 '보기'는 '하기'와도 동일한 뉴런을 공유한다. 몸이 감각·체험하는 것과 마음이 상상하는 것이 동일한 신경 시스템의 작용이라는 것이다.

감정과 체험은 쉽게 변하고 유지가 힘들기 때문에 포착하고 고정하기 힘들지만, '내적 영상'이 만든 시각적 형상은 몽상임에도 불구하고, 감정의 기억이 불분명하게 제안하는 것보다 더 현실적이고, 더 감각적이고, 더 '물질적'이다. 상황에 대한 허구적 시뮬레이션은 기억이 복원한 것보다 훨씬 더 행위에 가깝다. '내적 영상'의 중요한 효능은 창의적 무대 행위를 위한 자극제가 된다는 것이다. 스타니슬랍스키는 '내적 영상'을 통해 가열된 몸은 반사적으로 창의적 행위를 산출할 수 있다고 말한다. "비물질적인, 즉 묵직한 실체가 없는 몽상이라는 것은 우리의 살과 물질인 몸의 진정한 행위를 반사적으로 유발할 수 있는 능력을 가지고 있다." '내적 영상'이라는 상상적 인지 작용은 일종의 예비 행위이자 사전 행위로서 실제 무대 행위와 동렬에 서게 된다. 심지어 무대의 모든 행위는 상상력의 결과이다. "무대에서 우리의 모든 움직임과 말은 상상된 진정한 삶의 결과여야 한다." 상상 속 시뮬레이션을 통해 '내적 영상'에 몰입하고, 그것이 감정의 체험을 불러오고, 거기서 동기화된 행위가 작용하여 창의성이 발휘된다. 상상력을 규정하고 활용하는 '시스템'의 방법론은 인간 상상력이 모든 의미, 이해,

추론에서 중심적 역할을 한다고 강조한 체화인지론의 선구자 마크 존슨(Mark Johnson)의 이론과도 그리 다르지 않다. "우리가 의미 있게 경험하고 인지할 수 있는 것과 그것에 대해 추론할 수 있는 방식은 모두 우리의 경험을 형성하는 상상력의 구조에 의존한다"는 존슨의 단언은 "연습할 때나 배역을 연기할 때나 무대에서의 삶을 살 때나 예술 활동을 할 때나 모든 순간에 상상력이 필요하다"는 스타니슬랍스키의 주장의 연장선에 있다.

절차적 기억의 극복과 예술적 연기

에튜드를 통해 과거 기억과 결합된 감정을 체험한 배우는 배역의 행위를 만들어 내고, 연출가의 승인을 받으면 그 행위를 '고정시켜' 무대에서 동일한 행위를 연기하게 된다. 그렇다면 한번 고정된 행위는 반복해서 써먹을 수 있는 것일까? 감정 체험을 통해 만들어진 연기라 해도 공연 횟수가 반복되다 보면 그 행위는 비록 숙련도는 높을망정 감정은 사라진 기계적 연기가 되고 만다. 예를 들어, 감정이 충만한 첫 회 공연의 연기와 감정이 빠져 버린 100회차 공연 연기를 비교해 보자. 100

회차 공연의 연기는 기교적 측면에서 거의 완벽에 가까운 수준을 보여줄 수 있으나 감정 체험이라는 비가시적 요소는 부재한다. 스타니슬랍스키는 영혼 없는 이런 기술적 연기를 경계했다. 이를 뇌과학적으로 해석해 보자.

뇌과학에서는 기억을 단기기억과 장기기억으로 나누고, 의식적 접근의 가능성에 따라 장기기억을 다시 서술적 기억과 절차적 기억으로 세분한다. 서술적 기억은 언어로 표현할 만큼 의식적 통제가 가능한 기억(일화기억이 대표적이고 주로 해마가 관장한다)이고, 절차적 기억은 운동이나 악기 연주처럼 기억의 내용을 언어로 표현할 수 없고 오직 행위를 통해서만 증명할 수 있는 기억을 말한다. 절차적 기억은 주로 기저핵과 소뇌가 관장하고 오직 무의식적으로만 접근 가능하다. '시스템'에서는 일화기억을 활용해 감정 체험을 수행하지만, 배우가 반복적으로 익힌 체험 연기는 결국 장기기억으로 넘어가게 된다. 기억은 4단계를 거쳐 만들어진다. ①외부 자극을 신경 신호로 변환한다. ②서로 무관하던 신경 활동들을 서로 연관성을 갖는 하나의 패턴으로 연결한다. ③신경세포들이 영구적인 구조 변화와 화학 변화를 겪으면서 기억을 저장한다. ④연결된 패턴을 활성화할 때마다 기억을 인출한다. 해마가 주로 관여하는 것은 기억을 직조하는 ②단계인데, 이후 여러 부분으로 흩어진 개별 정보들을 한꺼번에 다시 불러올 수 있도록 하나의 연관된 데이터 단위로 만든다. 이렇게 만들어진 데이터 단위, 즉 신경 네트워크는 적절한 자극을 받으면 기억이라는 형태로 경험될 수 있다. 기억 정보가 저장된 뇌의 특정 부위들을 반복해서 활성화하여 안정적인 연결 패턴이 형성되면 '기억이 생성'된 것으로 간주할 수 있다. 이후 ③~④단계가 반복되어 연결 패턴이 강화되면 해당 기억은 장기기억화된다.

반복된 공연을 통해 배우의 행위가 장기기억화되었다는 것은 몸과 관련된 절차적 기억(그래서 흔히 근육기억이라 불리기도 한다)으로 변하여 의식적 기억화 없이 자동적으로 행위 수행이 가능해졌다는 뜻이다. 절차적 기억은 무의식적으로, 의식의 경계 너머에서 소환되는 기억이다. 스타니슬랍스키는 감정 체험이라는 에너지 소모 없이 자동화된 무대 연기를 '재현'(representation)에 불과하다고 경고한다. "자연스러운 감정 현상이 외적으로 표현되는 형식을 알아차리기 위해 한 번 또는 여러 번 배역을 체험한 후, 훈련된 근육의 도움을 받아 그 표현 형식을 기계적으로 반복하는 법을 배울 수도 있다. 그것은 배역의 재현이다." 재현에 능한 배우는 뇌과학적으로 말하면 절차적 기억, 즉 근육기억을 활용한 기계적, 자동적 행위 수행에 익숙한 자이다. 스타니슬랍스키는 '근육기억'이란 단어를 사용하여 이런 배우의 특징을 정확히 묘사한다.

> 일단 각 특징(배역의 내면을 전달하는 특징들을 말한다-필자주)에 대해 최상의 형식을 확실히 만들어 내면, 배우는 이를 기계적으로, 감정의 개입 없이 자연스럽게 체현하는 법을 배운다. 이는 훈련된 근육과 목소리, 억양, 온갖 예술의 기교와 기법의 도움으로, 그리고 무한한 반복을 통해 이루어진다. 재현 예술에 능한 이러한 배우들은 근육기억이 극도로 발달해 있다. 기계적으로 배역을 재현하는 데 익숙해진 배우는 신경과 정신적인 힘을 소모하지 않고 자신의 작업을 반복한다.

기계적 재현 연기를 피하기 위해서는 배역의 매 순간이 매번 새롭게 체험되고 새롭게 체현되어야 한다. 즉, 배우의 행위가 절차적 기억에 함몰되는 것에 저항하고, 일화기억을 통한 감정 체험의 과정이 자동화되지 않도록 훈련해야 한다. 스타니슬랍스키가 말하는 체험 연기의 핵심은 "배역의 내적 삶의 모든 미묘한 뉘앙스와 깊이를 예술적으로 전달하는 것"인데, 이는 충만한 감정과 동기화된 행위를 통해서만 달성할 수 있다. 그래서 체험 연기에서는 아무리 행위를 고정해도 매 공연마다 그 행위가 조금씩 변할 수밖에 없다. 행위의 근간은 변화가 없지만, 매번 새로운 감정 상태에 빠지다보니 세부 내용에 있어서는 불규칙성이 발현되는 것이다. 이 순간적 즉흥성이 바로 재현 연기와 체현 연기의 차이라고 할 수 있다. "우리 예술에서는 많은 것이 단단히 고정된 동일한 주제에 대한 즉흥 연기로 만들어진다. 이러한 창작은 연기에 신선함과 진솔함을 부여한다." 고정된 주제 선율을 조금씩 변주하는 즉흥 연기는 생동감 있는 진정성으로 관객의 마음을 움직이는 동시에 다시 배우의 감정에 되먹임 작용을 가한다. 체험 연기가 세계와 마음을 생성과 창제의 관계로 정립하는 행화적 구조임을 증명하는 것이다.

체화인지론의 거두인 프란시스코 바렐라는 마치 '시스템'을 읽기라도 한 것처럼 정확하게 체험과 재현을 대립시킨다. 바렐라에게 인지는 이미 있는 것들(주어진 세계, 주어진 마음)의 재현이 아니라 세계와 마음의 역동적 상호작용으로서 행화(enactment)이다. 고정된 감정과 고정된 행위를 기계적으로 재현하는 것은 진실한 연기가 아니다. 세계(=배역의 내적 삶)와 마음(=배우의 정서적 기억과 감정)의 순환적 상호작용, 나아가 관객(=세계)과 배역(=마음)의 역동적 상호작용이 성립되었을 때, 진정한 연기가 탄생한다. 스타니슬랍스키는 삶의 단순 재현을 거부하고 끊임없이 자신을 새롭게 인지하고, 희곡을 새롭게 해석하고, 행위를 새롭게 창조하길 요구한다. '시스템'은 기본적으로 내면적 지각과 물적 세계 사이의 관계가 행위를 유발하는 것으로 가정한다. 삶을 재현하는 게 아니라, 삶을 갱신하는 행위, 전대미문의 행위, 나의 '현존'에 토대한 행위는 '주어진 상황'과의 지속적 상호 관계를 통해 구축된다. '주어진 상황'과 인물의 관계는 환경과 유기체의 관계처럼 서로에게 영향을 미치고 서로를 변화시킨다. 그처럼 행위는 행화를 통해서 성립하기에 '세계-내-존재'로서 배우는 무대 위 현존 자체가 행위이다. 이를 스타니슬랍스키는 다음과 같이 표현한다. "무대에서는 행위를 해야 한다. 행위와 적극성이 극예술과 배우예술의 기반이다. (……) 움직임이 없는 순간에도 진심으로 행위를 해야 한다. (……) 무대에서는 내적으로, 외적으로 행위를 해야 한다."

행위는 신체적 움직임만을 의미하지 않는다. 숨 쉬며 서 있는 것조차 무대 위에서는 행위이고, 생각하고 상상하는 모든 정신적 활동도 명백한 행위이다. 배우의 현존으로 배역이 생성되고, 배우의 행위로 텅 빈 무대가 하나의 세계로 변모하는 것, 인물과 상황이 구도를 형성하고 갈등과 사건을 창출하는 것 등 무대의 모든 크로노토프는 순환적 상호작용이라는 우주적 행위의 연속이다. 그래서 '시스템'에서는 이미 흘러가 버린 시간도 없고, 종료된 행위도, 완결된 창작도 없다. 오직 영원한 현재, 영원히 진행 중인 창조만이 있을 뿐이다.

창의성의 비밀을 찾아서

제임스 심리학이 현상학 탄생의 촉매가 된 것처럼 뇌과학은 이미 새로운 철학 유파와 새로운 예술 분석법의 등장을 예고하고 있다. 뇌과학의 학문적 대상과 영역은 이미 과학을 넘어 인간에 대한 사유와 통찰이라는 인문학적 영토로 월경하고 있다. 인문학을 과학의 체로 쳐내면, 그 섬세함과 미묘함, 심오함은 포착하지 못하고 몇몇 검증 가능한 데이터와 공식만 앙상하게 걸러질 뿐이라는 생각은 고루한 편견이다. 많은 뇌과학자의 이름 옆에 병기된 철학자, 심리학자란 호칭은 더 이상 낯설지가 않다. 뇌과학은 인간의 정신 활동에 대한 과학적 증명을 통해 수천 년간 축적된 인문학의 성과를 새롭게 재해석하고 있다. 관념, 추론, 사유의 인문학은 곧 논리, 증명, 과학의 인문학으로 영토를 확장할 것이다. 뇌과학이 전하는 인간의 본질에 대한 새로운 관점과 이해는 고전 인문학의 의미와 기능을 급속하게 뒤흔들 것이다.

하루가 다르게 빨라지는 뇌과학의 발전 속도를 인문학이 따라잡을 수는 없다. 인문학적 성찰과 직관으로 뇌과학의 독주를 막는 것은 불가능해 보인다. 그렇다면 우리가 할 일은 뇌과학과 경쟁하거나 배척하기보다 그 성과와 지혜를 하루 속히 자기화하여 새로운 인문학 방법론으로 전유하는 것이다. 무엇보다 시급한 것은 인문학의 성취와 업적을 뇌과학적으로 '번역'하는 작업이다. 스타니슬랍스키의 예술철학에 습윤된 뇌과학적 원리를 인문학적 언어로 전환하는 것도 일종의 번역 작업이라 할 수 있다. 그렇다고 이 글이 '시스템'의 과학적 타당성을 확인하는 데 그치는 건 아니다. 이 글의 효능은 '시스템'의 과학적 정합성을 사후적으로 논증하는 데 있는 게 아니라, '시스템'이 제안한 연기훈련술이 창의성을 개발하는 교육적 의제로서 가능성이 있는지 타진하는 데 있다. 즉, 타인과 '주어진 상황'을 이해하고 그 심리를 체험하고 공감하며, 이를 바탕으로 상상력을 동원해 행위를 산출하는 '시스템'의 과학적 실천 과정이 창의성을 향상시키는 전인적 활동으로서 높은 가치를 함유하고 있음을 설파하는 것이 그 쓸모이다. 따라서 이 연구의 최종 목표는 인문학과 예술학이 창조력·창의성 향상에 가장 적합한 근본 학제임을 증명하는 것이다.

04

동물을 잘 쓰는 법[1]

이동신

우리말에서 '쓴다'라는 단어에는 글을 '쓴다'라는 의미와 도구를 '쓴다'라는 의미가 둘 다 있다. 영어로 하면 'write'와 'use'라는 다른 단어들이 하나로 엮이는 것이다. 그런데 공교롭게도 영어에서도, 확장하자면 서구 문명에서도 잘 따져 보면 두 단어의 연결성이 드러난다. 언어는, 좀 더 엄격하게 말하자면, 문자는 인간이 사용하는 여러 기술 중에 인간의 우월성을 입증하는 기술이기 때문이다. 비록 전통적으로 인간을 '언어적 동물'로 특별하게 정의했지만, 이제는 인간만이 언어능력을 가진다고 하는 사람은 없을 것이다. 하지만 문자는 분명 아직은 인간만이, 특히 선사의 인간 조상과 달리 문명을 이룬

인류만이 가진 능력이다. 문자를 쓰는 능력이 인류를 특별하게 만들었던 것처럼, 도구를 쓰는 능력은 지속적으로 인류의 영향력을 높이며 그 특별함을 재차 확인시켜 왔다. 단어는 다르지만, '쓴다'는 영어에서도 다르지 않은 함의를 지닌 듯하다.

그런데 공교롭게도 21세기를 넘어서면서 '쓴다'의 두 가지 의미는 다시 한번 교차한다. 바로 코드의 등장 때문이다. 여기서도 코드는 두 가지 의미를 갖는데, 하나는 컴퓨터 코드이고 다른 하나는 유전자 코드이다. 전자의 경우에서, '쓴다'는 행위는 코드를 일종의 언어처럼 쓴다는 것이면서도, 동시에 코드를 이용해 도구를 좀 더 능률적으로 혹은 창조적으로 사용한다는 것이기도 하다. 무엇보다도 쓰인 코드가 여러 단계에서 다른 도구를 거쳐 사용할 수 있는 무언가가 되는 과정이 상당히 삭제되고, 가상현실이나 3-D 프린터의 경우처럼 바로바로 눈앞에서 코드가 아닌 물리적(혹은 물리적인 형태를 갖춘) 물체로 등장하고 있다. 마치 창세기의 구절처럼 말하는 대로 이루어지는 것이다.

한편 유전자 코드는 이제 CRISPR로 대표되는 유전자 편집 기술의 발전으로 코드를 써서 생명체를 원하는 대로 만드는 것이 가능해지고 있다. 〈쥬라기 공원〉에서처럼 공룡의 유전자를 복제해서 공룡을 만드는 것에서 더 나아가, 그 유전자를 다르게 씀으로써 좀 더 필요한, 혹은 좀 더 유용한 동물을 만드는 것을 꿈꾸게 된 것이다. 컴퓨터 코드와 마찬가지로, 여기서도 '쓴다'는 바로 쓸 수 있는 무언가를 만든다는 의미이다. '쓴다'의 두 의미가 진정으로 하나가 되어 가고 있는 듯하다.

'쓴다'의 두 의미가 하나로 모이는 배경으로 컴퓨터 과학과 유전공학의 획기적 발전이 두드러지지만, 깊이 들여다보면 또 다른 무언가가 둘 사이를 이어 주고 있다. 바로 동물이다. 글을 쓰는 행위가 인간을 동물에서, 그리고 동물 같다고 비하하는 다른 인간에서 구분하는 기준으로 쓰였다면, 그러한 구분을 직간접적으로 확인하고 확산하는 글들이 꾸준히 쓰였다. 그리고 그렇게 확산한 구분을 신뢰하며, 인간은 동물을 스스럼없이 다양한 용도로 쓰며 삶을 편리하고 윤택하게 만들어 왔다. 유전공학의 발전에 동물을 쓰는 일이 얼마나 결정적이었는지는 굳이 설명할 필요가 없어 보이지만, 컴퓨터 과학의 발전에도 동물은 중요하였다. 컴퓨터가 말 그대로 그저 계산기 혹은 해독기 정도의 역할만 했다면, 즉 컴퓨터 코드가 컴퓨터 내의 코드로만 남았다면 지금처럼 획기적인 발전을 이루었을지 의문이다. 코드가 컴퓨터라는 기계를 넘어서 생명체와 교류할 수 있다는 가능성, 즉 코드를 통해 기계와 생명체가 연결될 수 있다는 가능성으로 인해 코드의 쓰임새는 획기적으로 넓어졌다. 이러한 가능성을 타진하고 확인한 과학이 바로 사이버네틱스이고, 그 시작을 알린 노버트 위너의 책의 부제가 "동물과 기계의 제어와 커뮤니케이션"이란 사실은 주목할 만하다. 동물을 기계처럼, 기계를 동물처럼 '쓴다'는 생각이 바로 사이버네틱스의 기원이었던 것이다.

'쓴다'의 의미가 중첩한다는 것은 '쓴다'의 영향력이 확장한다는 뜻이기도 하다. 마치 글로만 상상했던 것이 현실이 되는 동화 같은 일이 가능하다는 의미이다. 하지만 그만큼 우려도 커진다. 인공지능의 획기적 성장을 우려하여 발전 속도를 늦추자는 의견이 나오고, 유전공학의 발전이 인간 사회의 불균형을 심화시킬 것이라는 걱정에 규제의 필요성을 역설하기도 한다. 무엇보다 '쓴다'에 있어서, 인류가 얼마나 무분별하게 행동해 왔는지 깨닫게 하는 수많은 환경과 사회문제를 간과할 수가 없다. '쓴다'를 비판적으로 세심하게 고민해야만 할 때이다. 문제는 어디에서 고민을 시작할 것인가이다. '쓴다'는 너무도 보편적으로 수행됐기에 인간이 하는 모든 일에서 고민해야 마땅하겠지만, 그래도 어딘가를 우선적으로 살펴봐야 집중력도 생기고 방향성도 마련될 것이다. 이 글은 그 어딘가가 동물이라고 본다. 위에서 언급했듯이 동물이 '쓴다'에 편재했다는 점도 있지만, 언제나 '쓴다'의 희생양이었다는 점에서 비판적 토대를 제공하기 때문이다. '쓴다'를 새롭게 쓰는 법은 바로 동물을 잘 쓰는 법에서 시작한다.

경계를 쓰는 법

'쓴다'는 행위는 언제나 동물과 인간의 경계를 긋는 일이다. 경계의 선명함은 동물에 대한 인간의 행위를 정당화시키고, 더 나아가 인간 자신의 정체성에 확신을 가져다 준다. 하지만 경계를 긋는 행위자가 항상 인간이라는 점에서 경계가 결국엔 자의적일 수밖에 없듯이, 그 선명함도 자의적인 판단에 불과하다. 이러한 경계의 불안함은 경계를 쓰는 행위가 계속해서 이런저런 방식으로 반복됐다는 사실이 반증한다. 종교적으로, 사회적으로, 윤리적으로, 문화적으로, 과학적으로 경계는 계속해서 쓰이고, 지워지고, 다시 쓰여 왔다. 쓰기의 반복은 불안감을 해소시키는 듯하면서도 결과적으로 유지시키는 행위라고 할 수 있다. 하지만 쓰기의 반복은 경계가 그 내재적 불안감에도 불구하고 항상 필요했음을 암시한다. 경계 넘기나 경계 지우기 같은 말로 경계를 부정하려는 시도는 이러한 필요성을 간과하는, 그렇기에 오히려 필요성을 절감하는 이들에게 반발을 일으키는 행위일 수 있다. 어쩌면 '쓴다'를 멈출 수 없듯이, 경계는 없앨 수 없는 것인지 모른다. 그렇다면 '쓴다'의 두 의미가 합쳐지며 마치 경계가 사라지는 듯한 인상을 주는 지금 이 순간 필요한 일은 경계를 잘 쓰는 법을 찾는 것이 아닐까?

이 질문을 고민하다 보면, 레이첼 커스크의 2021년작 『두 번째 장소(Second Place)』에서 흥미로운 대목이 보인다. 작가로서의 명성을 가져온 『윤곽(Outline)』 3부작 후속작인 커스크의 이 작품은 주인공인 M이 제퍼스라는, 실제로 소설 속에 등장하지 않는 인물에게 얘기하는 형식으로 쓰였다. 그 결과 소설 속과 밖을 구분하는 경계가 불분명해진다. 단 한 번도 등장하지 않기에 제퍼스가 소설의 세계에 실제로 존재하는 인물인지, 아니면 M이 그저 상상으로 만들어 낸 존재인지도 알 수 없다. 후자라면 M과 제퍼스의 경계는 사라진다. 그렇지만 소설은 믿을 수 없는 화자의 환상적 독백이 되고, 정신이 이상한 이의 넋두리가 될 뿐이다. 우리가 소설의 허구적 세계를 진짜라고 믿기 위해서, 즉 M을 믿을 만한 화자로 여기기 위해서 M과 제퍼스 사이의 경계가 필요하다. 하지만 둘 사이의 경계를 긋는 순간 우리는 소설의 경계가 끊어질 가능성을 받아들여야만 한다. 제퍼스는 여전히 소설 밖에 있기 때문이다. 어떤 경계는 이처럼 세계를 바꿀 수 있다.

M을 위해서, 그리고 M의 이야기를 믿기 위해서 우리는 그와 제퍼스 사이의 경계가 필요하다. 결과적으로 감수해야 할 위험은 우리가 읽는 것이 소설이 아닐 수도 있는, 그래서 M은 소설 속 인물이 아닐 수도 있는 불확실성이다. 이처럼 스스로를, 그리고 자신이 속한 세계를 혼란스럽게 만드는 M은 자신에 대해 제퍼스에게 다음과 같이 말한다.

> 제퍼스, 진정으로 나는 개였어. 내 안에 그토록 무거운 것이 있었기에. 나는 그저 고통 받는 동물같이 아무런 생각 없이 몸을 뒤틀어 댈 수만 있었지. 그것은 나를 심해에서 옴싹달싹하지 못하게 했고, 그곳에서 나는 자유로워져서 삶의 찬란한 표면으로 수영해 가려고 바둥거리며 애를 썼어. 적어도 아래에서는 표면은 그렇게 보였어.[2]

M과 제퍼스의 관계로 인해 경계가 혼란스러워진다면, 위의 인용에서는 또 다른 차원에서 경계가 어지러워지는 듯하다. 여기서 M은 자신을 "개"라고 치부하며, 깊은 심연에 묶여 있는 듯이 "동물같이" 고통스럽다고 말한다. 동물인 것과 동물과 같은 것의 경계는 차치하고서라도, 인간인 M은 인간과 동물의 경계를 넘어 동물이었다고 자백한다. 하지만 이 순간 M은 다

시 인간이 되려 한다. 인간의 세상인 저 위에, 어쩌면 제퍼스가 사는 "삶의 찬란한 표면" 너머로 가려는 것이다. 그렇게 "표면" 위와 아래 사이의 경계가 분명히 그어진다. 바로 인간과 동물의 경계인 것이다.

얼핏 보면 인간계와 동물계를 나누는 "표면" 아래로 내려온 M이 "개"가 되는 것은 당연한 듯하다. 하지만 왜 "개"일까? 분명 "개"의 특정한 성격을, 즉 본능적인 성욕을 말하려는 의도로 "개"를 언급한 것이라고 짐작할 수 있다. 그렇지만 그 성격이 정말 개의 특징인가? 오히려 개를 그렇게 규정했기 때문이 아닐까? 당연한 말이지만 개의 시각이 아니라 인간의 시각에서 규정된 것이고, 따라서 자신을 "개"라고 하는 M은 사실 "개"가 아니다. 따라서 "동물같이"라는 말과 "나는 개였다"라는 말 사이에는 문법적 차이에도 불구하고 별 차이가 없다. 인간과 동물에 있어서 '……이다'와 '……와 같다'는 경계를 넘는 듯하지만 그렇지 않은 말들이다. 그렇다면 이 "심연"에도 경계가 존재한다. 저 위에서만 인간과 동물이 구분되는 것이 아니라, 이 아래서도 구분되는 것이다.

인간과 동물의 경계의 혼재가 "표면"과 "심연"에만 있는 것도 아니다. 어찌 됐든 "삶의 찬란한 표면" 위로 올라가는 데 성공한 M은 남편 토니와 바닷가 습지에서 그다지 찬란하지 않은 삶을 살아간다. 대신 집 옆에 "세컨드 플레이스"를 짓고, 이곳에 자신에게 깊은 감명을 주었던 그림을 그린 화가 L을 초대한다. 하지만 L에게서 무언가를 갈구하던 M은 소설의 결말 가까이에서 그에게 일종의 배신을 당한다. 순간 M은 이런 생각을 한다.

> 난생처음으로, 제퍼스, 나는 예술, 그러니까 L의 예술뿐만 아니라 예술 전반이 그 자체로 뱀일 가능성이 있다고 생각했어. 우리 귀에 대고 속삭이며, 이 세상의 것들에 대한 우리의 만족과 믿음을 무너뜨리고 있다고. 우리 바로 앞에 있는 것들은 결코 필적할 수 없는 무언가 더 높고 좋은 것이 우리 안에 있다는 생각으로 말이지. 예술의 거리가 내 자신 안의 거리일 뿐인 듯이 느껴졌어. 진정한 사랑과 소속감으로부터의 가장 차갑고, 가장 외로운 이 세상의 거리가 말이야.[3]

좋아하던 예술가에게 배신당한 입장에서 예술에 관한 M의 부정적 생각은 놀랍지 않다. M이 예술뿐만 아니라 예술 전반에 대해 같은 생각을 하는 것도 어느 정도 받아들일 만하다. 문제는 예술을 부정적으로 얘기하면서 다시 한번 동물을 쓰는 것이다. 이번엔 "뱀"이다. 물론 성경에 나오는 뱀을 떠올리게 한다. 우리에게 속삭이며 현재보다 무언가 더 "높고 좋은" 것이 있을 거라 말하는 동물이다. "삶의 찬란한 표면"으로 올라온 M에게 이제 "뱀"은 그 표면 위에 또 다른 무언가가 있다고 속삭인다. 표면 아래가 동물의 세계라면, 뱀은 분명 그곳에서 왔다고 해야 맞다. M만 표면 위로 오른 게 아니라 뱀도 같이 따라 나온 것일까? 인간과 동물 사이의 경계에 구멍이 생긴 것일까? 그런데 그 뱀이 이제 속삭인다. M이 동물같이 고통받는 것이 아니라, 동물이 인간같이 말하는 것이다. 그리고 그 동물은 인간이 모르는 저 위쪽을 얘기한다. 인간은 가본 적이 없는 그곳에 대해 말이다. 거짓말일 수도 있다. 하지만 진짜라면, 뱀은 거기에서 온 걸까? 도대체 뱀은 어떤 경계를 넘어서 온 것일까?

이런저런 질문을 던지다 보면 경계의 혼재는 피할 수 없고, 특히나 인간과 동물의 경계는 완전히 사라질 위기에 처하는 것이 당연해 보인다. 그러나 커스크의 소설을 읽으면서 그런 생각이 드는 이는 드물 것이다. 무엇보다도 이렇게 혼란을 자초한 M에게서도 자신이 인간과 동물의 경계를 무너뜨리는 엄청난 일을 한다는 자각을 찾아보기 어렵다. 오히려 매 순간 자신이, 그리고 자신의 삶이 좀 더 인간적으로 된다고 느끼는 듯하다. 동물은 그저 매 순간 M의 인간적인 삶을 위해 그렇게 쓰일 뿐이다. 사실 M의 행동은 전혀 놀라운 일이 아니다. 특정한 삶을 지향점으로 제시하여 개인이 스스로를 통제하도록 하는 생명 정치(biopolitics)가 근대사회의 근간이라는 논의에서 동물이 주변부로 밀리는 것을 비판하며, 니콜 슈킨은 『동물 자본』에서 "생명 권력의 담론과 테크놀로지가 종 구분에 근거한다"라고 주장한다.[4] 흥미로운 점은 "종 차이의 동물 존재론적 생산"이 "절대적이기보다는 계획적으로 중의적인 경계"로 이루어지면서 "모순적인 권력이 인간과 동물의 경계 지우기와 다시쓰기를 허용"한다는 것이다.[5]

인간과 동물의 경계가 중의적인 이유는 동물이 항상 물질적이면서도 상징적으로 쓰이기 때문이라고 슈킨은 말한다. 그는 "동물의 밈(memes)과 동물의 물질(matter)이 자본의 형태로 서로 중층결정된다(overdetermined)"고 지적하면서, 이를 "동물 자본"이라고 명명한다.[6] 때로는 물질적으로, 때로는 상징적으로, 때로는 동시에, 경계의 "지우기와 다시 쓰기"를 진행하면서 동물 자본은 지속적으로 생산되고, 재생산되어 인간을 위해 쓰이는 것이다. '절대적'인 하나의 선으로 유지되는 경계가 아니라 계속해서 지워지고 다시 쓰이는 '중의적인 경계'라는 점에서 인간과 동물의 경계 자체가 따지고 볼 무언가가 된다. 자크 데리다의 이른바 '경계학(limitropy)'은 이렇게 경계 자체에 주목한다. 『그럼으로써 내가 존재하는 동물』에서 경계학이 책의 주제라고 밝히면서, 데리다는 그 이유가 "단지 그것이 경계에서, 경계 주위에서 그 경계를 유지함으로써 태어나고 자라는 것을 다루기 때문만이 아니라, 경계에 먹을 것을 주고, 생성하고, 키우고, 복잡하게 만드는 것도 다루기 때문이다"라고 설명한다.[7] 데리다에게 경계는 이처럼 하나의 선이 아니라 그것을 직간접적으로 만들고, 키우고, 복잡하게 하는 수많은 것들이 존재하는 공간에 가깝다. 따라서 이 공간에 드나드는 이 모든 것들을 인간과 동물이라는 두 범주로 깔끔하게 나누는 것은 터무니없는 일이고, 데리다는 무엇보다 "소위 인간의 끝 너머에, 하지만 절대로 단일한 반대편이 아닌 그 너머에, '동물' 혹은 '동물의 삶' 대신에 이미 이종적인 수많은 생명들이 있다"라고 강조한다.[8] 이런 점에서 "단수로 그리고 더 이상의 노력 없이 '동물'이라고 부르는" 것은, 그렇게 "인간이 아닌 모든 생명체를 [하나로] 지칭하는" 일은 한마디로 "짐승처럼 어리석은" 일이라고 데리다는 비판한다.[9]

인간과 동물의 경계가 하나의 절대적 선이 아니라는 시각을 공유함에도, 슈킨은 데리다의 동물 논의가 대체로 철학적으로 흐르며 여전히 "차연을 위한 최초의 은유로 동물을 서구의 존재론적 논의들을 약화시키는 언캐니한 힘으로 고정시키는", 그럼으로써 "동물을 귀신으로 생각하는" 것이라고 비판한다.[10] 대신에 슈킨은 '렌더링(rendering)'이라는 용어로 자신의 작업을 설명한다. 그는 "렌더링은 복제본을 만드는 모방 행위, 즉 대상을 언어, 그림, 음악, 영화 혹은 다른 매체로 재생산하거나 해석하는 모방 행위를 의미하는 동시에 (……) 동물 사체를 산업적으로 졸이고(boiling down) 리사이클하는 것을 의미한다"라고 설명한다.[11] 이처럼 "렌더링의 이중적 의미(the double entendre of rendering)"로 "동물 비유(figure)와 동물 육신"을 동시에 다룸으로써 생기는 "심각하게 모순적인 기호학적이고 물질적인 통화(currencies)"를 살펴보는 것이 슈킨의 작업이다.[12]

데리다에 대한 슈킨의 비판은 도나 해러웨이의 비판과 일맥상통한다. 슈킨과 마찬가지로 자신을 바라보는 고양이를 바라보며 생각에 잠긴 데리다를 거론하며 해러웨이는 『종과 종이 만날 때(When Species Meet)』에서 그가 "서발턴을 말하게 만드는 덫에 빠지지 않았다"라고 인정한다.[13] 즉 인간의 목소리를 고양이에게 부여하여 너무도 쉽게 동물의 타자성을 잠식하려는 시도를 하지 않았다는 점이 돋보인다는 것이다. 그러나 데리다가 "서구 철학과 문학의 자신의 텍스트적 정전과 고양이 앞에서 발가벗고 있다는 것에 대한 자신의 연결된 걱정으로 인해 길을 벗어나"는 바람에, 결국 "자신의 고양이와 (……) 반려종의 단순한 의무를 수행하지 못했다"라고 해러웨이는 비판한다.[14] 즉, 데리다는 "그 고양이가 실제로 무엇을 하고, 느끼고, 생각하고, 혹은 어쩌면 그날 아침 그를 되돌아보면서 그에게 무엇을 가능하게 하는지에 관해 궁금해 하지 않았다"라는 것이다.[15] 이처럼 고양이와 함께 있으면서도, 동물로 인해 촉발된 상황에 관심을 가지면서도 데리다는 이 관심을 자신의 텍스트와 자기 자신에게만 집중하고 만다고 해러웨이는 비판한다. 아무리 그가 인간중심주의에서 벗어나 텍스트를 읽고, 이성중심주의에서 벗어나 자신을 다시 본다고 해도 여전히 동물은 배경으로 물러날 수밖에 없는 것이다.

해러웨이는 동물과 인간이 "서로를 함께 형성시키는 매듭 속"에 있다는 점을 강조하고, 동물에 대한 "대응과 존중"이 지속되어야 한다고 주장한다.[16] 슈킨의 렌더링과 마찬가지로, 해러웨이의 "대응과 존중"은 동물이 은유이면서 동시에 물질임을 받아들여야 한다는 의미이다. 이 두 방식이 조화로운 것이 아니라 지속적으로 "비틀림(distortion)"을 일으킨다는 점을 받아들어야 한다는 슈킨의 입장과 유사하게, 해러웨이는 따라서 인간과 동물의 관계를 "트러블과 함께 머물기(staying with the trouble)"라고 역설한다.

슈킨과 해러웨이는 모두 데리다의 동물 논의가 지나치게 텍스트에 집중하고 있다고 비판한다. 아무리 자본주의가 모든 것을 추상화시켜서 교환할 수 있는 무언가로 전환시켰다고 하더라도, 그리고 이러한 전환의 중심에 동물이 있었다고 하더라도, 동물은 여전히 그러한 전환에 저항하는 물질적 존재이다. 동물은 그런 존재로 인간의 프로젝트에 포섭되지 않은 이해 불가능한 무언가로서 끊임없이 인간과 영향을 주고받기에 문제가 될 수 있고, 이러한 문제에 "대응과 존중"을 보이는 태도가 필요한 것이다. 물론 데리다가 꾸준히 해체주의적 입장에서 동물의 문제를 다룬다고 본다면—사실 그의 과도한 철학적 논의는 그러한 시각을 돋구는 듯하다—슈킨과 해러웨이의 비판은 적절할 수 있다. 하지만 그의 이른바 '동물학적 전환(zoological turn)'을 해체주의에서 좀 더 존재론적인 성찰로의 전환이라고 한다면 어느 정도 그들의 비판을 벗어날 수 있지 않을까 싶다. 어쨌든 데리다가 말년까지 끊임없이 동물들로 돌아가는 이유는 그들이 텍스트로 포섭되지 않은 존재이어서가 아닐까? 지면상 이 질문을 여기서 다룰 수는 없다. 다만 슈킨과 해러웨이과 데리다를 함께 얘기하는 이유는 인간과 동물의 경계가 깔끔하지 않고 항상 다중적임을, 그래서 그만큼 깔끔하게 다루기가 어렵다는 점을 강조하기 위해서다. 정확히 말하자면 깔끔하게 다루려고 해서도 안 된다. 하나의 경계를 깔끔하게 그을 수 있다는 환상 혹은 하나이기에 깔끔하게 그 경계를 넘어서고 지울 수 있다는 환상은 모두 동물이라는 존재를 포섭 가능한 무언가로 환원시키는 폭력이다. 경계를 잘 쓰는 법은 만나는 동물만큼 많이 쓰면서, 동시에 어떤 폭력을 알게 모르게 저지르는 것은 아닌지 살펴보는 것이다.

동물을 쓰는 법

인간과 동물의 경계는 완전히 해결할 수 없는 다중적인 문제로 항상 존재해 왔다. 종교, 특히 기독교가 그 문제를 어느 정도 해결해 주던 때가 있었지만, 근대로 들어오면서 인간 스스로 이 문제를 다뤄야만 했다. 그럼에도 인간은 비교적 잘 살아왔다. 마치 경계가 확실하고 절대적인 듯이 생각하고 행동하며, 그 경계를 바탕으로 지식을 쌓아 오고, 사회를 구성하고, 법을 만들고, 윤리를 정립하고, 예술을 해 왔다. 한마디로 동물을 잘 써 왔던 것이다. 앞서 "예술의 거리가 내 자신 안의 거리일 뿐인 듯이 느껴졌어. 진정한 사랑과 소속감으로부터의 가장 차갑고, 가장 외로운 이 세상의 거리가 말이야"라는 M의 말은 동물을 잘 쓰던 한 가지 방법을 간접적으로 가리킨다. 뱀이 정말로 성경에서 온 거라면 쉽게 풀렸을지 모른다. 인간 세계 위에 정말로 신의 세계가 있고, 그곳에서 뱀이 온 거라고 생각한다면, 그 뱀이 속삭이든 말든 혹은 다른 세계를 알든 말든 별 차이가 없을 것이다. 하지만 소설에 신의 세계는 없다. 그래서 이제 화자는 자신 안에서 이를 해결하고자 한다. 그 "더 높고 좋은 것"이 자신 안에 있다고 말이다.

사실 M의 해결책은 새롭지 않다. 근대 인간학의 생성을 탐구한 미셸 푸코에 따르면 인간은, 적어도 근대의 인간은 항상 그래 왔기 때문이다. "푸코에게, 비신성화의 거대한 움직임은 중세에서 근대로 이어진다. 우리가 보았듯이 이 움직임은 내면화의 움직임이다. 죽음이 삶에 내면화되듯이, 초월의 거리는 결국 인간 자신 안에서 내면화된다"(Lawlor, 67).[17] 신의 세계로 외면에 있던 초월은 이제 인간 안으로 내면화된다. 따라서 거리가 아무리 멀다고 해도 결국 '인간 자신 안'의 거리로 남는다. 따라서 예술적 초월은, 그것이 아무리 드높다 하더라도, 결국 인간의 것으로 남는다.

M의 말은 이 내면화가 신과 같이 초월적인 존재와 인간의 경계를 포섭하는 만큼, 인간과 동물의 경계도 포함했다는 것을 암시한다. 개와 뱀과 같을 수 있지만 동시에 신과 같을 수

있는 가능성을 모두 인간 내면에 담아낼 수 있다는 것이다. 경계의 혼재는 인간 내면의 혼재로 이체되고, 인간의 복잡한 정신세계의 증거처럼 쓰인다. 복잡한 심리 구조를 가진 근대인이 정신분석학의 대상이 되는 것처럼, 복잡한 감정과 생각을 가진 인물이 소설의 주인공으로 등장하는 것이다.

물론 내면화로 경계의 혼재가 깔끔하게 해결되는 것은 아니다. 여전히 인간 외부에는 현실적으로 다루어야만 하는 동물들이 존재하면서 계속해서 경계를 흐리게 하고, 어지럽게 하기 때문이다. 이들과의 관계에서도 지속적인 주의와 작업이 필요하고, 브뤼노 라투르는 이를 "정화(purification)"라고 말한다.[18] 라투르는 "'근대'라는 말이 두 개의 완전히 다른 작업(practices)을 가리키며, 이 작업들이 효과적으로 유지되려면 반드시 구분되어야 한다"라고 설명한다.[19] 첫 번째 작업은 '번역(translation)'으로 "자연과 문화의 하이브리드인 완전히 새로운 형태의 존재들 사이의 혼합물을 만드는" 것이고, 두 번째 작업인 '정화'는 "두 개의 완전히 구분된 존재론적 장소: 한쪽으로는 인간의 장소; 다른 쪽에는 비인간의 장소"를 만든다.[20] "번역과 정화라는 두 작업을 분리해서 생각하는 한, 우리는 진정으로 근대적"이지만, 둘을 "동시에" 바라보는 순간 "우리는 곧바로 완전히 근대적이기를 중단한다"라고 라투르는 주장한다.[21] 문제는 두 작업이 일종의 공생관계이고, 따라서 정화는 단 한 번도 완성된 적이 없다는 점이다. 라투르는 우리 자신에 선택권이 있다고 말한다. 즉, "정화 작업을 방어하거나 (……) 혹은 중개와 정화 작업을 동시에 연구하는 것" 사이의 선택이며, 만일 후자를 선택한다면 자신이 "완전히 근대적이기를 중단"하는 것임을 안다.[22] 물론 사회학자로서 그의 선택은 자명하다. 전자는 근대사회에 유포한 환상에 굴복하는 것이고, 후자는 사실을 받아들이는 것이기 때문이다. 따라서 라투르는 "우리는 단 한 번도 근대인인 적이 없었다"라고 선언한다.[23]

라투르의 말처럼 "한 번도 근대인인 적이 없었"는지는 모르겠지만, 적어도 우리가 근대인인 척하고 잘 지내 왔던 것은 사실이다. 경계를 내면화하면서 복잡해진 인간의 정신세계는 예술과 문화 그리고 인간학이라는 범주에 속하는 다양한 학문 영역에서 괄목할 만한 성과를 내었고, 정화 작업을 하며 인간과 자연을 구분하는 작업은 자연을, 그리고 동물을 자유롭게 사용하게 함으로써 근대사회의 외적 발전을 도모하였다. 한마디로 동물을 잘 써 왔던 것이다. 하지만 20세기 후반부터 가시화된 환경문제와 동물권 문제, 내면화된 동물을 사용해 자행된 인종주의와 성차별주의에 대한 성찰, 그리고 21세기 들어와 본격화된 기후 위기와 인류세 논의 등은 심각한 질문을 던진다. 정말로 동물을 잘 써 왔던 것일까? 그처럼 잘 써 왔는데 왜 이리 심각한 상황으로 이어진 것일까? 만일 제대로 쓴 것이 아니라면 언제부터 그랬을까? 무엇이 문제였을까? 새로운 쓰는 법을 찾아봐야 할 때가 이미 온 것은 아닐까?

지금까지 쓰던 법이 잘못되었음을 인정하고 새로이 쓰는 법을 찾아야 한다고 하면, 애초에 그렇게 쓰는 것 자체가 잘못이라고 할 수도 있다. 이는 인간과 동물의 경계가 문제라고 하면서 경계 자체를 없애야 한다고 말하는 것과 비슷하다. 하지만 앞서 슈킨과 데리다가 암시하듯이 경계는 관계의 파생물이고, 관계가 늘어남으로써 경계도 자연스럽게 다양해진다. 경계가 문제가 되는 것은 이 중 하나를 절대적으로 두고, 따라서 어떤 관계도 이 경계로 환원시키기 때문이다. 다중적인 경계는 다양한 관계를 의미하고, 절대적 경계는 환상일 뿐이다. 인류학자인 팀 잉골드는 "걷기, 짜기, 관찰하기, 노래하기, 이야기하기, 그리기, 글쓰기에서 공통인 것은 무엇일까? 답은 이 모든 것이 한 종류 혹은 다른 종류의 선들을 따라 진행한다는 점이다"라고 지적한다.[24] 잉골드는 모든 일들이 선을 따라 진행한다고 말하면서, "어떻게 우리가 오늘날 마주한 수많은 선들이 그처럼 정지된 것으로 보이는가?"라고 묻는다.[25] 그러면서 "왜 '선' 혹은 '선형'이라는 단어를 언급만 해도 많은 동시대 사상가들은 근대의 분석적 사고의 소위 편협함과 비생산성, 그리고 단일 논리의 이미지를 떠올리게 되는 것인가?"라고 연이어 질문한다.[26] 어쩌면 답은 쉽게 찾아질 듯하다. 그 수많은 선들을 하나의 선으로 보기 때문이다.

그처럼 인간과 동물의 경계가 하나의 선으로만 되어 있다고 여기던 믿음 탓에 지금 우리가 겪고 있는 심각한 문제들이 파생했다면, 반면에 선을 긋고 경계를 짓는 것이 관계에 필수적이라고 한다면, 결국 해결책은 경계를 없애는 것이 아니라 수많은 경계를 직시하고 인정하는 것이다. 물론 그로 인한 혼란은 피할 수 없을 것이다. 하지만 그러한 혼란이 모순이 아니라 과정의 일부임을, 즉 또 다른 선을 그어야 한다는 요구임을 인정하는 것이 중요하다. 결국 동물을 잘 쓰는 일은 깔끔하지 않고 "지저분한(messy)" 방식을 따라야 한다고 할 수 있다.[27] 해러웨이는 자신과 이사벨 스탱게르스처럼 "라투르가 실천의 생태학에 충실한 철저한 물질주의자"라고 밝히고, 그가 "지저분한 삶과 죽음의 혼란 속에서 처한(situated) 일과 놀이를 통해 어셈블리지를 일상적으로 표현하는 것에 (……) 충실하다고" 주장한다.[28] 따라서 이들 모두에게 "지지(alignment)는 (……) 심각하게 얽힌 일이다"라고 해러웨이는 단언한다.[29] 마찬가지로 선을 긋고 경계를 만드는 행위도 "심각하게 얽힌 일"

이라고 할 수 있다. 결코 깔끔하게 단선적일 수 없다는 뜻이다. 슈킨의 렌더링도, 데리다의 경계학도, 잉골드의 선들도, 라투르의 네트워크도, 해러웨이의 지지도 모두 복잡하게 엉킨 인간과 동물 관계의 현실을 받아들이는 데서 시작한다.

하지만 여기에는 걱정도 따른다. 우선은 마냥 지저분하게 쓸 수만은 없는 것이다. 매 순간 어떤 상황에 특정한 필요가 있고, 이를 반영해서 경계를 긋지 않는다면, 결국 동물을 지저분하게 쓰는 결과로 이어질 수 있기 때문이다. 동물의 문제에 있어서 계약주의(contractarianism)의 한계를 지적한 톰 리건의 입장을 논의하면서 캐리 울프는 "그러한 계약에 의해 누가 보호받고 누가 받지 못하는지 사회가 어떻게 결정하는가?"라는 질문에 담긴 동물권 논의의 딜레마를 지적한다.[30] 즉, "'누가 윤리적 처우를 받는가?'라는 질문을 '누구든 특정한 사회의 특정한 편견과 편협에 속하는 자'라고 답하는 정치적 위험을 우리가 피하고 싶으면서, 또한 우리가 유일하게 가능한 대안으로 보이는 것, 즉 우연하지 않은(noncontigent) 자연적 기준(예를 들어 싱어의 '고통'), 사회계약의 우연성 밖에—그래서 제대로 종속되지 않는—기준을 찾는 일은 어떻게 피할 것인가?"라고 울프는 자문한다.[31] 한쪽으로 가면 특정한 '편견'으로 결정하게 되고, 다른 쪽으로 가면 특정한 상황을 고려하지 않는 절대적 기준을 따르게 된다. 인간의 역사만 봐도 양쪽 모두 폭력적으로 행사되는 경우가 많았고, 동물에 관해서는 더 말할 필요도 없을 것이다. 그렇다고 양쪽을 모두 인정하는 것은 그저 지저분한 딜레마로 이어질 뿐이라고 울프는 지적한다. 그는 "이 딜레마를 벗어나는 방법은 (……) 철저히 실용주의적 접근법을 채용하는 것"이라고 주장한다.[32] "철저히"라는 말이 여기서 의미하는 바는 종중심주의를 '철저히' 배제한 실용주의를 실천하는 것이다. 이를 설명하기 위해서 울프는 "이제 우리는 어떤 목적이 애써서 완성할 만한 것인지, 어떤 것이 다른 것보다 더 가치가 있는지를 논의한다. 인간이나 현실의 본성이 우리에게 어떤 목적을 따르라고 하는지 대신에"라는 리처드 로티의 말을 인용한다.[33] 즉 "꾸준하게 윤리적으로 상관있는 특징들과 행동을 결정하기 위해 우리가 고안한 규칙과 규범을 종이나 다른 어떤 것에 대한 편견 없이 적용해야 한다"라고 울프는 설명한다.[34]

인간과 동물의 경계에서 누가 누구인지 명확히 정할 수 없고, 그렇기에 그 누구만을 위해서 쓴다는 것이 불가능하기에 지저분해질 때, 울프는 이 '누구'를 버리고 왜 써야 하는지라는 실용주의적 질문을 던지라고 말한다. 무엇보다 조금이라도 이 '누구,' 즉 인간을 우선하는 방식으로 답하지 않도록 '철저히' 조심하라고 경고한다. 역설적으로 들리겠지만, '철저히' 조심하기 위해서는 실용주의적으로만 접근할 수는 없다. 실천의 영역은, 특히 인간과 동물이 엮인 현실은 대부분 빠른 답을 요구하는 질문이 많기에 '철저히' 따져 볼 여유가 많지 않기 때문이다. 따라서 현실이 아닌 상황에서 실용주의를 '철저히' 연습할 필요가 있고, 가장 적절한 가상 연습의 장은 아마도 글쓰기를 포함한 문화와 예술일 것이다.

마릴린 쿠퍼가 제안하는 포스트휴머니즘적 글쓰기는 바로 그런 연습의 장이 될 수 있다. 알프레드 화이트헤드가 "대립(oppositions)을 대조(contrast)로 다룬 것"에 주목하면서, 쿠퍼는 "간극(interstices)을 모순이 아닌 대조로 인정함으로써 사회는 '모든 사람이 진실이라고' 주장하는 것 너머로 나아갈 수 있다고, 즉 변증법의 교착상태 너머로 나아가 무엇이 가능한지 발견할 수 있다"라고 설명한다.[35] 쿠퍼는 이처럼 세상을 감지하고 이해하려는 노력의 선봉장에 글쓰기가 있어야 한다고 역설하며, 화이트헤드, 하이데거, 캐런 바라드 등의 철학을 바탕으로 '잘 쓰기'를 새로이 정의하고자 한다.

> 잘 쓰는 일은 세상에 적절한 관심을 기울이는 능동적인 성향의 습관을 발전시키는 것이다. 존재들과 개체들이 스스로의 결정

을 통해서 무언가가 되는 방식으로 세상을 이해하려고 노력하는 것이다. 좋은 글쓰기 습관은 기분(attunement), 다른 개체들에 대한 능동적 파악(prehension)으로 글쓰는 이가 다른 개체들에게 의미 있고 중요할 수 있는 제의들을—"얘기될 수도 있는 이야기들"—창작하고 품게 할 수 있도록 한다. 이 제의들은 존재들이 얽혀 있는 특정한 생태계에서 대응을—글이든 아니면 다른 방법으로든—개혁하는 연속된 작업(practices)이다.[36]

쿠퍼는 포스트휴머니즘 시대에 맞게 주체와 대상들이 얽혀있는 생태계를 글쓰기의 장으로 본다. 따라서 주체만이 글의 방향과 내용을 결정하지 않고, 대상들의 결정과 대응을 중시하는 방식으로 글을 써야 한다. '얽힘'이라는 말에서 느낄 수 있듯이, 이런 글쓰기는 충분히 '지저분'하다. 그리고 인간과 비인간 "존재들과 개체들"의 차별 없는 생태계를 위해 인간의 "규칙과 규범"을 "개혁"하는 작업이기에 '철저히' 실용적일 수 있다.

쿠퍼가 제시한 글을 잘 쓰는 법이 인간의 법을 "개혁"할 수 있는 것처럼, 동물을 잘 쓰는 법도 같은 효과를 가져올 수 있다. 동물을 잘 쓰는 법은 그저 동물을 어떻게 쓰는가에 관한 일은 아니기 때문이다. 철학을 잘하는 것이 철학적 개념을 잘 사용하는 일이 아니라 그 개념을 개혁하는 일이라고 한 들뢰즈의 말처럼, 동물을 잘 쓰는 법은 그 법 자체를 개혁하는 일이다. 울프는 『법 앞에서(Before the Law)』에서 법에 관해 논의하기 전에 "앞에서"의 이중적 의미를 설명한다. 한편으로 "앞에서"는 "존재론적으로 그리고/혹은 논리적으로 우선"한다는 뜻으로 법의 영역에 포함되기 이전을 지칭한다.[37] 이는 그 영역에, 즉 법의 보호(혹은 처벌)를 받을 수 있는 범위에 들어오기 이전이라는 의미다. 또한 이는 "법이 (……) 누가 속하고 누가 속하지 않는지를 위한 틀을 설치하는 원초적 폭력을 행사하는" 순간이기도 하다.[38] 울프는 한나 아렌트의 "권리를 가질 권리"라는 말을 인용하며, "앞에서"는 바로 그런 권리가 결정되는 것이라고 지적한다.[39] 문제는 "권리를 가질 권리"는 결과적으로 가지게 된 권리로 설명할 수도 정당화할 수도 없다는 점이다. 마찬가지로 또 다른 의미의 "법 앞에서", 즉 법의 보호나 처벌을 받기 위해 법정에 서는 것은 첫 번째 의미의 "법 앞에서"를 이미 통과한 것이다. 역시 문제는 그렇게 통과한 후에 따르게 되는 법으로는 애초에 왜 통과했는지 설명할 수가 없다. 결국 우리가 정의롭다고, 합리적이라고, 보편적이라고 여기는 법은 스스로의 논리로는 설명할 수 없는 무언가에 의해 존재한다. 울프는 법이 설명할 수 없는 무언가이면서도 그 법

이 존재할 수 있게 하는 "토대"가 "인간과 동물의 구분"에서 나온다고 주장한다.[40]

"법 앞에서"의 이중적 의미는 법이 생기기 이전에 인간과 동물을 구분하고 후자를 배제함으로써 인간이 "법 앞에서" 설 수 있는 권리, 즉 법의 보호나 처벌의 대상이 될 수 있는 자격을 부여받았음을 알린다. 울프의 말이 옳다면 동물에게 법적 권리를 부여하려는 최근의 수많은 노력들을 마냥 긍정적으로 보기는 힘들다. 울프는 데리다를 인용하면서 이 문제를 다룬다. 동물권을 위해 노력하는 이들과 동감하면서도 데리다는 "특정한 형태의 인권을 동물로 확장시키는 일"에 비판적이다. 그 이유는 "'동물들'의 권리를 부여하거나 인정하는 것은 인간 주체에 관한 특정한 해석을 암묵적으로 혹은 은밀하게 확인하는 것"이기 때문이다. 비록 즉각적으로는 현재 우리가 가지고 있는 권리 개념이나 법체계를 활용하여 동물을 보호하는 것이 필요하겠지만 "궁극적으로는 이 법의 역사를 재고할 필요가 있다. (……) '다시 생각되어야 할' 것은 바로 권리 개념 자체이다"라고 데리다는 역설한다.[41] 이때 "재고"해야 할 "법의 역사"는 "법 앞에서", 즉 법이 생기기 이전의 역사까지 포함해야만 할 것이다. 그래야만 인간과 동물의 구분이라는 폭력적인 토대를 해체하고, 인간과 동물을 위한 법을 생각해 볼 수 있기 때문이다.

울프의 『법 앞에서』는 "동물"과 "법"의 역설적인 관계를 드러낸다. 통상적으로 무엇을 쓰는 법에 관한 이야기라고 하면, 쓴다는 것이 이용한다는 의미이든 아니면 글을 쓴다는 의미이든 상관없이, 특정한 방법을 좀 더 효율적으로, 창의적으로, 윤리적으로 적용하기 위한 이야기라고 생각하기 쉽다. 즉 "쓰는 법"의 법은 이미 그 무언가를 잘 쓰게 할 수 있는 역량을 갖추고 있고, 우리가 할 일은 그 법을 제대로 습득하고 실천하는 것임을 의미한다. 물론 새로운 법을 개발할 필요에 관한 이야기일 수도 있다. 쓰일 무언가에 대해 아는 것이 없기에 새로운 법이 요구되는 것일 수도 있고, 이전의 법이 더 이상 효과적이지 않기에 새로운 법을 요구하는 것일 수도 있다. 하지만 이런 경우에도 대부분 이미 우리에게 익숙한 것들을 조합해 우리에게 알려진 법이라는 틀에 맞춰감으로써 새로운 법을 설치하곤 한다. 결국 기존의 법을 유지하거나 적어도 법이라는 틀을 유지하는 수준에서 무언가를 쓰는 법에 관해 얘기하게 된다.

하지만 '동물을 쓰는 법'에 관한 이야기는 다르다. 물론 법이, 정확히 말하자면 인간이 인간을 위해 만든 법이 동물을 위해 쓰였고, 지금도 그렇게 쓰이고 있는 것은 사실이다. 그러나 울프가 강조하듯이, 동물은 애초에 그 법에 속하지 않았다. 무엇보다도 인간의 법이 바로 "인간과 동물의 구분"에서 시작했다는 점에서, 동물을 이 법에 포함시키는 일 자체가 모순적일 수밖에 없다. 근본적 모순을 피해 가는 방법은 애초에 제외시켰던 동물을 다른 방식으로 새로이 구분하는 것이다. 고통을 느끼는 동물과 그렇지 못한 동물, 지능이 있는 동물과 그렇지 못한 동물, (인간에게) 도움이 되는 동물과 해가 되는 동물 등의 예에서 볼 수 있듯이, 동물 내에 동물을 구분하는 일은 비일비재하다. 이 과정에서 동물은 인간과 유사한 동물과 그렇지 않은 동물이라는 인위적인 경계로 나뉘어졌다. 이처럼 인간의 법은 동물을 동물 그 자체가 아닌, 즉 동물이 아닌 무언가로 전환해야지만 작동하는 법이다. 따라서 동물을 쓰는 법은 단 한 번도 제대로 작동한 적이 없었다. 애초에 법의 대상이 아닌 것을 다루려고 했다는 점에서는 잘못된 쓰임새였고, 혹은 편의에 따라 대상을 바꾸어서 다루려고 했다는 점에서는 폭력적인 쓰임새였다. 우리의 "법"은 단 한 번도 진정으로 "동물"을 잘 쓴 적이 없었다.

그렇다면 진정으로 동물을 쓰는 일은, 진정으로 "동물을 쓰는 법"은 "법"을 토대부터 바꾸는 작업일 수밖에 없다. 데리다가 지적했듯이, "법의 역사"와 "권리 개념 자체"를 재고하면서 이 토대를 바꾸는 작업은, 결국 토대를 가능하게 했던 명료한

"인간과 동물의 구분"을 파기하고, 동물의 다양함에 맞게 수많은 관계/경계를 쓰는 일이다. 이는 또한 그 구분으로 가능했던 "법"을 포함한 인간의 거의 모든 제도와 지식을 해체하는 일이기도 하다. 굳이 왜 이런 일을 해야 할지 의문이 들 수도 있다. 하지만 21세기에 들어 급격히 현실화하는 기후변화, 자원 고갈, 멸종의 위기, 인류세 혹은 자본세에 관한 논의의 급증, 인공지능의 발달로 인간과 적어도 지능적으로는 동등하거나 우월할 수도 있는 존재가 가능할 수 있다는 전망 등은 지금껏 동물을 잘 써 왔다는 생각과 혹은 동물을 잘 쓸 수 있을 거라는 기대를 무너뜨리고 있다. 이렇듯 21세기 상황은 "동물을 잘 쓰는 법"을 진지하게 고민하고, 무엇보다도 "동물"로 인간의 "법"을 해체할 때임을 강력히 요구하고 있다. 그리고 역설적으로 들리겠지만, 21세기에 인간이 살아남을 수 있는 유일한 법은 이 요구를 따르는 것뿐이다.

2부

학문과 경계

05

겹쳐진 경계

: 동아시아 고대 제국의 변경과 그 주변

김병준

역사학은 사료를 근거로 그 시대를 그 당시 그대로 복원하는 데에서 출발한다. 21세기 현재의 상황이나 개념을 적용해서 사료를 읽어서는 안 된다. 아주 오래전의 일을 다루는 고대사라면 더욱 그렇다. 인간의 물질적 삶이나 사고 패턴만 아니라 그들이 살고 있었던 공간 인식도 고대와 지금은 사뭇 다르다. 이처럼 공간에 대한 고대의 인식이 다르면 공간을 구분 짓는 고대의 '경계'도 달라질 수밖에 없다.

들어가며: 역사지도집 해프닝

2015년 웃지 못할 해프닝이 벌어졌다. 당시 동북아역사재단에서는 〈동아시아 역사지도〉 제작이라는 야심찬 대형 연구 프로젝트가 진행 중이었다. 그동안 동아시아 각국에서 역사지도가 제작되었지만, 이를 모두 아우르는 역사지도를 제작함으로써 각국사가 아닌 동아시아사의 시각에서 역사 공간을 읽어내기 위해서였다. 한국사 연구자만이 아니라 중국사, 일본사 연구자가 모두 참여하여, 한국이 중심이 되어 새로운 동아시아사를 만들어 내려는 야심찬 기획이었다. 결코 간단한 작업이 아니었다. 기존에 출간된 역사지도를 참고하면서도 그 바탕이 되었던 역사 및 지리 연구를 들춰 가며 그 정확성 여부를 판단했으며, 시간적 범위도 선사시대까지 넓혀 새롭게 발표된 고고발굴 보고서를 일일이 뒤져 가며 과거의 역사 지명을 정확히 고증하였다. 그뿐만 아니라 지도를 제작하는 방식도 과거처럼 종이 위에 그 위치를 표기하는 것이 아니라, 역사 지명이 담고 있는 각종 정보를 디지털 지리정보 시스템(GIS)에 입력하였다. 규모만이 아니라 제작 방식 또한 선도적이었다. 이때의 작업 결과가 무리 없이 공개되었다면, 역사지리학은 물론 역사학 및 관련 학문이 크게 성장했을 것임은 분명하다.

최종 마무리 작업을 앞두고 일부 지도가 미완성인 상태에서 심사를 받게 되면서 임시 결과물 일부가 공개되었는데, 이 중 기원전 1세기~기원후 1세기에 해당하는 지도가 있었다. 기원전 108년 한(漢) 무제(武帝)는 고조선(古朝鮮)을 점령하고 낙랑군(樂浪郡)을 포함한 4개의 군을 설치했기 때문에[1] 이 시기를 다룬 지도에는 그 군이 지도에 반영되어야 했다. 학계에서는 낙랑군이 한반도 서북부에 위치해 있었다고 인정하고 있다.[2] 그래서 낙랑군이 한반도에 설치되었다는 것을 표시하기 위해 한 제국과 주위의 토착민 세계를 구분하는 '선'으로서의 국경을 그었다. 결과적으로 그 '선'이 한반도 중부에 그어졌다.

그런데 이 지도에 표시된 경계를 본 유사 사학자들이 소란을 일으켰다. 한(漢) 제국의 국경인 '선'이 한반도에 그려진 중국의 지도를 베꼈다고 우겼다. 그들은 평시 한 제국의 영역은 한반도에 있을 수 없다는 '신념'을 가진 자들이었다. 한 제국이 고조선과의 전쟁에서 승리해서 낙랑군 등 군현을 설치했다고 해도 그 군현은 결코 한반도에 설치되었을 리 없다는 것이다. 그들에게는 역사적 팩트가 중요한 것이 아니었다. 그들은 역사란 민족의 자긍심을 도와주는 도구에 불과하다고 생각한다. 그들의 눈에는 이 지도가 한민족의 자존심에 상처를 입힌 것임에 다름 아니었다. 그들의 소동은 국회로까지 번져, 그 지도가 중국이 제작하고 동북공정에 사용한 역사지도와 일치한다는 점을 트집 잡아 지도 제작을 후원한 동북아역사재단을 압박하였고 결국 〈동아시아 역사지도〉 프로젝트를 중단시켰다. 학자들은 더 이상 이 작업을 진행시킬 수 없었으며, 결과물도 공개되지 못한 상태로 남아 있다.

크게 보면 이 사건은 고대사에 대한 잘못된 믿음 때문에 비롯되었다. 사실 어느 나라를 막론하고 일반적으로 빠지기 쉬운 고대사에 대한 환상이 몇 가지 있다. 첫째, 고대사의 시작은 가능한 빨라야 한다는 것, 둘째, 그 고대는 크고 화려해야 한다는 것, 셋째, 또 다른 지역의 것과는 구별되는 나만의 자생적인 순수한 역사여야 한다는 것이다. 자국에서 일찌감치 화려한 고대 문명을 이루기를 바라되 그것은 외부의 도움이나 간섭 없이 자생적으로 만들어 내었으면 하는 바람을 고대사에 그대로 덧씌운 것이다. 하지만 그것은 그랬으면 좋겠다는 바람일 뿐, 역사 사실은 아니다.[3]

이 사건의 밑바닥에는 훨씬 큰 문제가 깔려 있다. 그것은 고대 국가의 경계, '국경'에 대한 잘못된 이해이다. 사람들은 고대 국가의 경계가 근대국가 이후의 경계와 동일하다는 생각에서 논의를 시작한다. 지금의 국가 경계는 면과 면을 나누는 '선'으로 되어 있다. 따라서 고대 국가의 경계도 당연히 '선'일

것이라고 생각한다. 위에서 말한 지도 사건의 경우, 그 '선'이 현재의 한국이라는 국가 영역으로 들어왔고, '선'이 그어진 곳까지가 한의 영역이라고 인식하였기 때문에, 유사 사학자들이 이를 문제시 삼았던 것이다.

이 문제에 관한 한 학계도 크게 다르지 않다. 학계 연구자들도 고대 국가의 경계를 근대국가의 그것과 구별하지 않은 채, 한 제국의 영역과 그 바깥을 '선'으로 구별하였다. 학계에서는 단지 낙랑군이 한반도 서북부에 설치되었다는 것을 인정했기 때문에 지도의 한반도 내에 경계로서의 '선'을 표시했을 뿐이다. 나는 학계의 연구자들이 유사 사학자들의 잘못된 주장을 깔끔하게 논박하지 못하고 있는 것도 고대의 경계에 대한 개념이 분명하지 않아서라고 생각한다.

영역, 주권, 국민이라는 요소로 구성되는 근대국가가 성립된 것은 그리 오래지 않다. 고대 국가에 근대국가의 개념을 그대로 덧씌워서는 안 된다. 면으로서의 영역이라는 관념이 확정되지 않은 고대 국가 단계에서 그 경계를 면과 면을 나누는 선으로 전제하는 순간, 많은 왜곡과 오해가 생겨나기 마련이다. 특히 고대사는 사료가 매우 적기 때문에 국가의 중심부에서 일어나는 정치적 사건이나 제도가 아니라 변경에 관련된 사료가 적다. 따라서 기본적인 개념이 확인되지 않은 상태에서 적은 사료를 갖고 논의를 진행하게 되면 역사적 사실에서 벗어날 위험이 크다.

고대 국가 경계에 대한 오해

이런 상황은 한국에서만 일어나는 것이 아니다. 중국에서도 똑같은 상황을 확인할 수 있다. 중국에서 이용하고 있는 역사지도는 예외 없이 고대 국가를 면으로서의 영역을 갖고 있다고 전제하고 경계를 표시하고 있다. 본장에서는 일반 대중까지 상시로 사용하고 있는 담기양(譚其驤) 편, 『중국역사지도집(中國歷史地圖集)』을[4] 사례로 삼아, 중국 고대사의 경우에도 '선'으로 그어진 고대 국가의 경계가 얼마나 많은 문제를 갖고 있는지, 또 그 때문에 많은 연구자 사이에 혼란이 있었다는 사실을 제시해 보려고 한다.

이 『중국역사지도집』은 두 개의 연구팀이 지도를 제작하였다고 한다. 자료가 풍부할 뿐 아니라 많은 연구성과가 축적되어 있는 중국 내부(Inner China)와 그렇지 못한 변경 지역(Outer China)로 나누어 작업을 진행했는데, 담기양을 비롯한 역사지리학자들은 전자에 속해 있었고, 중국민족학원 측의 학자는 후자에 속해 있었다. 이러한 사실은 변경 지역의 지도가 역사 지리의 학문적 방법에 의해 그려졌다기보다 오히려 현재 중국 내의 한족과 주변 민족의 관계를 바라보는 입장이 강하게 반영되었다는 사실을 말해 주는 것이기도 하다. 색깔을 조금씩 달리하고 있지만, 흉노 및 오손, 부여(扶餘), 고구려, 애뢰(哀牢) 등을 그 바깥쪽의 흰색과 구별하며, 마치 이들이 진·한 제국과 하나의 국가인 양 표현한 것은 명백히 현재의 중화인민공화국이라는 근대국가의 경계를 의식한 결과이다(그림 5-1).

그뿐만이 아니라 정주지에서 생활하는 농경국가인 한(漢) 제국은 물론 흉노와 같은 비정주 유목국가의 경우에도 그 경

그림 5-1. 『중국역사지도집』 서한 시기 전도

계는 모두 '선'으로 처리되어 있다. 목초를 따라 계절 이동을 하는 유목민은 일정한 경계를 갖고 있지 않다. 그럼에도 불구하고 유목국가와 유목국가는 물론, 유목국가와 농경국가 사이도 '선'으로 면을 나누고 있다는 것은 고대의 경계를 근대국가의 경계와 마찬가지로 '선'이라고 인식하고 있다는 사실을 분명히 보여 준다.

경계 부분에 대한 표기 방식도 흥미롭다. 『중국역사지도집』은 '선'으로 고대 국가의 경계를 그리고 난 뒤, '선'의 안쪽은 진(秦)·한(漢) 제국의 군현을 표기하고, '선'의 바깥쪽에는 주변 민족의 명칭을 표기했다. 흉노와 오손, 강족, 부여와 숙신과 같은 주변 민족은 '선'의 바깥쪽에 표기되었다(그림 5-1). '선'을 기준으로 피아가 나뉜다는 생각 때문에 '저들[彼]' 주변 민족의 명칭은 '우리[我]' 진·한 제국의 영역인 '선' 안쪽에 표기될 수 없었다. 이러한 생각은 진·한 시기뿐만 아니라 그 이후 시기에도 다르지 않다.

'선'으로 국가의 경계를 표시해야 한다는 이러한 생각은 상식적으로 납득하기 어려운 이상한 지도를 만들어 냈다. 중국 감숙성 지역의 지도를 보면, 한(漢) 제국의 경계선이 일반적이라고 보기 힘들 정도로 매우 불규칙하게 꺾여 그려져 있다. 경계선이 꺾인 남쪽에는 한의 군현인 북지군(北地郡)이 설치되어 있고, 또 북쪽에는 한이 흉노를 쫓아내고 점령한 군현인 삭방군(朔方郡)이 설치되어 있었다. 그런데 당시 사료에 그 중간에 흉노가 거주하고 있었다는 기록이 나온다는 것이 문제가 되었다.[5] 즉 한의 군현과 군현 사이에 흉노라는 독립된 국가의 유목민이 거주하고 있었다는 것이다. 제국의 경계'선' 안쪽에는 주변 민족이 거주할 수 없다는 인식 때문에 이들 국가의 경계를 꺾어 버리는 이상한 현상이 생겨났던 것이다(그림 5-2).

한반도 지역에도 비슷한 상황을 찾을 수 있다. 후한 시기의 한반도 지역 지도를 보면, 한반도에 낙랑군이 위치해 있고, 요동 지역에도 요동군이라는 군현이 설치되어 있었다. 그런데 문헌사료에는 고구려가 요동군 및 낙랑군과 대치하고 있다는 기록이 있다. 기존의 '선'으로서의 경계라는 입장을 포기하지 못했기 때문에, 이 지도를 담당한 제작자는 요동군과 낙랑군 사이에 통로를 만들어야만 했고, 이 두 군현 바깥쪽에 고구려를 위치시키는 한편 압록강 끝에 두 군현을 연결하는 길을 남겨야 했기 때문에 제국의 경계 '선'을 억지로 꺾었다(그림 5-3).

그런데 오히려 나의 관심을 끄는 것은 『중국역사지도집』 안에 이러한 원칙과 배치되는 경우가 몇 군데 눈에 띈다는 점이다. 먼저 서역(西域)에 대한 표기를 보자. 서한 시기 지도나 동한 시기 지도 모두 서역을 내지와 동일한 색으로 칠했다. 서

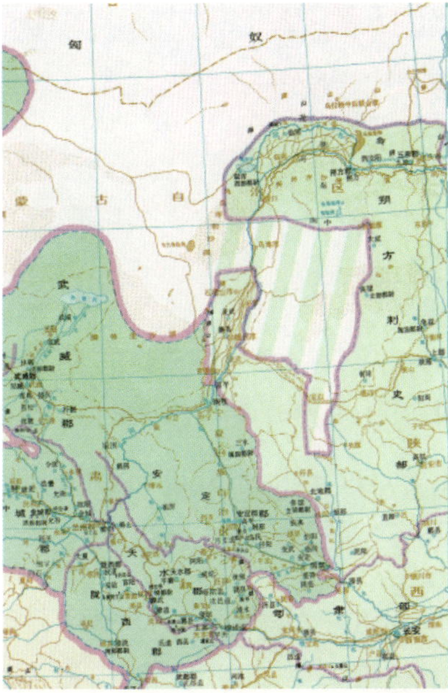

그림 5-2. 『중국역사지도집』
서한 시기 병주·삭방자사부

그림 5-3. 『중국역사지도집』
동한 시기 유주자사부

역을 제국의 영역에 속한 지역으로 판단한 것이다. 오손에 공주를 보내 통혼 정책을 유지했지만 오손을 노란색으로 칠함으로써 한 제국에 포함되지 않은 독립된 국가로 본 것과 다르다. 그런데 그 서역 지도에는 주변 국가인 선선(鄯善)이나 우전(于闐)이 서역의 '선' 안쪽, 즉 제국의 영역 안에 표시되었다. 『사기』의 「대완열전」과 『한서』의 「서역전」에는 선선과 우전이 오손과 동등하게 취급되면서 똑같이 한에 조공을 바치는 주변 국가로 기록되어 있는데도 불구하고 한 제국 영역 안쪽에 표기했던 것이다(그림 5-4).

또 하나의 예외는 한반도 지역의 서한 시기 지도에서 확인된다. 이 지도에는 오환(烏桓), 부여, 숙신의 명칭이 모두 '선' 바깥에 표기되어 있는 것과는 달리, 마찬가지로 주변 국가인 고구려와 예맥은 '선'의 안쪽에 표기되었고, 또 옥저(沃沮)는 '선'의 안과 밖에 걸쳐서 표기되었다. 고구려는 한(漢) 제국의 군현인 현토군(玄菟郡) 바로 옆에 표기되었고, 예맥은 낙랑군과 임둔군(臨屯郡) 옆에 표기되었다(그림 5-5). 이 지역의 역사를 기록한 『사기』와 『한서』 「조선열전」이나 『삼국지』 「동이전」에는 이들 모두 한 제국에 속하지 않는 주변 국가로 설명되었다. 흥미로운 점은 서한 시기의 지도를 제외한 동한 시기 이후의 이 지역 지도에는 서한 시기 지도와는 반대로, '주변 국가

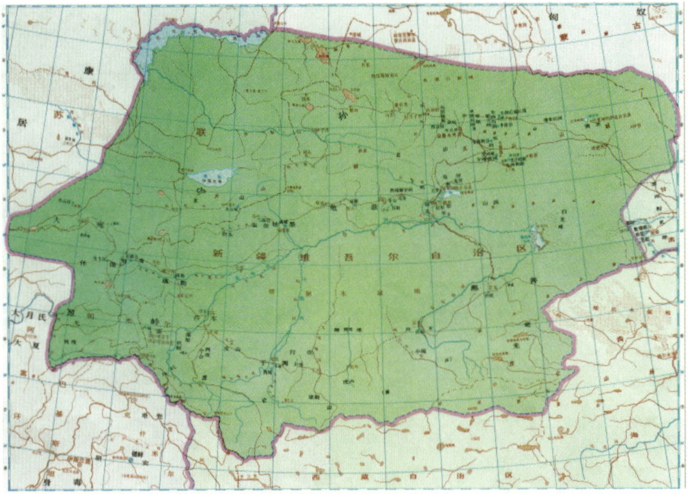

그림 5-4. 『중국역사지도집』 서한 시기 서역도호부

그림 5-5. 『중국역사지도집』 서한 시기 유주자사부

는 "선" 바깥쪽에 표기한다'는 원칙에 따라 모두 제국의 영역 바깥쪽에 그 국가명을 표기했다는 것이다.

『중국역사지도집』이 국가의 지원과 지도하에 제작되었음에도 불구하고, 이렇게 예외적인 현상을 담은 서한 시기 서역 및 한반도 주변 지역의 지도가 '제작원칙'에 근거한 다른 지도와 함께 포함되었다는 것은 매우 놀랍다. 이 지도를 담당했던 연구진이 『중국역사지도집』의 원칙을 몰랐을 리 없다. 그럼에도 불구하고 이렇게 제작했던 이유는 자신이 맡은 시기의 자료를 검토해 보니 지도집의 원칙에 따를 수 없었다는 역사학자로서의 판단 때문이 아닐까? 혹시 서한 시기 동안 한(漢)의 군현인 현토군과 임둔군이 치소를 이동했고 그 자리를 고구려나 예맥이 차지하였다는 두 가지 사실을 모두 표기하기 위해서 그랬을까? 하지만 하서회랑(河西回廊)의 여러 군현도 기원전 2세기 말에 가서야 설치되므로, 고구려와 예맥과 똑같이 그 이전에 존재했던 흉노와 월지, 강족을 '선' 안쪽에 표기해야 하지만 그렇게 하지 않았다. 결국 적어도 한반도와 한 제국의 동북부를 담당한 연구진은 "변경 지역의 군현이 설치될 경우 그 지역 전체를 면으로 지배했고 그곳에 있었던 토착 민족은 모두 군현에 편입되었으며 그렇지 않은 토착민은 군현의 경계 바깥쪽에 위치했을 것"이라는 지도집 전체의 '원칙'에 문제가 있다는 것을 자인한 것이라고밖에 볼 수 없다.

사실 한(漢) 제국의 남부에도 전(滇)과 야랑(夜郞) 등 제국에 편입되지 않은 많은 부족 정치체가 존재하고 있었다고 명확히 기록되어 있다.[6] 경계로 표시된 제국의 국경 '선' 안쪽에 위치해 있었다는 것이다. 그럼에도 불구하고 지도에는 이들 편입되지 않은 부족 정치체의 명칭이 모두 생략되어 있다. 이를 담당한 연구자들도 문제가 있었음을 인지했을 것임에 분명하지만 위로부터의 통일 지침에 따라야 했기 때문에 '선' 바깥에 주변 국가의 명칭을 표기할 수 없었고, 결국 이들의 명칭을 아예 생략해 버리기까지 했다(그림 5-6).

이와 같이 『중국역사지도집』을 살펴보면, 역사 사료를 보는 한 국가의 경계를 '선'으로 구성하기 어려운 점을 발견한 역사지도 제작자들의 당혹감을 찾을 수 있다. 즉 '선'으로 구획된 제국의 영역 안쪽에 주변 민족이 존재했던 역사적 상황을 인지한 자들이 제국의 경계를 단순히 '선'으로 그릴 수 없었던 것이다.

고고학 발굴의 결과는 이러한 고민을 더욱 깊게 한다. 경계를 '선'으로 나눈다는 것은 곧 선의 안쪽과 바깥쪽을 각각의 '면'으로서의 영역으로 간주한다는 말이다. 그런데 경계에 가까운 제국의 변경 지역에는 성격이 크게 다른 다양한 고고

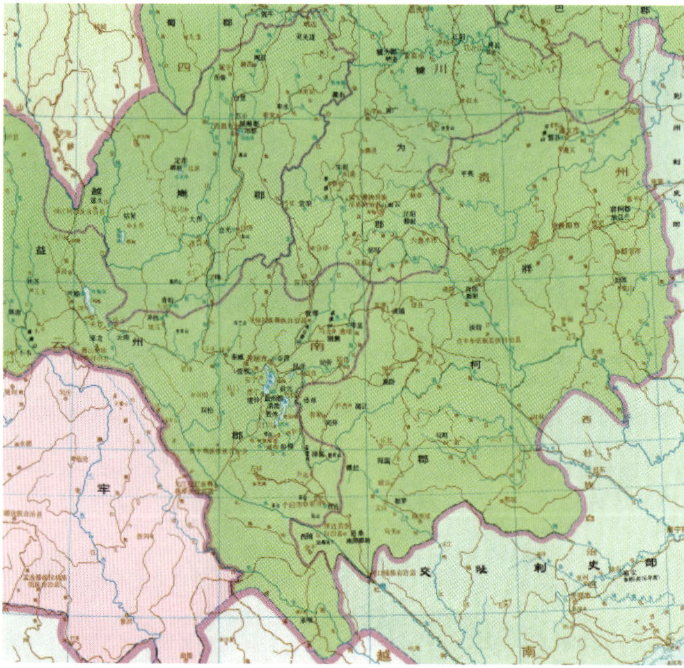

그림 5-6. 『중국역사지도집』 서한 시기 익주자사부 남부·애뢰

학 문화가 발견되곤 한다. 제국의 중앙 혹은 내지에서 발견되는 것과 동일한 고고학 유물이 발견되는가 하면, 그것과는 매우 다른 성격의 유물이 발견되기도 하고, 또 두 가지 유형이 하나의 유적에서 동시에 발견되기도 한다. 그런데 변경 지역도 '면'으로서의 제국의 영역에 속한다는 전제에 서 왔기 때문에 제국의 내지와 동일한 유물을 한(漢) 계통의 유물로 정의하고, 양자가 섞여 있는 것은 한(漢)에 편입된 토착민 중 한(漢) 계통

의 유물을 적극적으로 흡수한 계통으로, 내지와 성격이 크게 다른 것들은 군현에 편입되었지만 그러한 문명의 세례를 받지 못한 토착민 계통으로 분류한다.[7]

그런데 한(漢) 계통이라고 되어 있는 것은 특정 지역에 국한되어 발견되고 그 양도 전체적으로 보면 많지 않다. 반면에 한(漢) 계통과 다르기 때문에 토착민 계통이라고 정의된 유물은 여러 지역에 널리 분포하고 그 양도 많다. 한(漢) 계통과 토착민 계통이 섞여 있는 것까지 포함하면 그 양은 훨씬 많아진다. 그런데 이 변경 지역을 제국의 영역으로 간주하기 때문에 이러한 고고학적 현상은 제국의 지배가 변경 지역까지 관철되지 못한 근거, 군현 지배에 대한 토착민의 강력한 저항의 근거로서 종종 이용되곤 한다.

그러나 후술하듯이 변경 지역에 설치된 군현에는 내지와 다름없는 율령과 행정 지배가 관철되고 있다는 점이 각종 간독 자료를 통해 이미 확인되었다. 그렇다면 문서로는 지배가 관철되었는데 고고학적으로는 그를 지지하는 유물이 상대적으로 적다는 모순은 어떻게 설명할 수 있을까? 나는 국가의 경계를 '선'으로 보는 전제에서 벗어날 때 비로소 그 해결의 실마리가 보인다고 생각한다.

초기 국가의 불완전 영역 지배

고대 국가의 경계를 '선'으로 간주하는 것은 전술했듯이 영역국가인 근대국가의 경계를 그대로 답습했기 때문이다. 그러나 고대 국가는 근대국가와 달리 경계 안쪽을 모두 지배했던 것이 아니었다.

고대인들은 모든 공간을 지배할 수 있다고 생각하지 않았다. 신석기시대 이래 사람들이 정착생활을 시작했지만, 자신이 살고 있는 마을 바깥은 늘 두려움의 공간이었다. 마을을 떠날 때 무사히 귀환할 것을 기원하는 길 제사를 치르는 것도 이 때문이었다. 역사시대에 접어들면서 인접 지역과의 접촉이 증가하며 점차 교류, 갈등, 전쟁이 이어졌고 이로 인해 고대인들의 공간 인식은 크게 확대되었다. 커다란 도시를 중심으로 여러 개의 도시가 연결되었고 그 도시를 잇는 정치체가 생겨났다. 그러나 도시와 도시 사이에는 넓고 큰 빈 공간이 존재했다. 인접한 정치체를 공격하여 그들의 자원을 빼앗고 그들을 잡아와 노예로 삼았지만, 그들을 복속시켜 항상적으로 그들의 잉여 생산을 착취하는 것은 결코 쉬운 일이 아니었다. 그만큼의 행정력이 확보되지 않은 상태에서 종종 멀리 떨어져 있는 정치체를 공격하여 그곳을 정치적 지배하에 두었던 것은 단순히 더 많은 잉여를 갖고자 했던 것이 아니라, 공동체의 존속을 위해 반드시 필요했던 물자를 확보하기 위해서였다. 이 때문에 경우에 따라서는 적대적인 세력이 도시와 도시 사이에 위치하기도 한다.

중국의 초기 국가인 상나라의 경우 황하 중류 지역에서 성장하여 그곳에 정치적 중심지를 두고 있었지만, 상대 중기에는 장강 중류에 군사적 거점지를 확보하였고 상대 말기에는 회하유역까지 진출하였다. 고고학 조사에 따르면 이곳 군사적 거점지의 문화 성격은 중원 지역의 중심지와 거의 동일하였다. 그러므로 상나라가 이곳을 복속시키고 도시를 만들어 항상적으로 지배했음에 틀림없다. 그러나 이곳이 상나라의 군사적 거점지라고 해서 중심지에서 여기까지를 모두 상나라의 영역으로 간주할 수는 없다. 그 사이에는 상나라에 복속하지 않은 크고 작은 정치체가 수없이 존재하고 있었기 때문이다. 상나라는 장강 중류 반룡성(盤龍城)에서 그들의 권력을 유지하기 위해 절대적으로 필요했던 청동기의 재료를 확보하기 위하여 동광이 갖추어진 이곳까지 올 수밖에 없었고, 또 그 재료를 항상적으로 수급받기 위해 도시를 건설하여 지속적 지배를 꾀했던 것이다. 하지만 이곳과 인접한 주변 여러 세력과의 충돌을 피할 수 없었고 결국 상대 후기에는 새로운 동광을 찾아 회하

지역으로 이동하여 그곳의 동이 세력과 전쟁을 피할 수 없었다. 이때에는 이미 장강 중류의 군사적 거점지가 더 이상 상나라의 영역이 아닐 뿐 아니라, 회하 지역에 마련된 새로운 거점지와 중심지 사이에도 상나라에 복속하지 않았던 수많은 정치체가 존재하고 있었다.[8]

기원전 10세기 이후 고조선의 경우도 이와 크게 다르지 않다. 현재까지의 고고학 발견에 따르는 한 상나라의 청동 문명과 고조선의 그것 사이에는 격단의 차이가 있음을 부인할 수 없다. 고조선이 상나라와 달리 주변 지역을 점령한 후 점령지까지를 포함한 모든 영역을 확보하고 그곳을 항상적으로 지배했을 가능성은 거의 없다. 결국 초기 국가 단계에서는 정치적 중심지와 여러 군사적 거점지를 잇는 느슨한 지배 이상을 상정할 수 없다.

이처럼 초기 국가와 그 바깥의 세계를 구분 짓는 경계는 이렇듯 영역을 분할하는 현대적 개념과 일치하지 않는다. 그럼에도 불구하고 개설서를 비롯한 연구서에 그려진 지도는 가장 멀리 떨어진 거점지까지의 공간을 모두 당시의 지배 영역으로 그린다. 상나라의 영역은 황하유역과 장강유역을, 고조선의 영역은 요동반도와 한반도 북부 전체를 모두 아우르는 영역국가의 모습으로 그려져 왔다. 앞서 언급한 '고대사에 대한 환상'이 개입된 결과라 할 수 있겠다.

진·한 제국의 내경(內境)과 외경(外境)

사실 초기 제국의 단계에 들어와서도 초기 국가의 단계에서 보이는 불완전한 영역 지배는 완전히 불식되지 않았다. 상나라를 이은 주나라는 각 지역에 제후를 촘촘히 봉건하며 그 지역에 대한 배타적 지배 권한을 용인해 주었고, 군사적 정벌에 성공한 제후들은 춘추전국시대를 거치며 점차 해당 지역 내부에 지배를 확대해 갔고, 기원전 3세기 말에는 진 제국이 건설되었다. 지배하는 도시와 도시의 거리도 가까워져 중원 지역의 경우는 더 이상 다른 정치체가 그 안에 존재할 수 없었다. 그러나 중심지로부터 벗어나 변경 지역에 가까워지면, 비록 제국의 판도 안에 있지만 제국과 대치하는 세력이 버젓이 위치하고 있음을 발견할 수 있다.

제국의 서남부에 위치한 전(滇)과 야랑(夜郎)의 경우가 대표적이다. 이들은 해당 지역에서 강한 군사력을 바탕으로 교통과 물류를 장악하고 있었다. 오히려 한의 사신과 조우했을 때에도 "우리나라와 당신네 한나라 중 어느 것이 더 큰 나라인가?”라고 물어보았을 정도이다.[9] 이들은 제국에 편입되지 않은 독립된 주체였다. 그런가 하면 제국의 남부 지역에는 양월(楊越)이나 민월(閩越)이라고 불렸던 자들을 비롯해 제국의 내부 곳곳에는 비록 국가라고 할 만한 정치체는 아니라고 하더라도 제국의 군현을 침공하며 약탈하며 독립된 정치체를 영위하였던 자들이 존재하고 있었다. 국가권력은 이러한 공격에 직면하게 되면 지방군을 조직하여 이들을 진압하지만, 자신들의 근거지로 돌아갈 경우 더 이상 추격을 하지 못하고 철수하곤 하였다.[10] 요컨대 제국 내부에 국가권력이 미치지 못하는 영역이 있다는 말이다.

최근 수십년간 발굴된 수많은 간독 자료는 이러한 사실을 다시 한번 잘 뒷받침해 준다. 오래전 거연과 돈황 지역에서 발견된 간독이 대부분 군사 방어시설의 기록이었던 반면 중국 호남성에서 발견된 이야진간(里耶秦簡)은 지방행정기구인 진대(秦代) 천릉현(遷陵縣)의 행정 기록을 담고 있다. 이곳은 제국의 경계'선'보다 훨씬 안쪽에 위치해 있다. 따라서 일반적인 상식으로는 제국의 내지에 해당한다. 그런데 이야진간에 의하면, 이곳은 제국의 다른 변경과 다르지 않았다. 이곳 호남성 용산현 이야라는 지역은 지금도 접근이 매우 어려운 곳이다. 가까운 도시로부터도 자동차로 몇 시간이나 가야 하는 곳이고,

그 주변에는 소수민족이 자신의 습속을 유지한 채 살고 있는 곳이기도 하다. 수천 년 이전에 국가권력이 이곳까지 침투하기 무척 어려웠을 것임은 말할 나위도 없다. 바로 이곳에 진대의 지방행정 단위인 현이 설치되었던 것이지만, 현의 상급 단위인 군의 중심지로부터도 무려 400km나 떨어져 있던 곳이기도 하다. 그리고 이 간독에서는 주변 만이(蠻夷)의 상시적인 침략에 대비하기 위해 방어 시설과 조치가 취해졌다는 점을 확인할 수 있었다. 중앙정부는 이곳을 방어하기 위해 전국 각지에서 많은 병졸[戍卒]을 징발하여 투입하였다.[11] 이곳을 변경으로 간주했기 때문이다. 요컨대 이곳은 비록 제국의 경계'선'보다 훨씬 안쪽에 위치했음에도 불구하고, 한의 군현이 제국에 편입되지 않은 독립된 정치체인 만이 세력과 대치하고 있었던 변경이었던 것이다.[12]

그런데 제국 전체의 지도에 이들의 존재를 표시하면 이들은 제국의 바깥쪽 경계, 이른바 외경(外境)의 안쪽 즉 제국의 가운데에 위치하게 되는 셈이다. 이 모순을 해결할 수 있는 방법으로서, 우리가 일상적으로 쓰는 변경 개념인 외경 이외에 또 다른 경계 개념인 '제국 내부의 변경'이라는 내경(內境) 개념이 매우 유효하다.[13] 제국은 바깥쪽에서 주변 국가와 경계를 이루기도 하지만, 제국의 영역 안쪽에서도 또 다른 주변 국가와 경계를 이루고 있기 때문이다. 따라서 고대 제국의 경계는 우리가 일상적으로 쓰는 현대적 경계 개념 이외에 또 하나의 경계 개념을 설정할 필요가 있다. 제국의 영역 안에 만이의 세계, 즉 외국의 공간을 설정하는 것이다. 이렇게 되면 외경으로 둘러싸인 제국의 영역 안에 제국에 속하지 않은 주변 국가를 설정할 수 있다. 이와 같이 내경으로 둘러싸인 개별 영역이 비록 크지는 않지만 곳곳에 다수 존재하고 있다는 점이 고려된다면, 『중국역사지도집』을 비롯한 많은 지도가 제국 내부의 만이를 기재하지 않거나 외경 바깥쪽으로 밀어 내는 오류를 교정할 수 있을 것이다. 요컨대 이른바 고대 국가의 바깥쪽 경계, 외경의 안쪽에 다수의 이민족이 거주할 수 있다는 것이며, 이런 의미에서 고대 국가의 경계의 의미는 근대국가의 그것과는 사뭇 다르다.

점이지대로서의 '띠' 경계

위에서 변경이라는 개념을 제국의 안쪽에도 설정함으로써 고정적으로 보지 말고 탄력성 있게 보아야 한다는 점을 설명했지만, 또 한 가지 주의해야 할 점은 각각의 변경이 '선'이 아닌 점이지대로서의 '띠'의 성격을 갖고 있었다는 것이다. 이러한 생각을 뒷받침해 줄 수 있는 결정적인 단서가 최근 발견된 진대 법령에서 확인되었다. 그것은 '고요[故徼]'라는 개념이다.

진시황 26년 전국을 통일하고 난 뒤 그동안 사용하였던 여러 가지 명칭을 조정하는 조치가 있었다. 문헌 기록을 통해 이미 '왕(王)'을 '황제(皇帝)'로 바꾸어 부르고, '황제'의 '명령(命令)'을 '제(制)'라고 하는 조치가 있었다는 것을 알고 있었지만, 이것 외에도 많은 명칭 변경이 동시에 이루어졌다. 그중에 "통일되기 전까지 '요새가 있는 변경'을 변새(邊塞)라고 불렀는데, 지금부터는 이를 '옛날 변새' 즉 고새(故塞)라고 바꾸어 불러라. 또 통일되기 전까지 '요새가 없는 변경'을 요(徼)라고 불렀는데, 지금부터는 이를 '옛날 요' 즉 고요(故徼)라고 부르도록 하라"라는 조문이 있다.[14] 이 조문에서 말하는 '옛날 변새[故塞]'와 '옛날 요[故徼]'란 진나라가 통일하기 이전 진과 다른 6개의 나라와의 경계를 말한다. 이러한 조치가 생긴 까닭은 진나라가 전국을 통일하는 과정에서 계속 새로운 영역을 얻게 되었고, 이에 따라 변경 개념에 일정한 조정이 필요해졌기 때문이다. 이전의 변경을 부르던 '새(塞)'·'요(徼)' 앞에는 '옛날(故)'이라는 글자를 덧붙이고, 그 바깥에 확장된 새로운 땅[新地]은 '옛날 경계 바깥[故徼外]'이라고 불렀던 것이다.

통일을 해서 하나의 제국이 되면 과거의 변경은 의미가 없어지는 것이 상식이다. 그런데 굳이 '옛날[故]'을 붙이면서까지 부르고 있을 뿐 아니라, 이를 기준으로 '옛날 경계 바깥[故徼外]'이라는 개념이 사용되었다. 반드시 주목해야 할 것은 '옛날 경계[故徼]'라는 용어에 대응하는 '새로운 경계[新徼]'라는 용어가 보이지 않는다는 점이다. 새롭게 얻은 땅[新地]에 대해서도 '새로운 경계의 안쪽'이라는 말 대신에 '옛 경계의 바깥쪽[故徼外]'이라고 했다. 이를 두고 진의 통일은 단지 6국을 병합한 것이 아니라 '천하'를 병합했다고 생각했기 때문에 '새로운 경계'라는 개념이 존재할 수 없었다는 견해도 있다. 그러나 한대 이후 역시 천자가 천하를 통치하는 관념이 지속되지만 엄연히 '경계[徼]'가 존재하므로 이 주장은 타당하지 않다. 나는 '새로운 경계'라는 용어를 사용하지 않았던 것은 새롭게 얻은 땅에 대한 통치가 충분히 안정적이지 못했기 때문이라고 생각한다. 그 이유는 다음과 같다.

진대 법령에서는 관노비가 내지의 현으로 도망간 경우, '옛 경계 안쪽의 만이'로 도망간 경우, '옛 경계 바깥쪽의 만이'로 도망간 경우를 각각 구분하고 그 처벌을 차등적으로 규정하였다. 여기서 주목할 점은 그 범죄가 '옛 경계' 안쪽인가, 아니면 '옛 경계' 바깥쪽인가로 나눌 뿐, '새로운 경계'를 전제로 한 어떠한 구분도 하고 있지 않다는 것이다. 그 까닭은 '옛 경계 안쪽의 만이'가 군현민과 잡거하며 군현 통치 체제 안에 포섭되었던 자들인 반면, '옛 경계 바깥의 만이'는 새롭게 점령한 땅[新地] 근처이든 혹은 그보다 훨씬 멀리 떨어진 만이의 본거지이든 상관없이 똑같이 군현 통치에 편입되지 않은 자들이었기 때문이다. 물론 새롭게 얻은 땅, 즉 '옛 경계 바깥[故徼外]'의 땅이라고 부르는 곳에도 당연히 이곳을 지배하기 위한 거점인 진의 '현도(縣道)'가 설치되었을 것이다. 그런데 이곳에 '옛 경계 바깥의 만이[故徼外蠻夷]'가 함께 거주하고 있었다는 것은 이 새로운 땅에 몇 개의 지배 거점을 설치한 '점'의 지배에 불과할 뿐 그 주변의 만이에 대한 지배가 충분히 이루어지지 않았다는 것, 즉 새로운 땅에 대한 '면' 지배가 충분히 이루어지지 않았다는 것을 말한다. 이처럼 '새로운 땅'에 대한 지배가 '면'이 아닌 몇 개의 '점'에 그쳤기 때문에, 그 '점'들의 바깥을 구획하는 '선'으로서의 '새로운 경계'라는 개념이 확립될 수 없었다. 자연히 '새로운 경계 바깥의 만이'라는 말도 생겨날 수 없었다. 단지 '점'으로 존재하는 군현의 지배에 편입되지 않았던 '옛 경계 바깥의 모든 만이[故徼外蠻夷]'들을 하나의 개념으로 통칭할 수밖에 없었다. 또한 이는 '옛 경계 바깥[故徼外]'이라 불린 영역에 '새로운 땅[新地]'에 설치된 '신지현'과 '옛 경계 바깥의 만이[故徼外蠻夷]'가 뒤섞여 공존하는 공간이었음을 말해 준다. 결과적으로 제국의 변경은 이처럼 지배 영역과 그에 속하지 않는 영역이 혼재하는 점이지대로서의 '띠'의 성격을 갖게 되었다.

겹쳐진 경계

마지막으로 한 가지 주의해야 할 것이 있다. 지금까지 설명한 경계는 한쪽 편의 입장에서 바라본 것이었다. 제국 전체에 걸친 면 지배를 관철할 수 없었기 때문에 외경과 내경이라는 개념을 설정해야 했다거나, 외경과 내경 모두 '띠'로서의 경계를 갖고 있었기 때문에 새롭게 점령한 옛 경계의 바깥쪽에 군사 거점 도시를 설치하여 통치했지만 그곳에는 군현에 편입되지 않은 만이가 동시에 거주하고 있었다고 했던 것은 기본적으로 제국의 입장에서 서술되었을 뿐이다. 그 상대편인 토착민의 입장이 반영되지 않았다.

토착민의 변경에 대한 관념을 알 수 있는 자료는 거의 없다. 그러나 이들도 제국의 그것과 크게 다르지 않았을 것이다. 토착민의 영역 내에도 자신들이 지배하지 못하는 공간이 존재하였고 이것들을 일종의 내경으로 파악할 수 있다. 또 토착민이 원래 갖고 있던 영역에 제국의 거점지가 설치되었어도 그들은 여전히 제국의 거점지와 다투고 있을 뿐 지역 전체를 제국에 빼앗겼다고 받아들이지 않았을 것이다. 이 지역을 점이지대로서의 '띠'로 간주하였다는 것이다. 근대에 들어와서처럼 제국과 토착민이 만나서 국경회담을 했을 리 없다. 따라서 제국의 변경 개념, 그리고 토착민의 변경 개념은 각자 자기 생각대로 규정되었을 것이다. 다시 말해 두 세력의 변경 개념이 조정되는 바 없이 중첩되어 있었다는 것이다. 이것이 제국과 토착민 양자의 입장을 고루 바라보는 균형잡힌 시각일 것이다.

비록 고대의 사례는 아니지만, 명대 초기 명조는 요동의 방어를 위해 압록강 하류에서 북으로 개원(開元)까지, 개원에서 오하와 혼하 사이로 서남 삼의관(三義關)에 이르는 방위선에 성과 성보를 건설했던 반면, 여진족 청도 고지의 보존을 위해 만주 봉금책을 실시하면서 산해관에서 위원보(威遠堡), 봉황성(鳳凰城), 길림을 잇는 유조변(柳條邊)을 설정했다. 이 두 지역은 중첩되어 있다. 즉 명조에서는 이곳에 성과 성보를 건설해서 요동 지배의 거점지로 삼고자 했지만, 여진족 측에서는 이를 자신의 영역이라고 판단하였던 것이다. 명조에서 변경으로 설정한 경계와 여진족 측에서 변경으로 설정한 경계 사이의 공간에 명조의 거점지와 여진족의 주거지가 동시에 존재하였다는 말이다.

한반도의 상황

제국에 속한 각 지역은 똑같을 수 없다. 각 지역에 살고 있던 토착민의 사회 발전 단계에 따라 저항의 강도도 달라질 수밖에 없기 때문이다. 그러나 제국의 기본적인 개념과 원칙은 모든 지역에 동일하게 적용되었을 것임에 틀림없다. 예컨대 앞에서 호남성 출토 이야진간을 통해 살펴본 제국 내부의 변경[內境] 상황은 제국의 바깥쪽 변경[外境]에도 그대로 적용되며, '옛 경계'를 기준으로 한 변경의 개념도 제국 전역에 걸쳐 똑같이 적용된다.

가령 흉노와 맞닿은 제국의 서북변경에는 '옛 변경[內境]'과 그 바깥쪽 '새로운 땅[新地]'에 설치된 군사 거점 도시인 거연현(居延縣)을 명확히 확인할 수 있다. 그리고 거점 도시 주변에는 여전히 제국에 편제되지 않은 토착민 만이 부족이 존재하고 있었다. '옛 경계의 바깥쪽'에 있는 흉노와 한(漢)의 군사 거점인 거연현 너머에 있는 흉노는 다를 바가 없었다. '옛 경계의 안쪽'에 거주하며 오래전에 한(漢) 제국의 군현 지배에 편입된 흉노 부족과 구분될 뿐이었다.

마찬가지로 동북 지역의 한반도에도 동일한 변경 개념이 존재했다. 『사기』 조선열전 중 한(漢)이 낙랑군을 설치하기 이전 기록을 살펴보면, 진나라는 연나라가 진번과 조선의 땅을 공략하고 그곳에 관리를 두어 지배했던 '새로운 땅[新地]'을 그대로 이어받아 여기를 '요동에 있는 옛 경계 바깥[遼東外徼]'으로 간주했다. 앞서 설명한 악록진간과 이야진간에 보이는 진대의 상황과 동일하다. 새로운 땅에 지배 거점을 두었지만 그 너머에 있는 고조선과 '요동의 옛 경계 바깥, 즉 신지에 있는 만이'가 구별되지 않는 상태를 말하고 있다. 이곳은 진의 현도(縣道)와 고조선이 공존하는 점이지대로서의 '띠' 경계였다. 그 뒤 한이 성립하며 새로운 땅을 포기하고 '옛 경계'로 돌아온 이후에도 '옛 요새'와 패수라는 강 사이에는 '옛 경계 안의 만이[徼中蠻夷]'가 거주하고 있는 '띠' 경계가 존재하고 있었다.

한무제가 낙랑군을 설치한 이후도 마찬가지다. 낙랑군에는 25개 현이 설치되어 있었고 이것들은 한반도 서북부에 위치해 있었다. 그러나 이 25개 현이 점재하는 '새로운 땅[新地]'에는 외경과 내경이 존재했고, 그 경계 지역은 다시 '옛 경계'를 기준으로 일정한 폭을 갖는 '띠'로서 기능하고 있었다. 이곳에는 제국의 거점지인 군현과 함께 그 주변에 고구려를 비롯한 다른 토착민 부족이 함께 공존하고 있었다. 얼마 전 발견된 낙랑군의 호구부(戶口簿)는 이를 잘 뒷받침해 준다.[15]

이제 맨 처음 제시했던 낙랑군 지도 문제로 돌아가 보자. 한(漢) 제국의 입장에서 지도를 그리자면 낙랑군 초기의 경우 요동군을 '옛 경계'로 삼고 그 바깥에 위치한 한반도 서북부에 군사거점으로서의 25개 현이 설치되어 있지만, 동시에 아직 군현제에 편입되지 않은 만이들이 공존하고 있는 '띠'로서의 경계를 표시해야 할 것이다. 반대로 고구려 및 예맥과 같은 토착민의 입장에서 지도를 그리자면 자신들이 통치하는 안정적 영역까지 '옛 경계'가 물러났지만, 낙랑군현이 설치된 공간은 한 제국과 투쟁하되 여전히 자신의 영역으로 간주하였을 것이다.

이상과 같은 결론에 도달하면 더 이상 지도를 둘러싸고 국경을 '선'으로 간주해서 그 '선'이 어디에 있는지를 다투는 안타까운 사건은 일어나지 않을 것이다. 오히려 『중국역사지도집』의 서한 지도처럼 군현과 토착민이 공존하는 점이지대로서의 '띠' 경계를 그려야 타당하다고 생각한다. 최근 고대의 경계를 현대적 개념과 등치시키면서 불필요한 많은 역사 분쟁이 생겨났다. 고대 경계에 대한 역사학적 성찰과 논의를 통해 그 해결을 기대해 본다.

06

정치경제철학 교육은 어떤 역량을 기르고, 길러야 하는가?[1]

김현섭

최근 분과 학문의 경계를 넘는 학제적 분야로 정치경제철학(Philosophy, Politics and Economics, 약칭 PPE)이 주목받고 있다. 관련 저널과 학회가 많아지고, PPE의 원조라 할 수 있는 영국 옥스퍼드대 이외에도 여러 나라의 유수 대학에서 학부 프로그램을 개설, 운영하고 있으며, 그에 따라 정치경제철학을 주전공으로 연구, 교육하는 학자들도 생겨나고 있다.[2] 그런데 정치경제철학에 속하는 학제적 작업으로 볼 수 있는 연구는 매우 많지만, 정치경제철학이 무엇인지, 그 연구의 대상과 방법에 대한 성찰은 그리 많지 않다.[3] 정치경제철학 교육의 가치와 목표에 대한 논의는 더 찾기 어렵다. 정치경제철학 교육이 학생에게 철학, 정치학, 경제학을 모두 공부(해서 각자 그 내용을 적절히 종합)하라는 것에 머물지 않고 그 필요와 의의를 널리 인정받으려면, 정치경제철학 교육의 목표를 검토하고 가치를 해명하는 작업이 필요하겠다. 이 글의 목적은 철학, 정치학, 경제학을 학제적으로 공부함으로써 얻을 수 있는 사고력을 설명하고, 나아가 이러한 학제적 탐구를 심화하기 위해 길러야 할 역량을 제시하며, 이러한 능력을 갖춘 인재를 길러야 할 필요를 설명하는 것이다.

경제학과 함께 윤리학, 정치철학을 배워야 할 이유

선호 충족과 복리의 관계에 대한 비판적 성찰의 기회 제공

적지 않은 경우, 학교에서 가르치는 경제학은 객관적 과학을 표방하며 주관적인 가치 판단으로부터 중립적이고자 한다. 희소한 자원을 덜 쓰면서 원하는 목적을 달성하는 방법을 효율적, 합리적이라고 판단할 뿐, 무엇이 바람직하고 추구할 만한 목표인지에 대해서는 침묵한다.[4] 반면 경제학이 가치 판단에 개입하는 경우, 그 기본 단위를 개인에게 좋음, 즉 그의 복리(welfare)로 보고 나아가 개인의 복리를 그의 욕구(desire) 또는 선호(preference)가—욕구의 대상, 선호의 내용이 무엇인지는 묻지 않고—충족되는 정도와 (암묵적으로) 동일시하는 일이 잦다. 정책 결정자로서는 여러 시민의 다양한 성격과 생활환경에 대한 정보가 부족하므로 시민들에게 좋은 것이 무엇인지에 대한 자신의 판단 대신 시민들이 선호하는 바를 시민들에게 좋은 것, 즉 그들의 복리의 대용물(proxy)로 삼는 것이 시민들에게 좋은 것이 무엇인지에 대한 오류를 덜 범하고 그들의 판단을 존중하는 것이라 바람직할 수 있다.[5]

그런데 가치 판단을 회피하거나 욕구, 선호의 우열이나 옳고 그름을 판단하지 않고 욕구, 선호가 충족되면 좋다고 보는 경제학을 공부하다 보면, 그 대상, 내용이 무엇이든 자신의 욕구, 선호를 많이 충족하면 자신에게 좋은 것이라 생각하기 쉽다. 다른 사람들에 대한 정보가 부족하고 그들의 판단을 존중하기 위해 선호 충족을 복리처럼 여기는 어림셈(rule of thumb)이 쓰였는데, 선호 충족이 진정한 복리라고 오해되는 것이다.[6] 하지만 시민 개인으로서는 자신의 욕구, 선호를 무비판적으로 승인하고 그것이 충족되면 자신에게 좋다고 보는 것이 합리적이라 하긴 어렵다. 자신의 상황과 가치관을 성찰하고 그에 따라 선호를 반성, 수정해야 자신에게 좋은 것을 정확히 파악할 가능성이 커지고, 욕구, 선호에 대한 적절한 성찰은 그 자체로

도 바람직한 활동이기 때문이다. 윤리학을 공부하면 복리, 좋은 삶이 무엇인지에 대한 여러 이론을 접하게 되어, 선호 충족을 무조건 긍정하는 태도에서 자연스레 벗어나 자신의 욕구가 바람직한지 비판적으로 성찰할 기회를 얻게 된다.[7]

결과주의-복리주의를 넘어 정책 평가의 기준을 다면적으로 성찰

설령 경제학이 학문적으로 객관적, 가치중립적인 과학이고자 하더라도, 경제학자들에게는 그들의 전문 지식에 기초해 정책을 평가하고 바람직한 정책을 제언할 것이 기대된다. 이때 많은 경제학자는 가장 좋은 결과를 가져올, 즉 야기될 사태의 가치를 극대화하는 정책이 옳다는 결과주의(consequentialism), 나아가 결과, 사태의 가치는 그 사태, 세계에 존재하는 모든 개인의 복리에만 달려 있다는 복리주의(welfarism)를 (암묵적으로) 전제한다. 이러한 입장으로 대표적인 것이 사람들의 행복(happiness) 또는 순 쾌락(=쾌락에서 고통을 뺀 양)을 합산한 값을 극대화하는 정책이 옳다는 공리주의(utilitarianism)이다. 공리주의는 결과주의와 복리주의에, 사태의 가치를 산정할 때 모든 개인의 복리에 같은 비중을 두어야 한다는 불편부당(impartiality) 및 개인의 복리는 그가 경험하는 쾌락과 고통에만 달려 있다는 복리에 대한 쾌락주의(hedonism)가 결합된 입장이라 할 수 있다. 복리에 대한 비(非)-쾌락주의를 결합하거나—개인의 복리를 그의 욕구, 선호가 충족되는 정도로 보는 입장이 복리에 대한 비-쾌락주의의 한 사례이다—개인의 복리를 불편부당하게 더하는 것이 아니라 복리가 낮은 사람의 복리 향상의 가치를 가중하는 우선주의(prioritarianism)와 같이 공리주의를 수정, 변형한 원칙이 제시되기도 한다.[8] 그렇더라도 개인 복리의 함숫값인 사회 후생(social welfare), 즉 개인들의 복리에 따라 결정되는 결과, 사태의 가치를 극대화해야 한다는 결과주의-복리주의의 틀을 벗어나는 일은 드물다.

하지만 후술하듯이 정책의 결과로 발생할 사태를 예측하기가 매우 어려울 뿐만 아니라, 정책의 당부가 그것이 야기하는 결과, 사태의 가치, 나아가 개인의 복리에 미치는 영향에 의해서만 결정되는지는 논쟁적이다. 정치철학을 공부하면, 우리가 희망하고 추구해야 할 이상적 사회의 비전, 제도와 정책의 준거가 되는 가치와 원리가 무엇인지 명시적으로 문제 삼게 되고 그에 대해 결과주의-복리주의에 의거하지 않는 여러 이론을 접하게 된다. 다양한 이론들을 비교, 검토하면서, 많은 사람의 복리를 증대해야 옳다고 당연히 전제하는 데서 벗어나, 정책 결정 시 복리 이외에 고려해야 할 가치가 무엇이고 왜 그 가치가 중요한지 고민하게 된다. 예를 들어 미국의 정치철학자

존 롤스의 정의론 특히 자유에 대한 정의의 제1원칙에 의하면, 개인의 기본적 자유(basic liberties)는 사회 전체의 복리를 위해서도 침해할 수 없다. 신체의 온전성, 양심의 자유, 사상의 자유, 결사의 자유, 이동 및 직업의 자유, 정치적 자유 등이 이처럼 다수의 복리보다 우선하는 기본적 자유에 해당한다.[9]

법치주의(the rule of law)에 의한 권리와 자유도 기본적 자유이다.[10] 법률의 내용이 지나치게 모호해 어떤 행위가 금지, 요구되는지 판단하기 어렵거나, 법률 제정 이전의 사실에 대해 소급 적용하는 것 등은 법치주의에 어긋난다. 법치주의 원리가 준수되어야 수범자들이 법규를 이해하고 스스로 적용해 자신의 행위를 조정하고 삶의 계획을 안정적으로 수립, 추구할 수 있다. 법치주의에 어긋나는 공권력 행사가 사람들의 복리를 증대할 확률도 낮지만,[11] 설령 일부 사람들에게 이익이 되더라도 법치주의를 위배하는 정부의 강제력 행사는 국민을 능동적이고 자율적으로 행위하고 그에 대해 책임지는 주체, 즉 합리적 능력을 지닌 존엄한 존재로 인정, 존중할 의무에 어긋나 허용될 수 없다.[12]

그런데 많은 경우 경제학적 분석은 그 결과주의적 성격으로 인해 위와 같은 법치주의의 문제를 포착하기 어렵다. 정책이 결국 사람들의 복리에 미치는 영향, 특히 결과적으로 사람들이 얻게 되는 구매력과 소비량에만 주목해, 그 과정에 대한 규범적 평가를 누락하기 쉽기 때문이다. 정책은 보통 그에 대한 사람들의 반응을 연쇄적으로 거쳐 결과를 낳는데, 이러한 과정은 자연력처럼 결과에 이르는 매체에 불과해 규범적으로 무관한 것이 아니다. 시민들은 사회공학(social engineering)적 정책의 피동적, 수동적 대상이나 정책의 산출물을 소비하는 수혜자에 불과한 존재가 아니므로, 정책에 의해 발생하는 정부와 시민, 시민들 간 상호작용 및 관계도 정당해야 한다.[13] 마찬가지 이유로, 선택 환경을 변화시켜 무의식적으로 행동을 유도하는 넛지(nudge)가 설령 그 상대방에게 이익이 되더라도 그의 의사 결정 과정을 왜곡해 자율적 행위 능력을 잠식하는 조작(manipulation)이라면 문제가 있다.[14]

정리하자면, 경제학과 함께 윤리학, 정치철학을 배우면 다음과 같은 이유에서 바람직하다. 욕구, 선호에 대한 무비판적 태도와 같이 주류 경제학이 전제하거나 유도하는 가치 기준에 함몰되지 않고, 좋은 삶, 함께 지향할 바람직한 사회의 모습에 대한 다양한 견해를 접하며 자신의 가치관을 성찰할 기회를 얻을 수 있다.

윤리학, 정치철학과 함께 사회과학을 배워야 할 이유

역으로, 윤리학, 정치철학만이 아니라 (국제)정치학, 경제학을 비롯한 사회과학을 함께 배워야 할 이유는 무엇일까? 여러 이유가 있겠지만, 이 글에서는 사회과학의 주요 연구 대상 중 하나인 제도(institutions), 즉 사람들의 믿음, 성향, 행위 등의 체계를 통해 형성, 유지되어 사람들의 선택을 제약하고 상호작용을 규제하는 지속적 규칙, 관행(practice)에 대한 이해의 가치를 살펴보겠다. 결론부터 말하자면, 사회과학을 배워 사람들의 상호작용을 통해 구성되고 동시에 그 배경 조건이 되는 사회 제도를 이해해야, 우리 사회의 문제를 진단하고 그 원인을 분석하며 윤리학, 정치철학이 밝힌 추상적 가치, 원리를 구체적으로 실현해 바람직한 사회에 가까워지는 실효적 정책을 찾고 제도의 개선을 합리적으로 모색할 수 있기 때문이다. 실제 사회의 질서, 제도의 작동 원리를 이해, 고려하지 않고, 특정 목표를 달성하기 위해 성급하게 개입하면 의도한 결과가 아니라 부작용만 낳기 쉽다. 왜 그러한가?

정책의 효과는 그에 대한 사람들의 반응에 따라 달라지는데, 사람들의 반응은 그들의 습성과 상호작용해 온 행동 방식의 패턴 즉 기존 제도의 영향을 받는다. 제도는 여러 개인, 조직이 전략적 행위를 조율(coordinate)하며 협력해 사회를 유지, 발전시켜 온 규칙과 관행, 즉 전략적 균형점(strategic equilibrium)이라 할 수 있다.[15] 따라서, 정책이 기존 제도와 충돌하지 않고 상보적(complementary)이어야 소기의 바람직한 결과를 낳을 확률이 높겠다. 다시 롤스 정의론의 사례를 들자면, 같은 수준의 천부적 능력과 이를 사용할 의지를 가진 사람이 공직과 사회경제적으로 유리한 지위를 획득하는 데 성공할 가능성을 같게 하고, 최소 수혜자가 얻는 소득과 재산을 비롯한 기본재(primary goods)를 장기적으로 극대화해 정의의 제2원칙을 실현하는 사회경제 정책의 조합을 찾는 일은 어렵다. 정책이 야기할 결과에 영향을 주는 자연적, 역사적, 사회적 사실이 다양하고 복잡하기 때문이다. 어떤 정책이 공정한 기회균등 및 차등 원칙의 실현에 기여할지는, 그 사회의 자연환경, 생산기술, 국제 관계뿐만 아니라 그 사회가 집단행동의 문제를 해결해 온 역사적 과정에서 형성된 사회 제도에 따라서도 달라질 것이다.[16] 정의의 제2원칙을 구현하려면, 누진세로 빈자를 위해 부자의 소득, 재산을 적극적으로 재분배하고, 교육, 의료, 일자리 등을 정부가 직접 제공하며, 생산수단의 소유와 운영 방식을 엄격히 규제하는 법제도가 필요하다고 생각하기 쉽다. 하지만 정부가 재산권을 명확히 설정하고 계약의 준수를 보장함으로써 거래 비용을 절감해 민간의 호혜적 협력을 돕는 데 주력하고, 경쟁적 시장이 개인의 근면과 창의를 장려해 생산성 향상과 혁신을 통해 경제가 견조하게 성장할 때 최소 수혜자의 성공 기회와 이익이 장기적으로 극대화될 수도 있다.[17] 정의의 제2원칙을 구현하는 사회경제 제도가 여럿이라면, 그중 한 제도하에서 도입되어 효과적이었던 정책이 다른 제도하에서도 효과적일 것이라 단정할 수 없다. 그 정책이 바람직한 결과를 낳기 위해 동반되었던 제도적 요소들이 부재하거나, 다른 영역에서의 협력을 교란하는 부작용을 낳을 수 있기 때문이다.[18] 사회과학의 연구 성과를 통해 어떤 환경에서 무슨 제도가 어떤 기제를 통해 사람들의 행동을 성공적으로 조율하는지에 대한 일반적 패턴을 파악하면, 제도적 상보성(institutional complementarities)을 고려해 우리 사회의 상황을 개선하는 효과적인 정책을 발견하는 데 도움이 될 수 있겠다.[19]

사회과학 지식이 기존 제도를 유지, 강화하는 방향으로만 쓰이는 것은 아니다. 사회과학을 공부해 사회 제도의 구성 요소를 더 많이 개념화하고 그 작동 원리를 이해할수록, 제도를 변화, 개선시킬 방안을 폭넓게 모색할 수 있다. 비공식 사회규범(informal social norm)에 대한 이해가 좋은 사례이다. 법전이나 판례를 살펴보면 알 수 있는 공식 법규뿐만 아니라, 사람들의 규범적 믿음, 규칙 위반을 비난하려는 성향, 그 규범적 믿음과 성향에 대한 공유 지식(common knowledge), 비난받지 않도록 규칙을 준수하려는 성향, 일반적인 규칙 준수에 대한 공유된 기대 등이 얽혀 구성된 비공식 사회규범도 중요한 사회 제도이다.[20] 비공식 사회규범의 존재, 본성, 형성과 변화의 원리를 이해하면, 이를 변화시켜 사람들의 행위를 바람직한 방향으로 유도하는 정책을 생각해 볼 수 있다. 예를 들면, 어떤 행동을 금지하는 법규보다, 많은 사람이 내심 그 행동을 못마땅히 여긴다는 사실에 대한 다원적 무지(pluralistic ignorance)를 드러내 그 행동을 억제하는 비공식 사회규범을 촉발하는 것이 효과적일 수 있다. 음주는 일종의 비공식 사회규범인 또래 압력(peer pressure)의 영향을 받는 경우가 많은데, 종종 많은 대학생이 자신보다 학우들이 평균적으로 음주에 대해 내심 우호적이라고 잘못 믿고 그로 인해 내키지 않으면서도 술을 마시게 되는 것으로 보인다. 이러한 다원적 무지, 즉 많은 학생이 사실은 음주에 우호적이지 않고 오히려 내심 과음을 못마땅히 여긴다는 것을 공개적으로 널리 알리면, 오해로 인해 음주를 조장하는 또래 압력을 없애고 반대로 과음을 억제하는 또래 압력을 촉발시켜 원치 않는 과음을 줄일 수 있다.[21]

그렇다고 비공식 사회규범을 원하는 대로 쉽게 개선할 수 있다는 것은 아니다. 많은 경우 행위 규칙에 대한 사람들의 태도는 다양하고, 그 준수 여부가 그 행위에 대한 다른 사람들의 반응과 그 반응에 대한 기대에 따라 달라지며, 여러 사람의 행위 규칙에 대한 태도, 준수 또는 위반, 행위에 대한 반응, 반응에 대한 기대가 피드백 관계에 놓여 복잡한(complex) 질서를 이룬다. 다양한 성격, 가치관, 경험, 정체성을 지닌 여러 개인이 뒤얽힌 인적 관계망에 놓여 상호작용하면서 비공식 사회규범을 구성하는 복잡한 질서를 낳는데, 그 질서는 공동체의 자연환경, 역사적 사건, 공식 법제도, 정부의 활동을 비롯한 여러 외적 환경 요소와 영향을 주고받으며 형성, 유지, 변화한다.[22] 이처럼 비공식 사회규범에 영향을 주는 요인이 다양하고 복잡한 반면, 사람들의 규범적 믿음과 성향 등에 대해 정부가 가진 정보는 제한적이다. 비공식 사회규범을 개선하기 위한 개입(intervention)의 효과는 전달되는 내용과 그 프레이밍, 전달자의 속성과 신뢰도, 전달 매체, 방식 등에 따라 달라지는데, 개입의 효과에 대한 이론은 불완전하고 증거도 부족하다.[23] 따라서 비공식 사회규범을 개선하려는 시도가 소기의 성과를 거둘지는 불확실하고, 적지 않은 경우 비공식 사회규범을 개선하려는 법률, 정책은 예측하기 어려운 부작용 또는 반작용을 일으킨다.[24]

비공식 사회규범만이 아니라 일반적으로 사회 제도에 대해 알게 되면, 제도를 개선할 여지, 방법은 늘어나지만 동시에 그 복잡성(complexity)으로 인해 정책으로 개입해 제도를 개선하기는 까다로움도 깨닫게 된다. 자유로운 현대 사회에서는 서로 다른 능력, 선호, 관점을 가진 수많은 개인이 다양하게 행위하며 상호작용의 패턴이 형성되고, 사람들이 그 패턴을 인식하고 그에 따라 다양하게 자신의 행위를 적응(adopt)시키면서 새로운 상호작용의 패턴이 형성되는 과정이 계속 이어진다. 그 과정에서 자연, 사회 환경이 변하고, 특히 무수히 많은 사람이 서로 방해받지 않으면서 동시에 활용할 수 있다는 의미에서 비경합적(non-rivalrous)인 지식과 기술이 혁신, 전파, 축적되면서, 개인의 다양성과 상호작용의 복잡성이 증대된다. 게다가 사람들의 행위, 상호작용의 패턴이 음의 피드백 관계에 있어 항상성이 유지되는 것만은 아니고, 때로는 양의 피드백(positive feedback) 관계에 놓여 임계점(tipping point)을 넘으면 상태가 비선형적(non-linear)으로 급격하게 변하기도 한다.[25]

위와 같은 현대 사회의 구조적 복잡성과 그 미시적 기초인 개인의 다양성에 비해 정부가 복잡하고 빠르게 변화하는 사회에 대해 아는 바는 적고 제한적이며, 제한적이어야 한다. 정부는 시민의 프라이버시를 존중해야 하고, 예외적인 경우가 아니면 강압적(coercive)이거나 조작적(manipulative)인 방법으로 개인 정보를 얻어 내서는 안 된다. 정부가 공동선(common good)을 추구한다고 가정하더라도, 이러한 지식의 문제(knowledge problem)로 인해 개입 정책이 의도와 달리 사람들이 협력해 온 자생적 질서(spontaneous order)를 교란해 상황을 악화시킬 가능성이 상당하다. 정부가 사회를 원하는 대로 변화시킬 능력은 이와 같은 사회에 대한 무지에 의해서만이 아니라, 앞 장에서 살펴본 법치주의 원리와 같이 설령 바람직한 결과를 낳는 정책이더라도 금지하는 의무론적 제약(deontological constraints)에 의해서도 제한된다. 또한, 우리 사회의 제도가 현재의 모습으로 형성되어 온 과정, 역사를 이해하면, 현 상황에 모순이 있지만 나름의 합리성도 있음을 발견하고, 경로 의존성(path dependence)의 제약으로 인한 제도 변화의 한계도 알게 된다. 이와 같은 인식적, 규범적, 역사적 한계를 알게 되면, 정책 개입을 통해 현상(現狀)을 변화시키려는 것이 어디까지 합리적인지 묻게 된다. 다시 말해, 사회과학을 배워 사회 제도를 이해하면, 현실을 개선할 방안을 찾아낼 수 있지만 다른 한편으로는 현실과 화해(Versöhnung)할 이유를 발견하기도 한다.[26]

정치경제철학 교육이 길러야 할 역량

지금까지 가치와 규범에 대한 윤리학, 정치철학과 함께 제도에 대한 사회과학을 공부함으로써 얻을 수 있는 사고력, 지혜를 설명했다. 이 절에서는 그와 같은 학제적 탐구의 심화를 위해 필요하고, 학제적 탐구를 통해 길러야 할 역량을 몇 가지 제시해 보겠다.

(1) 정보처리 기술의 발달과 함께 사람들의 행동에 대한 데이터 수집 능력과 그에 대한 통계적 해석 기법이 비약적으로 개선되면서, 경제학을 비롯한 여러 사회과학 분야에서 선험적, 직관적 가정으로부터 연역적으로 모델을 만드는 데 그치지 않고 그로부터 도출한 예측을 경험적으로 검증하거나, 대량의 데이터로부터 직접 귀납적으로 인과관계를 찾는 연구가 활발해지고 있다.[27] 이와 같은 연구를 직접 시행해 사회과학 지식을 생산하진 않더라도, 연구 성과를 올바로 이해, 평가해 사회현실을 객관적, 실증적으로 볼 수 있도록 통계적 문해력(statistical literacy)을 갖춰야 한다. 통계적 문해력이 있어야 통계 자료를 그릇되게 제시해 오도하려는 시도를 간파하고, 데이터가 시사하는 바를 합리적으로 해석해 낼 수 있다.[28] 또한, 데이터와 통계 분석에 기초한 양적 연구의 원리와 방법을 알아야 그

가치를 음미함과 동시에, 데이터의 수집 방법, 통계적 추론의 불확실성 등으로 인한 양적 연구의 한계 및 질적 연구와의 상보성도 이해할 수 있다.

(2) 진화적, 인식적 게임이론, 행위자 기반 모형(agent-based models) 등의 발전은 여러 개인의 복잡한 상호작용과 그 전개를 수학적, 계산적 모델로 형식화하여 사회규범을 비롯한 제도나 문화의 발전과 같은 거시적 현상의 미시적 토대를 탐구할 도구를 제공하고 있다. 이러한 형식적 언어는 정치학, 사회학, 인류학 등 여러 분과 학문의 통찰을 융합할 의사소통 채널이 되고, 이와 같은 학제적 융합을 통해 금전적 유인에만 이기적으로 반응하는 소위 경제적 인간(homo economicus)의 신화를 넘어 다양한 종류의 동기와 한정된 계산 능력을 지닌 실제 인간과 그들의 학습 및 상호작용을 이론적으로 기술하는 데 가까워질 수 있다.[29] 이질적인 사람들이 상호작용하면서 거시적 사회 현상이 창발하는 과정을 모델로 포착함으로써, 사상되기 쉬운 개인의 다양성과 상호작용의 동적 과정을 이론의 주제로 삼고 평가할 수 있게 된다. 그러므로 이러한 형식적 모델화(formal modeling)를 통해 사회과학 이론을 엄밀하게 만들어 예측을 도출하고 경험적으로 검증하는 방법과 그 대표적 성과를 배워 인간과 사회의 주요한 측면을 원리까지 깊고 명

료하게 이해할 수 있어야 하겠다.[30] 최근 형식적 모델이 풍부해지고 있지만, 때로는 자신도 이해하기 어려울 만큼 어지러운 개인의 심리와 수많은 사람의 복잡한 상호작용이 오래 전개된 사회의 역사와 문화를 완전히 포착하긴 물론 어렵다. 하지만 형식적 모델에서는 그 전제들이 명시되어 적용 범위의 제한이 자연스럽게 드러나므로, 형식적 모델을 통한 설명을 과대평가하지 않고 그 한계를 인식하기 위해서라도 형식적 모델의 방법을 알아야 한다.

(3) 통계 자료와 형식적 모델을 이해, 해석할 역량과 함께 그 내용을 한국어를 비롯한 자연 언어로 명료하게 번역할 역량도 갖춰야 한다. 그래야 양적 연구의 결과를 형식화되지 않은 철학적 통찰 및 일상 언어로 표현된 지혜와 융합할 수 있기 때문이다. 수학적 인공 언어와 자연 언어를 넘나들며 여러 학문의 성과인 다양한 전문 지식과 보통 사람의 건전한 상식을 종합해야 복잡다단한 인간 사회의 현실을 충실히 이해하고 적절히 평가할 수 있을 것이다. 나아가 다음 절에서 후술하듯이 사회과학 지식을 그에 익숙하지 않은 동료 시민들에게 전달하며 그들과 합리적으로 대화, 설득하고, 정책의 정당성, 실현 방안에 대해 생산적으로 논의할 대인적 역량도 갖추면 금상첨화라 하겠다.

정치경제철학 역량을 갖춘 인재가 필요한 이유

자유로운 현대 사회에서 일반적으로 그렇듯이 한국 사회에서도 많은 사람에게 큰 영향을 미치는 여러 공적 이슈에 대해 시민들의 의견이 일치하지 않는다. 정부가 국민의 생명, 신체, 재산을 보호하고 자발적 계약의 이행을 강제하는 것 이상으로 무슨 역할을 어떻게 수행해야 할지에 대한 논쟁이 대표적이다. 정부의 활동이 과소해 문제라고 생각하는 사람들이 있지만, 지나치게 비대해진 정부가 개인의 권리를 침해하는 것이 문제라고 보는 사람들도 있다. 그런데 위에서 본 바와 같이 개인의 다양성과 현대 사회의 복잡함으로 인해 정책의 결과를 예측하기 어렵고, 충분한 증거에 기반하지 않은 채 섣불리 시행한 개입 정책은 실패하기 쉽다. 정책의 실패는 많은 사람의 복리와 권리를 침해할 뿐만 아니라, 정부에 실망한 여러 국민이 그 역할에 대한 기대를 접게 만든다. 그로 인해 민주정에서 정부에 대해 회의적인 세력이 집권하면 필요한 개입 정책마저 시행되지 않을 수 있다. 이러한 정책 공백은 과격하고 급진적인 정책을 추진하는 세력이 집권하는 반작용을 낳을 수 있고, 무모한 정책의 도입은 사회경제적 상황을 악화시키기 십상이다. 정책이 일관성 없이 널뛰기하면 국민이 삶의 장기 계획을 세우고 추구하기 어려워지고, 국민의 불만을 자신의 정책 실패가 아니라 상대 정치인과 그 지지자들의 탓으로 돌리며 적대감을 조장하는 포퓰리스트 정치인이 득세하기 쉽다. 그로 인해 정책적, 정서적 양극화가 심해지면, 국민들이 정치적 경쟁의 공정성을 약화시키는 비민주적 정치인과 정당을 지지할 수 있다. 분립된 권력의 수평적 견제와 언론과 시민 사회의 대각선 견제가 약화되어 집권 세력을 비판적으로 평가하는데 필요한 국민의 자유와 권리가 침식되는 악순환이 반복되면, 국민이 공정한 선거로 정권을 교체할 능력을 실질적으로 잃게 된다. 이처럼 민주주의가 퇴행하면, 시민들의 품성과 상호 관계가 나빠지고 좋은 정책을 발굴, 채택하는 민주주의의 인식적 기능이 실현되지 못한다.[31]

증대하고 있는 사회과학의 연구 성과를 활용해 증거에 기반한 정책을 제안하고 그 결과에 따라 점진적으로 정책을 개선해 감으로써 정책의 실효성을 높이면, 위와 같은 경로로 정치적 양극화와 민주주의의 퇴행이 발생하는 일을 막을 수 있다.[32] 정치경제철학 교육은 사회문제의 복잡성을 이해하고 여러 가치를 조화롭게 실현하는 효과적인 정책을 모색할 역량을 지닌 인재를 길러 이러한 합리적 정책 결정에 일조할 수 있다. 사회과학을 공부하고 적용해 실효적 정책을 찾을 확률을 높이는 역량 못지않게 중요한 것은, 그 결론만이 아니라 사회과학 탐구의 과정과 방법도 이해하기 쉽게 다른 사람에게 전달하고 대화, 설득하는 역량이다. 연구 결과 비교적 강건하게 검증된 사실은 용기 있게 설명하되, 모델의 불완전성과 제한된 데이터로 인한 연구의 한계 및 맥락의 차이와 변화하는 환경으로 인한 정책 결과의 불확실성도 겸허하게 알릴 수 있어야 한다.[33] 우리가 아는 바와 그 한계로 인한 무지를 함께 전달해, 정부를 미더워하지 않는 국민도 증거에 기반한 정책에 동참하도록 설득하는 동시에, 사회문제를 단순하게 곡해해 일거에 해결할 수 있다고 오해하는 조급한 국민을 만류하고 신중과 인내를 설득할 인재가 절실하다. 이러한 역량과 용기를 지닌 오피니언 리더들이 공론장에서 시민과 함께 합리적으로 숙의해 주요 정책에 대한 국민적 합의나 타협을 형성해 정책의 정당성(legitimacy)을 제고해야 한다. 다양한 가치관, 사회관을 지닌 시민들이 상이하게 사회 정의를 해석하고 정책 결과를 예측해, 한 사람이 사회 정의를 위해 필요하다고 여기는 정책이 다른 사람에게는 부정의하고 부당한(illegitimate) 강압이 될 수 있기 때문이다.[34] 정책에 대한 많은 사람의 동의와 자발적 참여를 끌어내는 것은 규범적으로 바람직할 뿐만 아니라, 정책의 성공적 시행을 위해서도 필요하다. 많은 경우 정책 목표가 달성되려면 중앙 정부의 집합적, 총량적 통계에 포착되지 않는 개별적, 구체적 상황에 대한 정보와 암묵적 지식(tacit knowledge)이 활용되어야 하기 때문이다. 정부가 일방적으로 결정한 정책을 수행하라는 명령을 하달하는 것이 아니라 여러 이해관계자(stakeholders)를 정책의 동반자이자 능동적 주체로 존중해야, 경험을 통해 습득한 정보, 체화한 암묵지를 지닌 이해관계자들이 협력해, 현장 상황에 맞는 시의적절한 조치가 이뤄지고 소기의 정책 성과를 거둘 수 있을 것이다.[35] 이를 위해 자신과 견해를 달리하는 사람을 존중, 관용하며 숙의해 의견 수렴을 모색하는 시민적 덕성(civic virtues) 및 다른 사람들과 효과적으로 의사소통하며 원활하게 협력하는 사회적 능력(social skills)도 배양해야 한다.

과욕을 경계하고 한 걸음씩 충실하게

이러한 역량들을 갖춘 인재를 길러내는 일은 분명 쉬운 과제가 아니다. 제한된 교육과정에서 너무 많은 내용을 다루려다, 상당한 시간과 노력을 들여야 이해할 수 있는 개별 학문의 엄밀한 성과가 희석되어 제대로 전달되지 않고 피상적인 '융합 교육'으로 한 학문의 내용을 충실히 다루는 것만도 못하게 될 우려도 있다. 잘 알지도 못하면서 아는 체하는 교만하고 어리석은 사람이 아니라, 알아야 할 것이 많음과 자신의 무지를 자각해 겸손하고 계속 배우려는 인재를 길러야 하겠다. 정치경제철학 교육의 가치와 목표에 대해서도 여기서 제시된 것과 다른 다양한 의견이 있을 것이다. 이 글이 비판과 질정을 불러 정치경제철학 교육에 대한 논의의 마중물이 되기를 희망한다.

07

인지진화종교학

: 초학제적 연구 프로그램

구형찬

"넌 인간도 아니야!"

"그러고도 네가 사람이니?"

"인간되기는 글렀다."

'막장 드라마'의 대사 같은 말이다. 못된 짓을 한 사람에게 퍼붓는 말인데, 여기에는 흥미로운 역설이 있다. 이것은 개나 고양이, 또는 파리나 문어가 아니라 오직 사람에게 하는 말이라는 사실이다. 사람이 아니었다면 그만큼 타인을 속상하게 만들지도 않았을 텐데, 결국 사람이라는 속성을 의심받는다. 종종 나는 이 말을 듣는 사람의 입장에 서 본다. "내가 사람이

니까 그랬지…….” 왠지 억울한 느낌마저 든다. 그리고 궁금하다. 도대체 ‘인간다움’이란 무엇일까?

인간은 지구상의 다른 생물에 비해 고도의 친사회적 행동을 구현하는 동물이다. 물론 개미나 꿀벌과 같은 대규모의 협력을 구현하는 사회적 곤충들이 있다. 그들의 협력 범위는 대부분 유전적 근연도에 의해 제약된다. 그러나 인간의 친사회적 행동은 종종 친족 범위를 훌쩍 넘어선다. 현대 글로벌 도시사회에 사는 사람들은 유전적으로 거의 관계가 없는 타인과 손잡고 협력하고 거래하면서 서로의 이익을 증대시킬 수 있다. 그런데 이러한 인간의 친사회성은 양면성이 있다. 타인이 자기편으로 인식되면 아름답고 평화로운 이해와 돌봄을 확장하기도 하지만, 다른 한편으로 타인이 적으로 인식되는 경우에는 무자비한 전쟁과 대학살, 그리고 집단 범죄의 동력을 제공할 수도 있다. 실제로 인간 사회에는 지구상의 다른 생물종에서 관찰하기 힘든 잔인한 사건들이 역사적으로 끊임없이 반복되었다. 어쩌면 이 모두가 ‘인간다움’ 때문이 아닐까? 이 글에서는 ‘인간다움’이라는 문제에 인지진화종교학이라는 연구프로그램이 다가가는 방식에 관해 이야기해 보고자 한다.

‘인간다움’을 탐구하는 학문

인문학(humanities)은 ‘인간다움’을 탐구하는 학문이다. 인문학이 탐구하는 인간다움은 일반적으로 두 가지 층위를 포함한다. 하나는 ‘당위’로서의 인간다움이고, 다른 하나는 ‘현실’로서의 인간다움이다. 인간다움의 당위는 “인간답게 산다는 것은 어떤 것일까?”를 질문하고 ‘인간이 마땅히 추구해야 할 삶의 방식’을 모색하게 한다. 인간다움의 현실은 “인간은 왜 이렇게 살아가고 있을까?”를 질문하고 ‘인간이 살아가는 방식의 한계와 가능성’를 모색하게 한다. 인간다움에 대한 탐구는 이 두 가지 층위 중 어느 하나를 양자택일할 수 없다. 특히 인문학은 인간다움에 대한 확신과 회의를 동시에 끌어안고 꾸준히 발전해 온 학문이다.

그런데 ‘인간다움’은 결코 인문학만의 연구 주제가 아니다. 인류 지식체계의 광범위하고 다양한 분야들이 인간의 총체적 이해에 적극적으로 기여해 왔다. 인간은 지구상의 생물, 동물, 척추동물, 태반포유류의 일부다. 그리고 인간은 각자가 수많은 다른 유기체들과 타인의 생태적 환경이 되는 자연 세계의 일부다. 인간다움이란 바로 이러한 인간의 생물학적 계보와 생태적 지위에 대한 지식을 포함해야 더 명료하게 이해할 수 있는 주제다. 그런 점에서 인간다움에 대한 탐구는 전통적인 인문학이 배타적 독점권을 지닐 수 없다. 강조점은 서로 다를지라도, 인문학, 사회과학, 자연과학, 의과학, 공학 등의 많은 분야들이 인간다움에 대한 지식을 체계적으로 발전시켜 왔다. 물론 인문학의 고유한 특징과 장점은 분명하다. 인문학은 인간들이 생산하고 향유해 온 언어와 기록, 논리와 사상, 역사와 예술 등을 통해 인간다움을 논의하는 데 매우 전문적인 역량을 발휘하여 수준 높은 성과를 축적해 왔다.

이런 조건을 고려할 때 몇 가지 질문이 떠오른다. 첫째, "인문학의 지식은 인문학 외부의 지식과 얼마나 모순 없이 호환될 수 있을까?", 둘째, "인문학의 지식은 환원불가능한 고유성을 확보하고 있는가?". 그런데 사실 이러한 질문은 근대적인 학문 분과 편제를 전제로 할 때만 유효하다. 만약 인문학의 가장 중요한 과제가 현대의 상아탑 즉 대학 교육 편제의 분과적 경계를 제도적으로 유지하려는 데 있다면 이러한 질문은 무의미할 수 있다. 그러나 만약 인문학의 과제가 '인간다움'에 관해 더 진전된 앎을 추구하는 데 있다면 반드시 숙고해야만 할 질문들이다. 인문학이 축적해 온 지식이 다른 분야의 새로운 발견과 어긋난다면 그 부정합을 직시하고 분석하여 모순을 해소하는 데 힘을 쏟아야 할 것이다. 또한 인문학 내부나 외부를 막론하고 인간다움을 더 잘 이해하는 데 단서가 될 만한 발견이 있다면, 얼마든지 분과 학문의 주어진 경계를 넘나들면서 서로 도움을 주고받을 수 있을 것이다.

여기서는 인간다움을 통합적으로 탐구하기 위해 실제로 전통적인 분과 학문 체계의 경계를 넘나드는 초학제적 연구 프로그램으로서 '인지진화종교학(cognitive and evolutionary sciences of religion)'에 대해 살펴보고자 한다. 이는 특히 종교학을 비롯한 인문학 분야 연구자들도 적극적으로 참여할 수 있는 통합과학적 시도다. 이 프로그램에 동참하는 다양한 전공의 연구자들은 각자의 전문성을 갖고 협력하면서 인간의 종교성이나 종교문화에 관한 중요한 질문에 더 나은 답변을 마련하고자 노력하고 있다. "종교적 사고와 행동이 지구상의 생물 가운데 인간 개체군에서만 널리 나타나는 이유는 무엇일까?" 또는 "다양한 종교적 사고와 행동은 주로 어떤 조건에서 또 어떻게 발현될까?" 또는 "종교적 사고와 행동의 문화적 성패에 어떤 요인들이 작용하고 있을까?". 이러한 질문들은 주로 혼자 작업하는 데 익숙한 인문학 연구자는 잘 묻지 않는다. 개인 연구자가 혼자서 해결하기 힘든 질문이기도 하다. 이런 부류의 질문에 답하려면 종교학, 인류학, 생물학, 심리학, 인지과학, 행동생태학 등 다양한 분야 전문가들의 초학제적 협업이 필요할 것이다.

문제의식: 종교적 사고와 행동의 설명

종교에 대한 관심과 궁금증은 사람마다 다양하다. 종교의 도움을 받아 인생의 문제를 진단하고 해결하려는 사람도 있고, 어떻게 하면 종교의 영향력으로부터 자유로울 수 있을지를 고민하는 회의주의자도 있다. 각 종교의 실천, 사상, 역사가 궁금한 사람도 있고, 모호하게 느껴지는 종교적 표현이나 기호 또는 상징의 의미를 알아내고 싶은 사람도 있다. 또 다른 한편으로 종교적인 생각, 행동, 경험이 왜 그리고 어떻게 발생하는지, 또 그것들이 왜 그리고 어떻게 지금처럼 다양한 모습으로 널리 분포하게 되었는지를 궁금해하는 사람도 있다.

이러한 궁금증을 해소하고자 할 때, 크게 두 가지 부류의 작업에 집중하게 된다. 하나는 주로 종교적 엘리트의 가르침, 실천, 체험, 또는 이와 관련한 기록이나 예술의 의미를 다양한 관점에서 해석하는 것이다. 경전 주석학, 철학적 해석학은 물론, 언어학, 역사학, 사회학, 문화인류학, 심층심리학 등의 광범위한 접근이 가능하다. 이는 각 종교전통의 내부에서, 그리고 기존의 종교학 분야에서 훌륭한 성과가 꽤 많이 축적되어 있다. 다른 하나는 종교적 엘리트를 배제하지 않으면서도 주로 다수의 일반인에게서 발현되는 종교적 사고와 행동에 초점을 맞추고, 그 원인, 기전, 효과, 그리고 집단에 미치는 영향 등을 인과적으로 설명하는 것이다. 이러한 접근은 심리학, 행동생태학, 진화인류학, 뇌인지과학, 데이터과학 등의 관점에서 시도될 수 있다. 그러나 이 두 번째 부류의 연구 성과는 아직 상대적으로 적게 축적되어 있다.

인지진화종교학의 작업은 두 번째 부류에 가깝다. 종교적 사고와 종교적 행동의 인지적 기전, 진화적 기원, 기능과 효과를 통합과학적으로 설명하고자 하는 연구 프로그램이기 때문이다. 이는 전통적인 종교학 연구가 주로 개별 종교전통의 경전, 상징, 사상, 실천 등을 포함한 종교문화의 의미를 해석하고 역사화하는 데 집중했던 것과 상당히 달라 보인다. 그러나 사실상 인지진화종교학은 전통적인 종교학 연구와 긴밀하게 연결되어 있다. 문화는 인간의 사고와 행동이 축적되고 전승된 결과이며, 종교문화 역시 다양한 종교적 사고와 행동의 축적과 전승을 통해 형성된다. 종교적인 사고와 행동은 인간의 다양한 사고와 행동의 일부이므로, 인간 사고와 행동의 인지적 기전과 진화적 기원을 더 많이 알수록 종교문화도 더 잘 이해할 가능성이 커진다. 인지진화종교학은 특히 인류의 종교문화가 횡문화적 일반성과 다양성을 보이는 원인을 해명하여 각 종교문화의 내용과 의미를 더 체계적으로 이해하려는 학술적 기획이라고 할 수 있다.

그러나 한국에는 인지진화종교학을 공식적인 교육과정으로 삼고 있는 대학교는 아직 없다. 단과대 및 학과 중심의 교육과정에 잘 들어맞지 않기 때문이다. 그렇더라도 나의 경험에 비추어 볼 때, 한국에서 인지진화종교학에 입문하는 게 불가능한 일은 아니다.

나는 서울대학교 인문대학 종교학과에서 학부와 대학원을 다녔다. 이 과정에서 광범위한 인류 종교문화사에 대한 이해의 폭과 깊이가 크게 확장되었다. 특히, 각 종교 내부에서 주장하는 규범적 '당위'로서의 종교와 실제로 경험하는 문화적 '현실'로서의 종교는 결코 일치하지 않는다는 것을 잘 배울 수 있었다. 개별 종교의 신학이나 교학과 달리 종교학을 전공할 때 갖게 되는 인문학적 전문성일 것이다. 그런데 나는 종교학을 전공하면서도 인지과학과 진화인류학에도 관심이 많았다. 종교학이 궁극적으로 인간을 이해하기 위한 학문이라면, 종교학을 전공하더라도 학과들 간의 경계는 중요한 문제가 아닐 것이라고 생각했다. 나는 관련 분야의 연구 성과들을 참조하면서 종교학을 공부했고, 필요하다면 다른 학과의 교과목을 수강 또는 청강했으며, 연구 관심을 공유할 수 있는 국내외의 전문가들과도 교류했다. 이런 과정 속에서 인지진화종교학이라는 연구 프로그램을 만날 수 있었다. 공부에 큰 소질이 없었던 탓인지, 기초 소양을 닦는 데만도 오랜 시간을 들여야 했고, 결과적으로 '물심양면'으로도 많은 빚이 쌓였다. 쉽지 않은 과정이었지만 여전히 참 잘한 일이었다고 생각한다. 내 자신이 정말로 궁금해 하는 문제를 체계적으로 다듬고 탐구하는 데 큰 도움이 되었기 때문이다.

내가 인지진화종교학을 통해 풀고자 하는 문제는 단순하고 명료하다. "왜 특정 종교의 공식적인 교리나 의례를 학습하지 않은 사람들도 종종 '종교적'으로 사고하고 행동하게 되는 걸까?" 인문학도로서 종교학을 전공하면서 자연스레 갖게 된 소박한 질문이다. 이 질문을 해결하기 위해 훌륭한 선배 연구자들의 책과 논문을 읽고 축적되어 있는 자료를 분석하면서 많은 것을 배웠다. 그러나 만족스러운 답변을 쉽게 만날 수는 없었다. 아무리 봐도 나의 모든 궁금증을 한번에 꿰뚫어 해결해 줄 '마법탄환' 같은 것은 존재하지 않았다. 조금이라도 더 나은 해답을 찾기 위해서는 계속해서 탐구해야 할 문제임은 일찌감치 눈치채고 있었다. 그러나 이 문제의식은 뿌리가 깊었고 예상보다 훨씬 더 먼 곳까지 이어져 있었다.

'호모 렐리기오수스(Homo Religiosus)'라는 말이 있다. 20세기 종교학계에서 널리 쓰였던 용어로, "인간은 본성상 종교적인 존재"라는 의미를 표현한다. 모든 종교학자들이 수용했던 표현은 아니지만 그 용어에 담긴 인식론적 함의를 부정하기는 힘들다. 달리 말하자면, 많은 학자들은 인간의 종교성을 역사학, 현상학, 인류학, 사회학, 심리학 등 다양한 방식으로 살피면서 폭넓은 논의를 축적해 왔다. 그런데 그것은 내 질문의 종착점이 아니라 오히려 출발점이었다. 인간은 도대체 왜 이토록 종교적일까? 단지 "인간은 본래 종교적인 존재다"라고 말하는 것이 충분한 답변일 수 있을까?

역사적으로 볼 때, 인간의 종교성 혹은 종교적 능력을 과학적으로 탐구하려는 지향은 종교학에 낯설지 않다. 사실 그것은 종교학 자체를 가능하게 했던 원동력 중 하나였다. 1870년 2월, 막스 뮐러(Max Müller)는 런던의 왕립연구소에서 행해진 강연에서 다음과 같이 주장했다.

> 가장 웅변적인 연사와 가장 천부적인 시인이 아무리 단어를 능란하게 구사하고 표현의 재능을 통달했다 할지라도, 실로 언어가 무엇인가라는 질문을 받는다면 거의 할 말이 없을 것이다.

똑같은 예가 종교에 적용된다. “하나만 아는 것은 아무것도 모르는 것이다.”[1]

이어서 뮐러는 ‘언어’의 경우처럼 ‘종교’도 과학적으로 연구되어야 한다고 제안했다. 뮐러에 따르면, 호메로스나 셰익스피어는 자신의 언어를 누구보다도 잘 구사할 수 있었던 사람들이지만, 그들은 다양한 언어들의 상관성 및 차이, 그리고 언어의 여러 형태들 이면에 있는 인간의 ‘말하기 능력’ 자체에 대해서는 충분히 알지 못했다. 그것은 문인이나 창작자의 작업을 통해서가 아니라 인류의 언어에 대한 과학적 연구를 통해 밝힐 문제이기 때문이다. 뮐러는 종교에 대해서도 동일한 논리를 전개한다. 그는 “신앙심이 산을 움직일 정도로 강한 수천 명의 사람들이 있지만 그들은 종교가 진정 무엇인가라는 질문을 받게 되면 침묵하게 될 것”이라고 말한다. 즉, 종교가 무엇인지 알기 위해서는 종교의 다양한 ‘역사적 형태들’과 인간 내면의 ‘신앙의 능력’을 아울러 연구하는 새로운 과학이 필요하다는 것이다.

종교학은 이처럼 인류의 종교가 하나가 아니라 여럿이라는 ‘인식’, 그리고 종교가 과학적 탐구의 대상이 될 수 있을 것이라는 ‘상상력’과 더불어 시작될 수 있었다. 그러한 인식과 상상력은 타자에 대한 광범위한 지식이 축적되고 다양한 신생 학문의 가능성이 타진되던 당대의 문화적 상황 속에서 현실화되었다. 그리고 그러한 가능성은 한 세기 넘는 종교학의 역사 속에서 다양한 관점의 학술적 기획으로 이어졌다.

종교학은 처음부터 학문적으로 고유한 영역을 확보한 학문은 아니었다. 오히려 언어학, 역사학, 인류학, 심리학, 사회학 등 다양한 학문 분과의 연구 질문과 성과들이 만나 형성하는 유기적인 지적 관계망 속에서 태동하고 발전해 왔다.[2] 종교학의 이러한 특성에 대해 종교학자 월터 캡스(Walter H. Capps)는 다음과 같이 말했다. "달리 말하면, 종교학은 지적 관심들의 모음으로 구성된다. 종교학은 다채로운 주제를 포함하면서 수많은 학문 분과를 끌어들이는 여러 가지 유용한 노작들에 의해 특징지어진다."[3]

특히 종교학을 이끌어 온 주요 학자들의 관심과 문제의식은 19세기 이후의 거대한 지성사적 '전환들(turns)'과 밀접하게 관련되어 있는 것으로 보인다.[4] 가령, 에밀 뒤르켐은 신과 인간의 관계로 묘사되는 기독교적 종교 개념을 그대로 수용하지 않았다. 그는 성과 속의 구별 및 사회적 실재로서의 종교에 주목했는데, 이는 당대 학문 패러다임의 '기능적 전환(Functional Turn)'과 연결되어 있다. 또, 지그문트 프로이트는 종교를 무의식적인 정신세계와 연결했다. 이는 그가 이끌었던 '정신분석학적 전환(Psychoanalytic Turn)'의 성격을 잘 보여 준다. 종교를 궁극적 관심과 규범이라는 창을 통해 바라본 폴 틸리히의 논의는 이는 당대의 '실존주의적 전환(Existentialist Turn)'을 반영한다. 클리퍼드 기어츠는 종교를 현실의 이중적 모델(model of/for)로 기능하는 상징적 문화체계로 보고 중층적 해석의 대상으로 삼음으로써 당대 지성사의 '언어학적 전환(Linguistic Turn)'과 상호작용했다. 윌프레드 캔트웰 스미스, 미르체아 엘리아데, 조너선 스미스 등과 같은 20세기 종교학의 핵심적 인물들 역시 지성사의 이러한 '전환들'을 비판적으로 수용하면서 독자적인 관점과 이론을 전개한 연구자들이다.

20세기 말 학문 생태계의 중요한 흐름 중 하나인 '인지적 전환(Cognitive Turn)' 역시 종교학에 새로운 흐름을 가져왔다. 여기서 '인지(cognition)'는 단지 명시적이고 체계적인 사고만이 아니라 직관과 감정을 포함하는 '마음'을 과학적으로 분석하고 해명하기 위한 연구 범주다. 기존의 철학적 인식론, 의식심리학, 행동주의심리학 등이 추상적으로 다루거나 방법론적으로 배제했던 마음의 구조와 기능 그리고 작동 방식을 알아내고자 하는 것이다. 이는 인지심리학, 컴퓨터공학, 뇌신경과학 등과 함께 발전한 '인지과학(cognitive science)'이라는 연구 프로그램에 의해 더 구체적이고 실증적인 방식으로 탐구되기 시작했다. 인지적 전환은 진화생물학을 바탕으로 하는 또 다른 유형의 '마음의 과학'인 진화심리학 및 인간행동생태학의 발전과도 결부된다. 이처럼 다양한 학문적 접근들이 인류의 생각과 행동에서 나타나는 여러 가지 특징들을 해명하여 인간 다움에 대한 지식을 확장하는 데 기여하고 있다. 인지진화종교학도 이러한 인지적 전환의 맥락을 공유한다.

인지종교학

인지진화종교학이라는 연구 프로그램은 인지종교학(cognitive science of religion)의 문제의식을 발전적으로 계승한 것이다. 인지종교학은 종교학은 물론, 인지과학, 진화행동과학, 심리학, 인류학 등 다양한 학문 분야의 지식을 절충적으로 수용하고 활용하는 탈경계적 종교 연구 프로그램으로서 1990년대부터 가시화되었다. 인지종교학자들은 종교적인 것으로 간주될 만한 사고, 행동, 표현 등의 유사한 패턴이 어떻게 횡문화적으로 널리 나타나고 지속하게 되는지를 마음의 작동 방식에 대한 과학적 연구를 통해 설명하고자 한다.

인지종교학 분야의 연구자들은 종교에 대한 과학적 접근을 추구한다. 그러나 리처드 도킨스와 같은 과학적 회의주의자들처럼 과학적 지식으로 종교의 허위성을 폭로하려는 것은 아니다. 인지종교학 연구자들은 인류가 경험해 온 종교문화의 특징과 광범위한 영향력을 경험적 현실로 수용하면서, 그러한 종교문화의 특징과 영향력이 어디에 뿌리를 두고 있으며 어떤 메커니즘을 통해 구체화되는지를 과학적으로 설명하고자 한다. 하지만 이러한 지향을 종교의 신성한 가치를 옹호하는 호교론적 정당화와 혼동해서는 안 될 것이다. 인지종교학의 목표는 종교문화를 연구해 온 기존 종교학의 성과들과 다양한 문제의식을 확장된 의미의 인간학적 지식과 호환될 수 있게 하려는 노력의 연장선에서 이해할 필요가 있다. 즉, 인지종교학은 고전적 종교학이 밝혀 온 종교적 사상, 실천, 공동체의 내용과 구성, 역사, 의미 등에서 한 걸음 더 나아가, 그러한 종교문화를 가능하게 한 인간 사고와 행동의 고유한 특징들을 과학적으로 해명하는 데 초점을 맞춘다.

인류의 종교적 삶은 개별 종교의 '사상', '실천', '역사', '전통'만으로 설명되지 않는다. 개별 종교는 더 광범위한 인류 문화의 일부일 뿐이다. 인지종교학은 각 종교의 가르침을 넘어 인간 삶에서 종교적 사고와 행동이 발현되는 현장과 일상에 주목한다. 물론 잘 알려진 종교전통들의 역사적 전개 양상 즉 종교사 역시 인지종교학에서 중요한 연구 주제다. 그러나 인지종교학은 각 종교사를 구성하고 서술하는 일에 직접적으로 깊이 관여하지 않는다. 오히려 그러한 다양한 종교들을 향유하는 인간의 마음과 행동을 설명하기 위해 노력한다. 또 인지종교학은 특정 종교전통이 제시하는 관념과 실천의 의미를 해석하는 데 적극적이지 않다. 오히려 인류의 어떤 인지적 특성이 그러한 종교전통의 문화적 활동에 영향을 미치는지를 설명하는 데 관심을 더욱 집중한다.

과학은 자연의 신비에 감탄하면서도 그 신비를 설명 가능한 문제로 전환해 왔다. 인지종교학 역시 종교적 신비를 존중하지만 거기서 설명 가능한 문제를 발견하기 위해 노력한다. 특히 종교적인 생각, 행동, 표현이 어떻게 발현되고 전달되는지, 그리고 그중 일부가 어떻게 문화적 수준으로 분포하게 되는지는 초자연적 현상을 전제하지 않아도 설명될 수 있을 것이다. 또한 종교만을 위한 특수한 인지 체계나 뇌의 병리적 상태를 가정하지 않아도 연구할 수 있는 '종교적' 사고와 행동은 너무도 많다. 따라서 인지종교학은 인간의 일상적인 인지능력과 의사소통능력에 대한 과학적 지식을 통해 문화 속에 현존하는 종교의 많은 특징들을 설명하고자 한다. 그런 점에서 인지종교학은 일종의 '자연주의'를 표방한다고 할 수 있다.

인지종교학의 자연주의적 접근이 종교 연구에서 적합성을 갖는 이유는 인간의 종교성에 관해 더 포괄적인 사유를 추동하기 때문이다. 이러한 접근은 '종교'를 환원불가능한 실재로 전제하지도 않고, 인간을 '호모 렐리기오수스'라고 규정하는 데서 멈추지도 않는다. 인간 삶의 현실에 '종교'라고 불리는 특정한 삶의 양상이 다양하게 존재한다는 것은 연구의 출발점일 뿐 종착점이 아니다. 종교가 자연스런 인간 삶의 일부라면, 종교에 대한 모든 물음은 궁극적으로 인간을 향한다. 종교는 허공에서 뚝 떨어진 것이 아니라 인간에게서 빚어진 것이기 때문이다.

자연주의적 접근은 종교가 초월적인 영역에 속한다는 통념을 유보한다. 오히려 종교를 초월적인 것으로 간주하는 사람들의 사고와 행동에 초점을 맞춘다. 종교와 관련한 인지, 정서, 행동, 발달의 요소들은 오직 종교만을 위해 별도로 마련된 하나의 체계가 아니다. 그 요소들은 종교 이외의 일상에서도 마찬가지로 작동한다. 종교가 하위 단위로 분해하거나 환원할 수 없는 하나의 통합적인 체계로 존재한다는 생각은 일종의 환상일지도 모른다. 가령, 초자연적 현상이나 존재에 대한 믿음, 강박적인 의례적 행동, 옳고 그름에 대한 도덕적 민감성,

집단 정체성이나 집단 행동 같은 요소 등은 종교에 독점적으로 귀속되지 않는다. 그것들은 정치, 예술, 스포츠, 팬덤 등 종교가 아닌 영역에서도 흔히 나타나는 인간 현상이다.

이러한 접근이 종교를 부정하려는 것은 결코 아니다. 이는 오히려 종교가 여타의 사회문화 현상처럼 구체적인 인간의 생각과 행동을 통해 현존한다는 사실을 적극적으로 수용한다. 인지종교학이 추구하는 자연주의적 접근의 핵심은 인간에게 그러한 종교적 생각과 행동이 존재하게 된 원인과 이유를 초자연적 신비에서 찾는 것이 아니라 유한한 인간에게서 찾는다는 데 있다. 즉, 인간이라는 동물에 대해 더 많이 알게 될수록 종교에 대해서도 더 잘 이해할 수 있을 것이라는 기대가 인지종교학적 접근에 동기를 부여한다.

인지종교학에 이론적 표준모델을 제공한 학자인 파스칼 보이어는 이러한 자연주의적 접근의 입장을 잘 피력했다. 보이어에 따르면, 종교적 믿음은 존재론이나 형이상학이 아니라 인식론 혹은 심리학, 즉 마음의 작동 방식과 관련된 문제다. 많은 사람들이 신이나 영혼을 믿는다는 사실은 신이나 영혼의 존재를 입증하는 증거가 아니다. 오히려 그것은 인간 마음이 행위자(agent)를 표상하는 인지 메커니즘에 대한 단서를 제공한다. 마찬가지로 법전이나 종교적 계명은 인간 도덕성의 근원이기보다는 인간이 옳고 그름에 대해 판단하고 타인과 상호작용하는 방식을 보여 주는 사례다. 또, 의례적 실천은 인간의 행위 동기와 행위 표상을 관장하는 뇌의 작동 방식과 신체의 운동을 이해하는 단초가 된다.

즉, 인지종교학이 주로 관심을 기울이는 것은 특정 종교 전통의 초월적 가르침이 아니라, 인간으로 하여금 종교적으로 사고하고 행동하게 만드는 조건과 요인이라고 할 수 있다. 그것은 종교적 사고와 행동에 작용하는 일종의 '제약(constraints)'이다. 여기서 제약이란 무언가를 가능하게 하지만 동시에 그 가능성에 일정한 한계를 부과하는 조건과 요인을 의미한다. 전통적인 종교학은 종교에 영향을 미치는 환경적 제약, 역사적 제약, 사회적 제약, 경제적 제약, 심층심리학적 제약 등을 탐구하는 데 많은 노력을 기울여 왔다. 여기에 '생물학적 제약'을 추가하려는 시도가 바로 인지종교학이라고 할 수 있다.

제약이라는 용어의 의미를 잘 이해하기 위해, 글쓰기를 예로 들어 보자. 나는 지금 컴퓨터 자판을 두드리며 글을 쓰고 있다. 이는 지구상의 다른 동물들에게서 보기 힘든 행동이다. 구석기시대의 인류 조상들은 상상도 못한 일이고, 엄밀히 말해 지금도 현생인류의 일부만이 갖고 있는 특별한 재능이다. 이

재능에 사회, 경제, 역사, 문화 수준의 제약이 작용한다는 것은 부정할 수 없다. 그러나 더 근본적이지만 간과하기 쉬운 생물학적 제약도 작용한다. 가령, 나는 손바닥을 아래로 두고 지문이 있는 손끝으로만 자판을 누른다. 손등 쪽으로는 손가락 관절이 굽어지지 않아서 자판을 정교하게 누를 수 없기 때문이다. 즉, 이는 나의 피부, 뼈, 관절, 힘줄, 근육, 신경, 뇌가 제약하는 활동이다.

일상의 생활만이 아니라 종교적인 사고와 행동도 이와 같은 생물학적 제약에서 자유롭지 않다. 뇌가 없으면 믿음을 가질 수 없고 신체가 없으면 의례를 수행할 수 없다. 많은 종교가 초월과 신비를 이야기하지만, 그 종교의 신자들 대부분은 그러한 초월과 신비를 강렬하게 직접 경험하지 않는다. 각 종교가 내세우는 이상과 그 종교를 가진 사람들 다수가 살아가는 현실은 일치하기 힘들다. 사실상 현실에서 종교적 삶의 대부분은 세속적 삶의 일상과 크게 다르지 않다. 인간의 삶을 제약하는 생물학적 형질들은 종교적 삶과 세속적 삶에 거의 그대로 작용한다. 다시 말해, 종교에 미치는 생물학적 제약은 인간의 삶 일반에 영향을 미치는 생물학적 제약과 크게 다르지 않은 듯하다. 인지종교학은 이처럼 일상의 삶에 작용하는 다양한 생물학적 제약들이 어떻게 종교적 사고와 행동에도 영향을 미치는지를 해명하려는 시도다.

이처럼 인지종교학은 새롭고도 도전적인 연구 프로그램이다. 20세기 말부터 심리학, 인류학, 종교학 분야에서 활동하는 연구자들을 중심으로 인지종교학 연구 성과들이 활발히 출판되었다. 심리학, 인지과학, 생물학 분야의 저명한 학술지에도 관련 논문들이 상당수 게재되기 시작했다. 최근에는 이론적 가설을 수립하는 연구는 물론, 이를 다양한 방식의 데이터 분석이나 실험을 통해 검증하는 연구도 함께 증가하는 추세가 관찰된다.

인지진화종교학

2020년 10월, 나는 국제인지종교학회(IACSR)로부터 특별한 이메일 한 통을 받았다. 학회의 명칭을 변경하는 안건에 대하여 온라인 투표를 진행한다는 소식이었다. 본래의 명칭에 '진화(evolution)'를 추가하고 '과학(science)'을 복수형으로 바꾸어, 학회의 지향을 새롭게 표명하고 회원들의 다양한 학문적 경향을 포괄하자는 것이었다. 이후 3주간의 표결을 거쳐 원안이 채택되었다. 그리고 학회의 명칭은 '국제인지진화종교학회(International Association for the Cognitive and Evolutionary Sciences of Religion, IACESR)'로 변경되었다.

인지종교학 연구자의 일부는 예전부터 '진화'를 중요한 요인으로 인식했으며, '진화인지적 접근'이라는 용어를 사용하기도 했다. 그리고 이 시기 이후 진화인지종교학 또는 인지진화종교학이라는 명칭을 직접적으로 사용하는 경향이 나타났다. 종교적 사고와 행동에 대한 설명에서 '진화'가 핵심 키워드가 됨을 명시적으로 드러내고 있는 것이다.

흥미롭게도, '종교학(religionswissenschaft, science of religion)'은 19세기 말 이른바 '진화론의 시대'에 시작된 학문이다. 초기 종교학사를 이끈 학자들은 진화 이론의 함의를 서로 다르게 평가했지만, 어느 누구도 진화 이론의 영향력 자체를 완전히 벗어나지는 못했다. 그러나 20세기 중반쯤 종교학은 진화 이론과 결별했다. 직접적으로 문제가 되었던 것은 '사회진화론'이었다. 이는 다윈의 진화 이론을 왜곡하고, 서구인들의 자민족중심주의와 결합해 우생학적 지배 이데올로기를 뒷받침했다. 사회진화론은 제2차 세계대전 이후 많은 비판을 받아 학계에서 퇴출되었다. 그러나 대부분의 종교학자들 사이에서는 사회진화론과 다윈의 진화 이론을 구별해 살펴보는 담론의 장이 마련되지 않았고, 결국 '진화'라는 용어 자체가 호소력을 상실하는 결과를 낳았다.

20세기 중반 이후로 다윈주의 진화 이론은 현대 유전학의 발달에 힘입어 실증적인 설명력을 크게 확보했고, 이른바 '신다윈주의' 시대가 열렸다. 종교 연구에서 다윈주의 진화 이론이 다시 진지하게 논의되기 시작한 것은 인지종교학의 태동기라고 할 수 있는 1990년대 초다. 이후, 약 30년 동안 인지종교학이 발전하면서 종교 연구자들이 '진화'에 더 많은 관심을 기울이게 되었다. 인지종교학의 표준적인 이론과 가설을 진화 이론의 관점에서 재평가하고 더 정교하게 다듬기 시작했다. 인지종교학의 선구자들이 유보했던 종교의 적응적 가치에 대한 논쟁도 활발해졌다. 이에 따라 사회성의 진화나 성선택과 같은 주제가 연구자들 사이에서 진지하게 논의되기 시작했다. 종교에 관한 다양한 진화 가설과 설명 모델을 과학적으로 검증하는 논문도 늘어가는 추세다. 진화심리학, 인지과학, 행동생태학 등 관련 학문 분야의 연구가 진전되고 더 많은 설득력을 확보하면서 나타나는 자연스러운 변화라고 할 수 있다.

인지진화종교학의 관점에서 종교의 진화를 탐구한다는 것은 종교적 사고와 행동이 인간 세계에 왜 그리고 어떻게 널리 퍼지게 되었는지에 대한 궁극 설명과 근연 설명을 마련하는 것이다. 종교의 진화에 관한 경쟁적 이론들은 대개 적응주의 모델, 인지적 부산물 모델, 유전자-문화 공진화 모델 등 세 가지 형태로 구분된다. 여기서는 우선 직접 대립하는 가설인 적응주의 모델과 인지적 부산물 모델에 주목하고 둘 사이의 논쟁에 대해 개괄함으로써 그 문제의식을 개괄해 볼 것이다.

적응주의 모델을 채택하는 연구들은 종교가 진화적 적응일 가능성을 탐구한다. 가령, 종교적 권위에 대한 인간의 종교적 복종 행동은 다른 동물에서도 관찰되는 서열 행동과 유사하다. 서열 행동이 진화적 적응이라면 종교적 복종 행동도 적응의 관점에서 접근할 수 있는 여지가 있다. 또한 이른바 '변성의식상태(altered state of consciousness)'로 간주되는 특별한 경험에 적응적 가치가 있다는 주장도 있다. 신비체험을 하거나 초월적 존재를 만났다고 주장하는 사람들 다수에서 스트레스를 감소시키고 질병에 대한 저항력을 높이는 특정한 유전 정보(VMAT2)를 확인했다는 연구도 적응주의적 모델을 바탕으로 한다. 사후 세계에 대한 믿음이나 영성의 추구가 개인의 건강에 이롭다는 주장이나, 종교적 동맹과 연합이 강력한 응집력, 자원 공유, 전투력 등을 발휘함으로써 집단 간 경쟁에 우위를 제공했다는 주장도 적응주의 모델을 따른다고 할 수 있다.

적응주의 모델의 흥미로운 주장 중 하나는 종교가 다양한 인지, 정서, 행동, 발달의 요소들이 결합해 나타난 형질 복합체라는 것이다. 이 주장에 따르면, 종교를 구성하는 다양한 형질들은 일부 동물들에서 관찰되는 의례적 행동에서 파생되었으며, 초기 호미닌 개체군에서 광범위한 협력과 조정, 그리고 사회생활을 가능하게 하는 정교하고 복잡한 하나의 체계로 진화했다. 즉, 종교는 도덕 위반자와 무임승차자를 처벌해 개인과 집단의 협력을 촉진하고, 집단적 의례를 통해 공동체 의식을 생성하며, 다양한 형태의 사회적 협력을 촉진하는 적응적 가치로 인해 진화한 형질 복합체라고 보는 것이다.

이러한 주장에 대해 인지적 부산물 모델은 다른 방식의 설명을 제안한다. 인지적 부산물 모델에 따르면, 종교적 사고와 행동 자체가 아니라 종교적 사고와 행동을 발현시키는 여러 가지 형질들이 진화적 적응이다. 가령, 신이나 영혼 같은 눈에 보이지 않는 초자연적 행위자의 존재와 의도를 떠올리는 것에는 어떤 적응적 가치도 없다. 그러나 어딘가 숨어 있을지도 모르는 포식자를 경계하고 감지하거나, 자기를 해칠지도 모르는 상대의 마음과 의도를 읽어 내는 형질들은 생존과 번식에 유리한 적응적 가치가 있다. 이 형질들은 정확성이 조금 떨어지더라도 빠르게 작용하는 것이 불행한 사태를 예방하는 데 도움이 된다. 그리고 이러한 적응적 형질이 없다면 초자연적 행위자의 존재와 의도를 떠올리는 사고와 행동도 불가능하다.

즉 종교적 사고와 행동은 적응적 형질들의 부수적인 효과일 뿐이다. 다시 말해, 인간에게서 종교적인 사고와 행동이 널리 관찰되는 것은 그것들 자체의 적응적 가치 때문이 아니다. 그것은 종교적 사고와 행동의 기반이 되는 다양한 인지체계들의 적응적 가치 때문이다. 행위자 탐지체계와 행위표상체계, 대상의 심리적·물리적·생물학적 상태에 관한 직관적 추리체계, 위험예방체계, 오염회피체계, 기억체계 등은 진화적 적응이지만 이를 기반으로 발현되는 종교적 사고와 행동은 적응의 부산물이라는 것이다.

따라서 인지적 부산물 모델은 종교의 적응적 기능을 묻는 대신 종교적인 사고와 행동이 인지, 정서, 행동, 발달 등의 적응적 요인들에 의해 어떻게 발현되고 제약되는지를 묻고 탐구한다. 그리고 이를 바탕으로 종교의 기원과 (횡)문화적 성공의 메커니즘을 설명하고자 한다. 한 가지 설명을 요약하면, 진화적 적응 형질들의 부산물로서 다양한 형태의 종교적 생각과 행동이 생산되는데, 그중에서 '인지적 적합성(cognitive relevance)' 즉 인지적 노력 대비 효과가 큰 변이들이 의사소통 과정에서 더 쉽게 퍼져 (횡)문화적으로 널리 분포하게 된다는 것이다.

두 가지 모델은 이른바 적응주의-부산물 논쟁을 촉발했다.

20세기 말, 인지종교학의 선구자들은 주로 인지적 부산물 모델을 지지했다. 적응주의 모델을 옹호하는 연구자들은 한 박자 늦게 토론에 합류했다. 적응주의 모델을 지지하는 연구자들이 인지적 부산물 모델에 문제를 제기하면서 두 모델의 논쟁이 가시화되었다.

어떤 형질이 진화적 적응인지 아닌지를 판정하는 것은 어려운 일이다. 우선 무엇을 형질로 간주할 것인지, 그리고 유성생식의 과정을 통해 그 형질이 어떻게 후손들에게 유전되는지를 밝히는 것부터 골치 아픈 문제다. 이론상, 특정 인지 과정과 행동을 생물학적 형질로 간주할 수는 있다. 그러나 해당 형질을 결정짓는 유전자를 확인하는 것은 쉽지 않으며, 특정 형질과 유전자 사이에 일대일 관계를 설정하는 것은 거의 불가능하다. 또, 어떤 형질이 특정 환경에서 유기체의 번식 적합도를 높인다면 '적응적'이라고 할 수 있지만, 적응적 효과가 있다고 해서 그 형질이 반드시 '적응'인 것은 아니다. 진화적 적응은 조상이 살던 환경의 선택압을 전제로 한 개념이기 때문이다. 형질 복합체의 경우는 더 복잡한 문제일 수밖에 없다.

모든 형질에 보편적으로 적용 가능한 적응 판정 기준은 존재하지 않는다. 적응 여부를 입증하기 위해 검토해야 할 항목은 너무도 많다. 계통발생학적 비교, 적합도 극대화, 조상 환경에서의 이득 등 많은 요건을 따져 봐야 한다. 그리고 적응 여부를 판정할 때 적용할 프로토콜도 완벽하게 합의되어 있지 않다. 어떤 형질을 적응이라고 주장하기 위해서는 해당 형질의 출현에 대한 대항 가설들을 배제해야 한다. 그리고 그 형질이 어떤 선택압을 효율적으로 해결하는지, 그 신뢰성, 경제성 및 정확성을 입증해야 한다. 종교가 이러한 시험대를 통과할 가능성은 희박하다. 그러나 종교적 사고와 행동의 기반을 제공하는 적응적 인지체계들은 사정이 다르다. 각 인지체계의 적응적 기능과 작동 기전은 시험대 위에 올려놓을 수 있다.

복잡한 문제를 안고 있지만, 인지진화종교학의 지향은 분명하게 이해할 수 있다. 종교적 사고와 행동에 관여하는 형질들을 더 많이 발견하고, 그 형질들의 진화적 기원, 기능적 편향과 한계에 관해 더 많이 알게 되면, 종교에 대한 우리의 지식도 크게 발전할 수 있으리라는 기대는 여전히 유효하다. 그리고 이러한 설명 방식은 인류의 종교가 매우 파편적이고 분산적인 현상이라는 횡문화적 증거들, 그리고 그런 현상들을 하나로 묶는 '종교(religion)'라는 개념이 서양의 제도 종교를 모델로 삼아 비교적 최근에 형성된 것이라는 종교학의 비판적 지식과 모순 없이 양립할 수 있다는 장점이 있다.

인지진화종교학적 연구가 주목해 온 흥미로운 주제 중 하나는 '친사회성'의 진화와 '종교'의 진화가 어떤 상관성을 갖는지에 관한 것이다. 이러한 연구는 아라 노렌자얀(Ara Norenzayan)의 『거대한 신, 우리는 무엇을 믿는가』[5]나 조지프 헨릭(Joseph Henrich)의 『호모 사피엔스: 인류를 지배종으로 만든 문화적 진화의 힘』[6]과 같은 저서를 통해 일견할 수 있다. 그들은 종교적 생각과 행동이 근원적으로 그 자체로 진화적 적응의 결과가 아니라 진화를 통해 갖춰진 인지 체계가 작동하는 과정에서 나타난 부산물과 같은 것이라는 표준적인 관점을 인정한다. 그러면서도 그들은 다양한 종교적 믿음과 실천에 적응적인 사회심리학적 효과가 있다고 주장한다. 그뿐만 아니라 종교적 믿음과 실천이 인간 사회성의 진화에 인과적 요인으로 작용할 수 있음을 제안한다. 그들은 특히 감시하고 처벌하는 도덕적 신 관념과 같은 특정한 부류의 종교적 표상들이 지난 12,000년간 이루어진 인간 사회 규모의 확장 과정과 밀접한 인과적 상관성을 갖고 있다고 본다. 이러한 가설적 주장은 단지 사변적인 수준의 철학적 통찰만은 아니다. 이러한 가설을 검증하기 위해 연구자들은 다양한 사회나 집단을 대상으로 이루어진 최근의 행동과학적 실험, 심리학적 프라이밍(priming) 연구, 세부적인 민족지적 사례들 그리고 민족-역사적 패턴들 등 광범위한 자료들을 동원하고 있다.

평가와 과제

'인간다움'에 대한 연구는 인문학의 핵심 과제다. 그리고 그 과제는 이제 인문학의 경계를 넘어 질문을 공유하는 다양한 분야의 연구자들이 협력해서 풀어 가야 할 문제로 떠오르고 있다. 그 과정에서 동시대의 일반지식을 구성하는 과학적 지식이 공통의 언어를 마련하는 데 큰 기여를 하고 있다.

이런 변화와 흐름에 대한 학계의 평가가 모두 호의적인 것은 아니다. '인간다움'을 전통적인 인문학의 경계를 넘어 인지과학이나 진화과학의 관점에서 '과학적'으로 연구하려는 시도에 부정적인 입장을 가진 학자들은 여전히 많다. 특히 국내 대학에서는 이런 변화와 흐름을 본격적으로 반영하는 공식 교과목이 독립적으로 개설된 사례는 그리 많지 않다.

사실 한국연구재단의 연구자정보 사이트에 제시된 학문 분류에는 인지종교학이나 진화종교학 따위는 존재하지 않는다. 이런 분야는 인지과학이나 진화생물학은 물론 심지어 종교학이나 인류학의 하위 분류에서도 찾아볼 수 없다. 전 세계적으로 비교적 소수의 연구자들이 사용하는 용어이므로, 학계 전체에서 이 개념이 모호하고 낯선 것은 당연하다. 그럼에도 불구하고 나는 개인 프로필에 '인지종교학'이나 '진화종교학'이라는 용어를 적극적으로 사용한다. 그것이 나의 학문적 관심과 연구 질문을 잘 대변해 주기 때문이다. 학문적 탐구를 위해서는 제도적 장치만큼이나 개인의 연구 질문도 중요하다. 그리고 기존 학문 분과의 경계를 넘나들면서 탐구할 수밖에 없는 새롭고 중요한 질문은 언제나 존재한다. 인지진화종교학은 단일한 학문 분과의 이름이 아니라 여러 가지 연구 질문의 범주에 가깝다. 이는 종교에 관한 새로운 연구 질문들의 느슨한 연합이 이끌어 내고 있는 초학제적 연구 프로그램에 대한 잠정적인 명명이기도 하다.

힘들게 일구어 온 인문학 아카데미의 지향은 존중되어야 한다. 그리고 전통적인 인문학이 추구해 온 지식과 소양의 가치도 여전하다. 새로운 지적 모험은 아카데미를 지탱하는 분과 학문의 지지를 필요로 한다. 그러나 학문적 탐구에 동기를 부여하는 것은 연구 질문이다. 질문이 변하면 연구의 방법과 내용도 변할 수밖에 없다. 인간에 대한 지식이 풍부해짐에 따라 질문도 풍부해지고 있다. '인간다움'에 대한 진전된 탐구는 전통적 인문학의 성과와 더불어 몸, 뇌, 인지, 진화를 아우르는 탈경계적 사고와 질문이 이끌 것이다. 그러나 어느 누구도 이를 혼자 감당할 수 없다. 탈경계적 분업과 협업을 기본으로 하는 새로운 학술 모델의 창출을 고민할 시기다.

08

문학은 어떻게 대중과 만날까?

:『젊은 베르터의 고통』과 『그림 동화』의 경우

홍진호

대중문학과 정통문학의 구분을 위해 두 종류의 문학을 거칠게 정의해 본다면, 대중문학은 '보다 많은 사람들이 쉽게 느낄 수 있는 재미를 추구하는 상업적 문학', 정통문학은 '재미나 상업적 성공과 무관하게 미적(문학적)·교육적·성찰적 가치의 실현을 추구하는 문학'이라고 할 수 있다. 그러나 이러한 구분은 당연하게도 매우 불완전하다. 대중문학 작품 중에도 문학적 완성도나 교육적·성찰적 측면에서 뛰어난 작품들이 있고, 정통문학 작품 중에도 대중적 취향에 맞는 재미를 바탕으로 커다란 상업적 성공을 거둔 작품들이 있기 때문이다. 따라서 정확한 분류를 위해서는 작가의 성향과 의도, 작품의 출판 및 유통·판매 경로 등 다양한 작품 외적 요소들이 함께 고려되어야 한다. 하지만 경계에 서 있는 작품들까지 고려해야 하는 정확한 학문적 분류의 문제로부터 벗어나서 본다면 대중적 재미와 성공은 대중문학의 특징으로 받아들여지는 것이 일반적이라 할 수 있다.

이러한 맥락에서 흔히 성찰적인 문학의 전형으로 꼽히는 독일 문학이 항상 '재미없고 어려울 것 같다'는 의심을 받는 것은 놀랄 만한 일은 아니다. 오히려 놀라운 것은 재미, 혹은 '대중성'이—특히 계몽주의와 고전주의 이래로—교육적인 경향을 두드러지게 보여 주는 독일 문학에서도 중요한 문제였다는 사실일지도 모르겠다. 교육적인 목적이 실현되려면 우선은 문학이 교육의 대상인 대중을 만날 수 있어야 하고 이를 위해서 '재미'는 훌륭한 수단이기 때문이다. 따라서 비록 그 자체가 가치 있는 것으로 여겨지지는 않았다 하더라도 흥미로운 줄거리는 교육적 목적을 가진 문학 작품들에서 적지 않은 의미를 가지고 있었다. 독일 계몽주의를 대표하는 작가이자 희곡 이론가 고트홀트 에프라임 레싱(1720~1781)이 희곡 『에밀리아 갈로티』에서 '딸의 순결을 지키기 위해 딸의 심장에 칼을 꽂는 아버지'라는 충격적인 이야기를 줄거리로 삼은 것은 그런 이야기가 독자와 관객의 관심을 끌기에 유리하기 때문이기도 했을 것이다.

그러나 19세기 이후 전통적인 문학은 여러 가지 이유로 점차 대중으로부터 거리가 멀어져 왔다. 19세기 중반 이래 문맹률의 대폭적인 하락과 함께 출판 시장이 본격적으로 형성되면서, 통속적인 대중문학이 빠른 속도로 성장했으며 이와 더불어 문학 시장은 급격히 커지기 시작했다. 그러나 '재미'의 측면에서 이들 대중문학과 경쟁이 되지 않았던 전통적 문학은 재미와 오락거리를 찾는 새로운 독자들을 수용할 수 없었을 뿐만 아니라, 기존의 독자들 중 인간과 세계에 대한 깊이 있는 성찰과 교육적 내용보다는 재미 때문에 소설과 희곡을 읽었던 독자들까지 잃어버릴 수 밖에 없었다. 19세기 말에 이르러서는 교육적 목적이 뒤로 물러나고 소수의 엘리트들만이 이해할 수 있는 '아름다움'을 추구하는 '순수' 문학이 등장하면서, 또 그 뒤에는 잘 짜인 줄거리가 완전히, 혹은 부분적으로 사라진 실험적 문학이 등장하면서 정통문학이 폭넓은 대중들에게 읽히는 일은 점점 드문 일이 되었다.

이러한 상황은 20세기 후반 이후 독일뿐만 아니라 전 세계에서, 또 한국에서도 더욱 심화된 모습으로 발견된다. 『반지의 제왕』이나 『해리 포터』 등 전통적인 책의 형태로 출간된 소설들은 새로운 차원의 재미를 개척하며 정통문학은 상상도 할 수 없는 규모의 판매부수를 기록했고, 새로운 미디어에 적응한 대중문학이라 할 수 있는 웹소설은 모바일 기기의 미디어적 특성을 활용하고 새로운 사회문화적 트렌드에 빠르게 대응하는 이야기를 대규모로 공급하며 젊은 세대의 가장 중요한 '소설' 장르로 자리 잡아 가고 있다. 게다가 영화관이나 비디오/DVD/블루레이 대여점을 거쳐야만 관객에게 전달되던 영화가 넷플릭스 등 OTT(over-the-top media service)를 통해 책장보다 더 가까운 곳으로 다가오게 되면서 여가 시간을 재미와 감동으로 채우고자 하는 사람들은 책을 집어들기보다는 스마트TV 앞 소파에 자리를 잡고 앉거나 스마트폰과 태블릿을 손에 들게 되었다.

물론 시집과 소설책이 더 이상 예전처럼 팔리지 않으며, 예전처럼 많은 사람들에 의해 읽히지 않는다고 해서, 전통적인 형식의 문학이 가지고 있는 예술적·문화적 가치가 줄어든 것은 아니다. 여전히 많은 작가들과 작가 지망생들이 훌륭한 문학작품을 창작하기 위해 각고의 노력을 하고 있으며, 예전 같진 않더라도 여전히 많은 독자들이 재미있는 줄거리가 전부가 아닌 전통적 형식의 소설들을 읽으며 감동을 하고 깨달음을 얻는다. 그러므로 아무리 대중문학과 새로운 매체를 기반으로 한 대중적 창작물들이 지배적인 시대가 되었다 하더라도 그것이 정통문학의 종말을 의미하진 않을 것 같다. 대중문화가 정통문화를 완전히 대체할 수 있는 것도 아니고, 대중문화를 즐기는 사람이 항상 정통문화에 흥미를 느끼지 못하는 것도 아니다.

그러나 재미와 상업적 성공을 가장 중요한 목적으로 삼는 대중문화가 개인과 사회의 문화 소비를 지배하는 상황 속에서 정통문학과 대중의 접점은 줄어들 수밖에 없다. 그리고 대중에 대한 영향력을 상실한, 그리고 그 과정에서 문화적 대표성과 권위 역시 상실할 수밖에 없는 정통문학은 더 이상 사회문화적 화두를 제시할 수도, 사회문화적 이슈에 대한 논의에 참여하거나 이를 이끌어 갈 힘을 가질 수도 없다. 문학 내에서 이뤄지는 예술적 성취나 비판적 성찰 역시 '그들만의 성과'로 그치기 쉽다. 따라서 대중성의 상실은 단순히 정통문학 시장의 축소만을 의미하는 것이 아니라 문학의 사회문화적 기능 상실로까지 이어질 수 있다. 그리고 이는 (게다가 대중과의 접점 상실이 문학에서만 벌어지는 일은 아니기 때문에) 종국에 가서는 예술적 성취와 비판적 성찰을 토대로 하는 문화의 동력 상실로 이어질지도 모른다.

이러한 조금은 비관적인 전망과 문제의식에서 출발하여 본 글에서는 문학이 대중과 밀접한 관계를 맺고 있던 유럽의 과거 사례를 통해 문학과 대중, 혹은 문학과 대중문화의 관계에 대해 다시 한번 생각해 보고자 한다. 첫 번째로 살펴보게 될 사례는 독일 문학의 존재를 유럽 전역에 알린 첫 번째 작품이라 할 수 있는 요한 볼프강 폰 괴테(1749~1832)의 소설 『젊은 베르터의 고통』(1774, 2판은 1787)이다. "18세기 최대의 미디어 스캔들"이라 일컬어질 만큼 거대했던 이 작품의 대중적 성공은 우리에게 정통문학이 대중과 행복하게 만날 수 있는, 그러나 아마도 지금은 불가능할 최적의 조건들을 보여 준다. 두 번째로 살펴볼 작품은 흔히 "그림 동화"로 알려진 그림 형제의 『어린이와 가정을 위한 동화』(1812~1858)이다. 이 동화집의 이면에 숨어 있는 그림 형제의 의도와 전 세계에서 200년이 넘도록 지속적으로 이어지고 있는 이 동화집의 대중적인 성공은 '문학에 있어서 대중성이란 무엇인가?'라는 질문에 대해 우리에게 잘 알려진, 그러나 정통문학의 관점에서 조금은 생소하게 느껴지는 관점을 제시해 준다.

요한 볼프강 폰 괴테, 『젊은 베르터의 고통』

괴테는 희곡 『파우스트』(1808, 1832), 『타우리스섬의 이

피게니에』(1787), 장편소설 『빌헬름 마이스터의 수업시대』(1795/96) 등의 작품으로 전 세계적인 명성을 얻은, 독일문학을 대표하는 작가 중 한 명이다. 그러나 괴테의 작품들 중 가장 많은 독자들의 호응을 얻은 것은 『젊은 베르터의 고통』(1774, 2판은 1787, 과거에 일본과 미국 번역본의 영향으로 "젊은 베르테르의 슬픔"으로 번역되곤 했지만 원제 "Die Leiden des jungen Werthers"의 올바른 번역은 "젊은 베르터의 고통"이다)이었다. 편지 형식으로 쓰인 이 소설은 국내에서 〈베르테르〉라는 창작 뮤지컬로 만들어질 정도로 우리나라의 독자들에게도 익숙한 작품이다.

『젊은 베르터의 고통』은 당시 25세에 불과했던 젊은 작가 괴테가 1774년에 익명으로 발표한 이후 곧장 베스트셀러가 됐으며, 출간 후 몇 달 만에 재판이 인쇄되었고, 1775년에는 독일 전역으로 퍼지게 되었다. 자살, 노골적인 교회 비판과 귀족계급에 대한 반감 표현 등 당시로서는 파격적이었던 내용 때문에 일부 지역(독일에서는 라이프치히, 덴마크와 이탈리아의 일부 지역 등)에서 판매금지 되었음에도 불구하고 발표 후 5년 동안 1만 부 정도가 팔렸을 것으로 추정된다. 이러한 판매 부수는 당시 독일의 인구가 약 1,860만 명이었으며, 이 중 6세 이상이면서 동시에 글을 읽을 수 있는 사람들의 비율이 15%(약 279만 명)에 불과했다는 사실을 고려하면 놀라운 것이 아닐 수 없다.

이를 2023년 한국의 인구 통계를 기준으로, 또 10세 이상의 한국인이 모두 글을 읽을 줄 안다고 가정하여 환산해 보면 약 17만 2,000부, 연간 약 3만 4,400부에 해당하는 것으로, 아직 현대적인 도서 시장과 유통망이 존재하지 않았으며 독일이 여러 나라로 쪼개져 있었던 상황을 고려하면 매우 놀라운 판매부수이다. 『젊은 베르터의 고통』의 성공은 독일에만 국한된 것이 아니었다. 이 소설은 프랑스어, 영어, 이탈리아어, 러시아어로 빠르게 번역되어 전 유럽에서 베스트셀러가 되었고, 나폴레옹은 일곱 번을 읽었다고 전해지기도 한다. 베르너 풀트에 따르면 "나이와 신분과 성별을 넘어서, 하녀로부터 귀부인까지, 철학자로부터 마부에 이르기까지, 유식한 사람과 무식한 사람 모두"를 만족시킨 최초의 독일 소설이자 "독일의 첫 번째 베스트셀러"였던 『젊은 베르터의 고통』은 그 결과 독일 문학사에서 가장 성공한 작품 중 하나로 남게 되었다.

열정적인 사랑에 대한 이야기이자 사회에 대한 비판적 시선으로 가득한 『젊은 베르터의 고통』은 특히 당대의 젊은이들로부터 커다란 호응을 얻었다. 흔히 '베르터 열풍'이라 일컬어지는 『젊은 베르터의 고통』에 대한 젊은이들의 열광은 (황동 단추가 달린 파란색 코트, 노란색 조끼, 갈색 장화, 둥근 펠트 모자로 구성된) '베르터 패션', 그리고 (소설 속의 장면을 그려 넣은) '베르터

찻잔'과 '베르터 향수'의 유행으로 나타났다. 그러나 이 소설의 사회적 영향력을 가장 드라마틱하게 보여 준 것은 '베르터 효과'였다. 이루어질 수 없는 사랑에 괴로워하던 당대의 여러 젊은이들이 베르터의 예를 따라 베르터의 복장을 하고 자살한 것이다. 물론 이러한 안타까운 자살이 처음부터 '베르터 효과'라고 불린 것은 아니다. 이 개념은 1974년 미국의 사회학자였던 데이비드 필립스가 유명인의 자살이 언론을 통해 보도된 후 유사한 자살 사례가 증가하는 사회적 현상을 지칭하기 위하여 처음 사용한 것으로, 그가 현대의 사회현상을 설명하기 위하여 '베르터'를 선택하였다는 사실 자체도 『젊은 베르터의 고통』의 지속적인 문화적 영향력을 보여 주는 것이라 할 수 있다. 어쨌든 괴테는 자신의 작품이 가져온 예기치 못한 결과에 매우 놀랐다고 전해지며, 그 결과 두 번째 판본에 "남자가 되어라, 그리고 나[베르터]를 따르지 말아라"라는 내용을 담은 시를 삽입하였다. 이러한 부정적 영향력 때문에, 또 기독교에서 죄악으로 받아들여지는 자살로 주인공이 삶을 마무리했다는 사실 때문에 이 작품은 커다란 논란을 불러일으켰지만, 『젊은 베르터의 고통』은 이와 무관하게, 혹은 이 때문에 더욱 더 당대 유럽에서 가장 많이 읽히고, 가장 큰 사회문화적 영향력을 가진 작품이 되었다. 괴테는 후에 자서전에서 이 소설의 "영향력이 매우 컸다, 아니 어마어마했다"고 적었다.

그렇다면 『젊은 베르터의 고통』은 오늘날과는 사회문화적 상황이 전혀 달랐던 18세기에 어떻게 그렇게 큰 대중적 성공을 거둘 수 있었던 것일까? 이에 대한 설명은 우선 작품 외적인 조건에서 찾을 수 있다. 성인 중 글을 읽을 수 있는 사람의 비율은 17세기 약 5%에서 1750년경에는 10%로 상승했으며, 1770년에는 15%까지 상승한다. 19세기에 본격적으로 이뤄진 문맹률 감소[1]의 시작이라 볼 수 있는 이러한 문맹률 변화는 도서 및 잡지 소비자의 폭발적인 증가를 의미했다. 이에 따라 합스부르크 가문이 지배하던 지역을 제외한 신성로마제국, 즉 오늘날의 독일을 포함하는 독일어권 지역의 연간 신간 수는 1740년 약 750권에서 1780년경에는 약 5,000권으로 급증했다. 신간 도서 중 (재미있는 이야기를 담은) 문학 작품의 비중도 꾸준히 높아졌는데, 1740년 약 6%에 불과했던 신간도서 중 문학 작품의 비율은 1770년에는 16.5%로 늘어나, 문학은 신학을 제외하고는 가장 많은 도서가 출간되는 분야가 되었고, 1800년에는 21.45%로 신학 관련 서적을 제치고 가장 많은 신간도서가 출간되는 분야가 되었다. 또한 아직은 비싼 책값을 부담할 수 없었던 사람들을 상대로 저렴한 가격에 책을 빌려 주는 사설 도서관의 수는 1800년경 약 200여 개에 이르렀다고 한다. 출판 시장을 둘러싼 이러한 통계들은 이 시기에 대중적인 독서 문화가 본격적으로 시작되었으며, 이유가 무엇이든 간에 그들의 관심이 점차 문학에 집중되고 있음을 잘 보여 준다. 『젊은 베르터의 고통』이 "독일 최초의 베스트셀러"가 된 것은 이와 같은 사회문화적 변화와 출판 시장의 변화와 밀접한 연관이 있다. 문맹률의 감소와 출판 시장의 변화 및 문학에 대한 독자의 관심이 없었다면 『젊은 베르터의 고통』은 베스트셀러가 될 수 없었을 것이며, 이런 변화가 본격적으로 시작되던 시점이 아니었더라면 '최초의' 베스트셀러는 될 수 없었을 것이기 때문이다.

그러나 『젊은 베르터의 고통』이 당대의 독자들에게 그렇게 커다란 사랑을 받았던 이유는 무엇보다도 작품 자체에 있다. 괴테는 『젊은 베르터의 고통』을 통해 단순히 흥미진진한 사랑 이야기만을 전달한 것이 아니라, 한 순수하고 격정적인 청년의 사랑 이야기를 통해 18세기 중후반의 중요한 사회문화적 이슈들에 대해 그 시대를 살아가는 젊은이들의 전적인 동감을 이끌어 낼 수 있는 진보적인 견해를 제시했고, 이러한 줄거리 이면의 메시지는 단순한 사랑 이야기로는 얻어낼 수 없었을 젊은 독자들의 열광적인 호응을 가능하게 만들었다.

18세기 중후반 독일은 이성적 사고를 강조하는 계몽주의적 사고방식이 지배적이었다. “이성을 사용할 용기를 가져라”라는 임마누엘 칸트의 모토가 상징하는 이러한 사고방식은 그러나 격정적인 감정을 비이성적으로 거부하는 경향으로 이어졌고, 이는 오히려 감정을 중시하는 젊은 작가들이 등장하는 토대가 되었다. 괴테는 이룰 수 없는 격정적 사랑에 사로잡혀 괴로워하는 베르터의 이야기를 이러한 시대적 문제를 다루는 장으로 만들었다. 예컨대 격정적인 베르터와 그의 연적이자 이성적인 사고방식을 대변하는 알베르트 사이의 자살과 관련된 유명한 논쟁은 괴테가 베르터의 사랑 이야기를 통해 무엇을 말하고자 했는지를 잘 보여 준다. 이 논쟁에서 “열정에 사로잡힌 사람은 모든 사고력을 잃는다”고 믿고 있는 알베르트는 이렇게 주장한다. (극단적인 정서적 상황에서 출발한) “자살이란 결국 나약함 때문이라고밖에는 볼 수 없기 때문이에요. 괴로움에 가득 찬 삶을 꿋꿋하게 참고 견뎌 나가기보다는 차라리 죽는 편이 더 쉬우니까요.” 이에 베르터는 다음과 같이 반론을 펼친다. “인간의 본성에는 한계가 있어요. 기쁨, 슬픔, 괴로움 같은 희로애락의 감정을 참는 데도 한도가 있는 법이고, 그 한도를 넘으면 당장에 파멸하고 말아요. 따라서 이런 경우 어떤 사람이 강하다 약하다 하는 것이 문제가 되는 것이 아니라, 정신적인 일이건 육체적인 일이건 고통의 한도를 견뎌 낼 수 있는가, 없는가가 문제지요. 그래서 나는 자기의 목숨을 스스로 끊는 사람을 비겁하다고 부르는 것은 마치 악성 열병에 걸려 죽어가는 사람을 겁쟁이라고 하는 것과 마찬가지로 이상한 일이라고 생각해요." 베르터의 자살에 대한 복선이기도 한 이 장면에서 베르터는 인간을 오로지 이성적인 관점에서 바라보는 것은 잘못된 일이라는 사실을, 자살에 이를 정도로 격정적인 감정 역시 인간의 일부임을 강변하고 있다. 그리고 당대의 젊은 독자들이, 이성적 판단만을 강요하는 당대의 지적 경향 속에서 답답함을 느끼던 젊은이들이 이 장면에 환호한 것은 당연한 일이었다.

소설의 중반에 등장하는 백작 에피소드 역시 비슷한 방식으로 젊은 독자들의 호응을 얻었다. 베르터는 이룰 수 없는 사랑의 고통으로부터 벗어나기 위해 짝사랑의 대상인 샤를로테가 있는 도시를 떠나 한 백작에게로 가서 그의 일을 돕는다. 그리고 그 과정에서 자신들의 신분에 대한 자만심에 사로잡혀 있고 권력욕에 사로잡혀 수치스러운 일을 서슴없이 할 뿐만 아니라, 허례허식에 찌들어 있는 귀족들을 신랄하게 비판한다. "모든 관심은 형식적인 의례에만 쏠려 있고, 어떻게 하면 한자리라도 상석에 앉아볼까 여러 해 동안 밤낮으로 노심초사하는 그런 사람들은 도대체 어떤 종류의 인간인지!" 귀족과 시민들 사이의 정치적 갈등이 절정을 향해 치닫고 있던 시기에, 프랑스 혁명(1789)을 앞둔 극단적 대립의 시대에 이러한 비판적인 귀족 묘사는 한편으로는 강력한 반발을 불러일으켰지만, 다른 한편으로는 시민계급 출신의 젊은 독자들의 열렬한 호응을 얻었다. 『젊은 베르터의 고통』의 성공은 시대정신을 꿰뚫는 작품의 주제 의식이 없다면 가능하지 않았을 것이다.

격정적인 감정의 변호, 귀족계급에 대한 신랄한 비판과 더불어 당대 젊은 독자들을 열광하게 만든 것은 현실 기독교에 대한 비판이었다. 『젊은 베르터의 고통』은 편지 형식으로 쓰인 소설로, 독자들은 1인칭 서술자인 베르터의 시선으로 풍경과 사건들을 경험하고, 베르터의 생각과 감정을 그의 관점에서 공유한다. 이러한 서술 형식은 독자로 하여금 주인공인 베르터에게 적극적으로 감정이입을 하도록 만든다. 독자는 베르터와 함께 샤를로테를 사랑하게 되고, 이룰 수 없는 사랑에 함께 괴로워하며, 함께 절망한다. 그리고 갑작스럽게 등장하는 새로운 서술자, 베르터의 친구를 통해 베르터가 자살했다는 소식을 접하게 되면서 한없는 슬픔을 느낀다. 그리고 이 진실하고 격정적인 젊은이의 장례식에 "성직자는 한 명도 따라가지 않았다"는 사실을 알게 되었을 때, 과연 이 불행한 젊은이의 안타까운 죽음에 위로와 축복의 말 한마디를 전하지 않는 현실

속의 기독교가 인간을 사랑하는 신의 뜻을 진정으로 대변하고 있는 것인지에 대해 의문을 품게 된다. 심지어 이 문장이 길었던 고통의 이야기를 마무리 짓는 마지막 문장이었다는 사실로부터 독자들은 작가의 의도를 분명하게 느낄 수밖에 없다. 소설의 중반에 등장하는 목사 부인의 에피소드에 의해 미리 준비되는 이러한 종교적 문제 제기는 당대의 교회가 커다란 대중적 성공을 거둔 이 소설에 강력한 거부 반응을 보인 이유 중 하나였다. 교회는 『젊은 베르터의 고통』이 비윤리적인 사랑과 자살이라는 죄악을 미화하는 악마의 책이라고 비난했지만, 그 비난의 이면에는 괴테가 베르터의 비극적인 사랑 이야기를 통해 제기하고 있는, 교리에 사로잡혀 하나님의 본질적인 뜻을 외면하는 교회의 문제를 숨기고자 하는 의도가 있었음은 분명하다. 그리고 그러한 문제를 적나라하게 드러내는 이야기는 베르터의 격정적인 감정에 동화된 많은 젊은이들의 호응을 얻을 수밖에 없었다.

시대정신을 관철하는 『젊은 베르터의 고통』의 주제 의식이 이 소설의 엄청난 성공의 주요한 이유가 되었던 것은 사실이지만, 그러한 주제들을 서로 밀접한 관계를 가지고 있어 따로 떼어낼 수 없는 유기적인 이야기로 엮어 낸 괴테의 문학적 역량이 이 소설을 독일 문학사에 영원히 남게 될 걸작으로 만들었다는 사실도 분명하다. 그러나 이에 더해 생각해 봐야만 하는 것은 이 소설의 줄거리가 가지고 있는 파격성, 자극성, 선정성이 이 소설의 성공에 커다란 기여를 했다는 사실이다. 앞서 살펴본 바와 같이 문맹률이 급격하게 하락하고 사설 도서관을 통해 저렴하게 책을 구해 읽을 수 있으며, 출판의 중심이 종교적·윤리적 교육에서 문학으로 옮겨 갔다는 것은 책이 돈을 벌 수 있는 수단이 되기 시작했다는 것을 의미한다. 그리고 이는 출판사의 관심이 본격적으로 돈벌이가 되는 책, 즉 누구에게나 흥미로운 이야기를 담은 책, 혹은 엔터테인먼트를 위한 책으로 넘어가게 되었으며, 새로 독서 시장에 들어온 독자들 역시 오락거리로서의 소설을 원했다는 사실을 의미하기도 한다. 오락거리를 원하는 독자들에게 비윤리적인 사랑, 열정적인 사랑, 이룰 수 없는 사랑으로 인한 처절한 절망과 종교적 죄악인 자살 등으로 인해 당대의 관점에서 자극적이고 선정적으로 느껴질 수 있는 『젊은 베르터의 고통』의 줄거리는 커다란 대중적 성공의 중요한 요소였다.

지금까지 살펴본 것처럼 『젊은 베르터의 고통』은 당대 출판 시장의 변화, 시대정신을 관통하는 주제 의식, 그리고 자극적인 줄거리를 통해 이전의 독일문학사에서 유례를 찾아볼 수 없던 커다란 대중적 성공을 거두었다. 오늘날의 관점에서 볼 때 『젊은 베르터의 고통』의 성공은 매우 특별해 보이는데, 그것은 『젊은 베르터의 고통』이 뛰어난 문학성과 깊이 있는 주제를 통해 커다란 명성을 얻었을 뿐만 아니라, 동시에 자극적이고 흥미진진한 줄거리를 통해 대중적인 성공까지 거뒀기 때문이다. 들어가는 말에서 살펴봤던 것처럼 문학성과 대중성이 영원히 갈라선 듯 보이는 시대에 『젊은 베르터의 고통』은 낯선 작품이다. 그러나 우리는 『젊은 베르터의 고통』의 예를 통해 문학작품이 수준과 깊이를 유지하면서도 대중들과 만나는 것이 항상 불가능한 것은 아니었다는 사실을 새삼스럽게 깨닫게 된다. 물론 그것이 정통문학과 대중문학이 분화되지 않았던 시기였기 때문에, 즉 독자들이 아직까지 정통문학에서 오락과 재미를 얻을 수 있을 것이라 기대하던 시대였기 때문에 가능한 일이었다 하더라도 말이다.

야콥 그림 & 빌헬름 그림 『어린이와 가정을 위한 동화』

우리가 흔히 『그림 동화』로 알고 있는 동화집은 형제였던 야콥 그림(1785~1863)과 빌헬름 그림(1786~1859)이 전승되던 동화와 민담을 수집하여 각각 1812년과 1815년에 발표한 『어린이와 가정을 위한 동화』 1권과 2권이다. 이 동화집의 전 세계적인 성공으로 인하여 그림 형제는 주로 동화 수집가나 동화 작가로 알려지게 되었지만, 사실 이 두 사람은 『독일 전설』(1816, 1818), 『독일 신화』(1835), 『독일어의 역사』(1848), 『독일어 문법』(1819), 『독일어 사전』(1854~1960)[2] 등 초기 독어독문학의 전설적인 저서들을 남긴, 당대에 커다란 정치적·사회문화적 영향력을 가지고 있던 독어독문학자였다.

야콥 그림과 빌헬름 그림이 학자로서 성장해 가던 19세기 초반 독일은 신성로마제국의 틀 안에 여러 나라로 나뉘어 있었다. 신성로마제국의 뿌리는 중세로까지 내려간다. 10세기에 동프랑크의 오토 1세는 오늘날의 독일, 오스트리아, 스위스, 프랑스 동부, 체코, 이탈리아 중북부를 포함하는 광대한 영토를 정복하고 신성로마제국을 건립하였다. 신성로마제국은 수많은 왕국, 공국, 후국, 백국 등으로 구성되었으며, 이후 황제의 권한이 제한적인 선거군주국으로 발전했다. 이로 인해 독일은 프랑스나 영국처럼 강력한 중앙집권국가로 발전하지 못하고 19세기에 이르기까지 신성로마제국의 느슨한 틀 안에 수많은 연방국들이 존재하는 국가의 형태를 유지하였다. 이러한 상황 속에서 그림 형제를 비롯한 수많은 시민계급 출신의 젊은 지식인들은 통일된 민족국가의 형성이라는 정치적 이상을 갖게 되었다.

문화적으로 볼 때 이 시기 독일은 이제 완숙기에 접어든 괴테와 프리드리히 실러가 이끄는 고전주의적 경향과 함께 낭만주의가 주도하고 있었는데, 낭만주의 문학은 이성중심적인 계몽주의로부터 벗어나 현실로부터의 이탈, 환상, 마법, 꿈과 밤의 세계 등을 지향하는 문학적 경향이었다. 낭만주의의 이러한 경향은 자연스럽게 동화에 대한 관심으로 이어졌다. 마녀와 요정이 등장하고, 마법과 환상적인 존재들이 등장하는 동화의 세계는 낭만주의의 지향점과 잘 맞아떨어졌기 때문이다. 이에 따라 그림 형제 외에도 아힘 폰 아르님, 클레멘스 브렌타노, 아우구스트 무제우스, 빌헬름 귄터, 베네딕테 나우베르트 등 많은 작가들이 동화집을 발표했다.

그러나 동화에 대한 관심은 단순히 문화적인 것만은 아니었다. 통일된 민족국가 건설이라는 이상을 실현하기 위해서는 우선 독일 민족의 정체성을 확립해야만 했으며, 독일 민중들에게서 자생적으로 생겨난 동화와 민담이야말로 독일 민족의 정체성을 가장 분명하게 보여 주는 것이라는 생각 역시 당대 동화에 대한 관심의 중요한 이유 중 하나였다.

그림 형제는 독일의 많은 작가들이 그러하듯 정치적인 사람들이었다. 그들은 시민 혁명과 시민 의회를 지지했으며, 민족국가를 건설하고자 하는 꿈을 가지고 있었다. 그림 형제의 정치적 지향점과 정치적 활동을 가장 잘 보여 주는 사건은 "괴팅겐 7인"이었다. 야콥 그림과 빌헬름 그림이 괴팅겐 대학의 교수로 있던 1837년에 하노버 왕국의 새로운 왕이 된 에른스트 아우구스트는 1833년에 제정된 자유주의적 헌법을 폐기했다. 그러자 야콥과 빌헬름을 포함한 괴팅겐 대학의 교수 일곱 명이 이에 항의하는 서한을 왕에게 전달했다. 그런데 이 서한이 알 수 없는 경로로 대중들에게 공개되면서 커다란 파문이 일게 된다. 그러자 에른스트 아우구스트는 이 서한을 작성한 교수 7인을 괴팅겐에서 추방하는데, 이 과정에서 특히 야콥 그림은 시민적 자유주의를 상징하는 인물로서 학생과 민중들의 커다란 지지를 받는 전국적 유명 인사가 되었다. 실제로 야콥이 괴팅겐을 떠나던 날 수많은 학생들이 야콥을 국경까지 따라갔으며, 이후 베를린 대학에서 강의를 하게 되었을 때는 그의 강의를 듣기 위해 수백 명의 학생들이 몰려들었다고 한다. 야콥 그림은 이후에도 적극적인 정치적 행보를 이어 갔으며, 1848년 3월 혁명 이후 만들어진 독일 최초의 시민의회였던 프랑크푸르트 국민의회에서 베를린 46지역구 국회의원 후보로 출마하여 큰 표차로 당선되기도 하였다.

그림 형제는 평생 동안 독일의 민담, 동화, 전설 등을 수집하고 독일어를 연구하는 데 몰두하였는데, 이는 “언어와 문학 외에 우리가 공유하는 것이 또 무엇이 있단 말인가?”라는 유명한 야콥 그림의 말이 잘 보여 주는 것처럼 두 사람이 민중들 사이에서 자생적으로 생겨난 이야기와 언어야말로 독일 민족 정체성의 핵심이라고 생각했기 때문이다.

『그림 동화』의 집필은 두 사람이 아직 무명의 학자이던 시절에 시작되었다. 야콥과 빌헬름은 낭만주의 작가들과 친밀한 관계를 맺고 있었는데, 그중 한 명인 아르님과 브렌타노의 부탁으로 그들의 동화책인 『소년의 마법 뿔나팔』(1806/1808)을 위해 동화를 수집하게 된다. 그림 형제는 수집한 동화를 아르님과 브렌타노에게 건네주지만, 전승된 동화를 대폭 각색·재창작함으로써 예술성을 부여해야 한다는 아르님과 브렌타노의 견해에는 반대했다. 그들에게 중요한 것은 전승된 이야기 속에 숨어 있는 독일 민족의 공통된 정서였으며, 따라서 수집된 동화는 원형 그대로 동화집에 실려야만 했다. 야콥 그림과 빌헬름 그림은 동화를 수집하는 행위를 독일 민족의 공통된 뿌리를 확인하는 일로 이해했으며, 그렇게 수집한 동화를 널리 알리는 일은 독일 사람들이 그들의 문화적, 정서적 뿌리를 확인함으로써 민족적 정체성을 깨닫도록 만드는 것이라 생각했다. 따라서 이러한 동화는 학교에서 가르치는 것이 아니라,

가정의 친밀한 관계 속에서, 특히 어머니가 아이들에게 동화를 읽어줄 때 진정으로 민족적 정체성 형성에 기여할 수 있다고 생각했다. 그리고 이것이 그림 형제가 그들의 동화집에 "어린이와 '가정'을 위한 동화"라는 이름을 붙인 이유였다.

야콥과 빌헬름은 대부분 여성인 주변의 여러 인물들, 탐방을 통한 수집, 광고를 통한 모집, 문헌 자료 등을 통해 구전되는 민담을 수집했다. 그러나 '원형을 그대로 유지한다'는 원칙은 엄격하게 지켜질 수 없었는데, 이야기로서의 완성도와 여러 동화가 담겨 있는 동화집의 전체적인 통일성을 높이기 위해 어느 정도의 수정이 필요했기 때문이다(이 과정에서 "옛날옛날에……(Es war einmal……)"로 시작되는 『그림 동화』의 유명한 형식이 처음으로 만들어졌다). 2판(1819) 발행 시에는 수정의 폭이 훨씬 커져서 윤리적, 성적, 폭력적인 내용들이 삭제되거나 수정되었으며, 6판(1850)에 이르기까지 동생 빌헬름에 의해 꾸준히 문체의 수정이 이뤄졌다.

모든 독일 가정에서 독일의 자생적인 민담과 동화들을 읽게 만듦으로써 독일 민족의 정체성을 확립하는 데 기여하겠다는 그림 형제의 계획은 처음에는 실현될 수 없었다. 1812년에 발표된 1권도, 1815년에 발표된 2권도 기대와는 달리 크게 성공을 거두지 못했기 때문이다. 2판이 출간되던 1815년에 총

1,000부가 인쇄된 1권 중 팔리지 않고 남아 있던 책이 350권에 달할 정도였다. 이러한 상업적 실패는 1819년에 출판된 2권에 의해서도, 1822년에 1~2권 수록 동화들에 대한 학문적 주석을 담아 출판된 3권에 의해서도 달라지지 않았다. 『그림 동화』의 성공은 의외의 곳에서 시작되었다. 바로 1823년에 출간된 영어판 『그림 동화』가 영국에서 큰 성공을 거둔 것이다. 영어판 성공의 비결은 가장 흥미진진한 50편의 동화만 발췌하는 효과적인 선택, 일러스트의 삽입, 학문적 주석의 삭제 등이었다. 그리하여 1825년에는 영어판을 모델로 삼은, 처음으로 일러스트를 삽입한 한 권짜리 발췌본이 출간되었고, 이 짧은 버전의 『그림 동화』는 마침내 독일에서도 크게 성공을 거두었다. 이 책은 그림 형제가 살아 있는 동안 10쇄까지 인쇄되었고, 160개 이상의 언어로 번역되었으며, 오늘날 성경을 제외하고 가장 많이 읽히는 독일 책이 되었다.

학술적인 성격을 배제하고, 분량을 줄이고, 일러스트를 삽입하는 등의 조치가 『그림 동화』가 거둔 대중적인 성공의 트리거가 된 것은 분명하다. 그러나 이것이 오늘날까지 지속되는 성공의 핵심적인 이유인 것 같지는 않다. 당대에 출간된 비슷한 분량의, 일러스트를 담은 동화책들은 예외 없이 잊혀져 버렸기 때문이다. 야콥 그림과 빌헬름 그림의 동화가 오늘날까지 수많은 독일 독자들을 사로잡은 것은 그들이 다른 낭만주의 동화 작가들과 달리 수집한 민담을 모아 동화집을 엮었으며, 가능한 한 원형을 유지하는 편집을 통해 자생적 민담의 본질적 성격을 그대로 살리는 데 성공했기 때문이다. 민담은 민중들의 일반적인 정서와 관심사, 흥미를 고스란히 반영하는 자생적 이야기이다. 즉, 『그림 동화』는 애초부터 민중들이 일반적으로 좋아하는 이야기를 모아 놓은 것이므로 어찌 보면 대중적인 성공은 당연한 것일 수밖에 없는 것이다.

오히려 놀라운 것은 독일 민중들의 정서와 관심사를 담은 이야기들이 국경과 대륙의 경계를 넘어 전 세계에서 사랑을 받고 있다는 사실이다. 민중적인 것은—마치 조지프 캠벨의 "천의 얼굴을 가진 영웅"처럼—문화와 민족, 어쩌면 시대의 경계까지도 뛰어넘는 무언가 공통적인 것, 일반적인 것을 담고 있는지도 모르겠다. 거꾸로 오늘날 『그림 동화』는 전 세계의 어린이들에게 공동의 정서적·문화적 체험을 제공함으로써 세계인으로서 어린이들이 가지고 있는 공통의 정체성을 형성해 주고 있다고도 볼 수 있을 것이다.

오늘날 문학과 대중의 만남은 어떻게 가능할까?

너무나 다른 사회문화적 배경 속에서 이뤄진 『젊은 베르터의 고통』과 『그림 동화』의 성공을 통해 오늘날 우리의 미디어 상황 속에서도 유효할 무언가를 발견하는 것은 어려운 일이다. 그럼에도 불구하고 지금까지 살펴본 두 사례에서 우리의 눈길을 끄는 것은 대중들의 흥미를 유발하는 내러티브와 자생적으로 생겨난 대중들의 정서와 상상력이다. 이 두 가지가 눈에 띄는 이유는 20세기 이래로, 또 엘리트 작가와 일정 수준 이상의 교양을 가진 독자들을 중심으로 하는 정통문화와 엔터테인먼트의 제공을 목적으로 하는 대중문화의 분리 이후로 더욱더, 이 두 요소가 정통문화에서 차지하는 역할이 점점 더 줄어들고 있다는 인식 때문이다. 어쩌면 '오늘날 문학이 어떻게 다시 대중과 만날 수 있을까?'라는 질문에 대한 답을 찾고자 하는 시도는 여기에서부터 출발할 수 있을지 모른다. 자생적인 대중문학이, 예컨대—비록 '클리셰 덩어리'라고 폄하되기 일쑤지만—흥미진진한 내러티브로 무장한 채 마치 화수분과도 같은 무료 플랫폼에서 무수히 많은 작가(지망생)들에 의해 끊임없이 생산되고, 무수히 많은 독자들의 선택에 의해 대형 유료 플랫폼으로 넘어갈 수 있는 가능성을 얻고, 최종적으로 더 많은 독자들의 선택에 의해 시장에서 살아남거나, 사라지거나, 엄청난 성공을 거두거나, 평범한 성적을 거두는 수많은 웹소설들이 언젠가 시대정신을 관통하는 비판적이고 깊이 있는 주제 의식과, 이를 흥미로운 내러티브에 능숙하게 엮어 넣을 수 있는 문학적 능력과, (일부 작품들이 이미 보여 주고 있는) 섬세한 감수성에 더해지는 깊이 있는 성찰을 갖게 된다면? 그렇게 된다면 정통문학이 한때 행했던 문화적 역할을 웹소설이 하게 되는 날이 올 수도 있지 않을까? 어쩌면 이 나라의 문화 시스템 안에서 문학의 전통적인 문화적 역할을 의미 있는 규모로 유지할 수 있는 유일한 길은 여기에 있지 않을까? 정통문화에 대하여 지속적으로 관심을 갖고 이를 가꿔 나가야 하는 것은 당연한 일이지만, 수준 높은 문화와 비판적인 문학의 의미와 가치를 믿는다면 대중적인 문학적 현상에도 커다란 관심을 가져야 할 때가 되었다.

3부

삶과 경계

09

거란족의 요나라에 편입된 발해인들

권오영

2023년 11월부터 2024년 3월까지 32부에 걸쳐 방영된 〈고려 거란 전쟁〉은 그동안 상대적으로 관심이 적었던 고려시대의 역사에 대해 대중의 흥미를 이끌어 내는 데에 큰 성공을 거두었다. 이 드라마는 종반으로 가면서 수많은 화제를 낳았는데 그중에서도 백미는 양규 장군의 장렬한 전사 장면일 것이다. 그리고 가장 인상적인 배역은 요의 장군 소배압(蕭排押)으로서, 정수리의 머리털을 모두 밀어 버리고 주변의 머리카락을 조금만 남겨 놓는 거란족 특유의 헤어 스타일 곤발(髡髮)이 강렬한 인상을 남긴 동시에 거란족의 야만적인 이미지를 한껏 풍겼다. 시청자들은 문화국가 고려와 야만스러운 요를 대비하면서 고려의 승전 장면에 환호를 보냈을 것이다.

그런데 여기에서 맘에 걸리는 사실이 하나 있다. 10세기 말부터 11세기 초에 걸쳐 27년 동안 3회에 걸쳐 고려를 침공한 요의 병력은 최대 80만 명에 달하였다고 한다. 물론 과장이 있겠으나 수십만 명이 동원되었음은 분명해 보인다. 그런데 유목을 생계 수단으로 삼던 거란족의 인구가 이렇게 많을 수 있을까 하는 의문이 생긴다. 요의 병사가 모두 단일한 종족, 집단으로 구성되었다고 보기에는 의심스럽다.

926년 거란의 야율아보기(耶律阿保機) 군대에게 멸망당한 발해 유민들이 요의 대군에 포함되어 있었을 개연성은 매우 높다. 여기에서 발해의 주민 구성에 대한 이해가 필요하다. 나아가 기존 발해사 연구의 한계 및 새로운 방향성을 지적할 수 있다.

발해사를 보는 다양한 시각

중국의 공식적인 입장은 발해사를 말갈족의 역사로 보면서 당의 지방정권으로 간주하는 것이다. 러시아는 발해사를 극동 연해주의 역사로 간주한다. 연해주는 현재 자국이 소유하고 있으므로 발해사는 중국사가 아니라 러시아 극동의 역사가 되는 셈이다. 일본 학계에서는 발해사를 한국사의 일부로 보는 시각도 없지 않으나 기본적으로 한국사도 중국사도 아닌 만주사의 일부로 본다.

남한과 북한은 발해사를 한국사(조선사)의 일부로 본다는 점에서 공통적이다. 특히 대조영집단의 출자(出自) 문제에 관심이 집중되어 있다. 발해가 고구려의 진정한 계승자라면 소수 지배 집단의 출자에 시각을 고정시킬 것이 아니라 발해사회가 고구려 사회의 발전 수준을 계승하였는지 여부에 주목하여야 할 것이다.

발해의 대외 교섭사 연구에서도 국가별로 다른 입장이 반영되어 있다. 중국은 발해와 당의 교섭, 일본은 발해와 일본, 한국은 발해와 신라, 러시아는 발해와 중앙아시아 지역의 교섭을 중시하는 것이다.

이렇듯 국가별로 발해사의 귀속 문제에 대해 상이한 입장을 보이는 이유는 각국의 이해관계가 놓여 있기 때문이다. 반대로 이야기하면 발해사의 귀속 문제가 그리 간단한 주제가 아니거나, 귀속이란 논의 자체가 문제가 있는 것은 아닐까? 사고의 전환을 꾀하여 발해사를 한국사의 틀 안에만 가둘 것이 아니라 유라시아사적 시각에서 볼 수는 없을까? 혹은 발해와 발해인을 경계, 경계인의 시각으로 볼 수는 없을까?

이 글은 발해와 발해인을 보는 시각이 좀 더 다양해져야 한다는 문제의식 위에서 작성되었다. 요와 발해를 대립적으로만 볼 것이 아니라 발해 멸망 후 발해 유민들의 다양한 향방을 정리해 보는 작업은 멸망 이전의 발해사를 어떻게 볼 것인지에 대한 새로운 시각을 제공할 것이다.

요나라 속의 발해인들

문헌적 증거

발해의 멸망은 9세기 중반 이후 당(唐)의 해체기, 즉 오대십국기에 시작되었다. 거란족의 흥기는 9세기 말~10세기 초에 이루어지는데 야율아보기의 정복 사업과 칭제(稱帝)가 중요 계기가 된다. 그는 중원 정복 이전에 후방을 공고화하기 위하여 발해를 공격하고 발해는 926년에 멸망하게 된다. 요 태조는 자신의 태자 야율배(耶律倍)에게 발해 지역을 통치하게 하니 이것이 바로 동단국(東丹國)이다.

발해가 멸망한 이후 주민들의 운명은 다양하였다. 강제 이주된 인원은 최대 47만 명으로 추정되고 있으며, 고려로 투항

한 인원이 수만 명,[1] 여진(女眞)에 편입된 인원이 2만 명으로 추정되고 있다. 따라서 발해유민사 연구를 위해서 거란과 여진 연구가 필요함을 알 수 있다.

요가 고려와의 전쟁 과정에서 동원한 수십만의 요나라 병사 중에는 거란족 이외에도 다양한 종족이 포함되어 있었다. 정확히는 거란족 출신 병사보다 훨씬 많은 숫자의 다른 종족 병사가 요나라를 위하여 참전했다. 거기에는 거란족의 사촌격인 다양한 유목 민족, 돌궐계 후당, 한족의 송, 발해 등 다양한 출신의 인물들이 포함되었다. 심지어 포로로 잡혀 간 고려 백성들도 적지 않은 수가 요의 군대로 동원되었을 것이다.

전시가 아닌 때에도 요를 위해 활약한 발해 유민과 고려인들도 적지 않았다. 국가로서의 요 내부에는 거란족만이 아니라 다양한 종족들이 포함되어 있었으니, 요는 일종의 다문화, 다종족 제국이었던 셈이다.

926년 거란에 의해 발해가 멸망한 후 발해인들은 상경도(上京道)나 동경도(東京道), 중경도(中京道) 등지에 집단으로 강제 이동되었는데, 상경도에만 33,800호(169,000~202,800명)의 발해인이 집단으로 천사되었다고 한다. 합하여 수십만의 발해인이 적국이었던 요의 국민이 된 셈이다.

요라는 국가에 편입된 발해인의 흔적은 황제릉, 그리고 능을 관리하는 봉릉읍에서[2] 찾아볼 수 있다. 요의 초대 황제인 야율아보기와 그 부인 순흠황후(淳欽皇后)를 합장한 조릉(祖陵)은 927년 요상경(遼上京) 인근에 마련되었다. 적봉시(赤峰市) 파림좌기(巴林左旗)에 있는 조릉에 딸린 봉릉읍[祖州城]의 축성과 관리에 발해인이 동원되었다고 기록되어 있다.

과연 발굴 조사 결과 발해계 연화문 와당과 온돌이 발견되었다. 기와 건물과 온돌은 이동을 일삼는 유목 민족인 거란족에게는 생소한 주거 문화이다. 그런데 기와 건물과 온돌이 발견된 것은 거란족 일부가 정착 생활에 들어갔거나 요에 흡수된 농경 민족을 정착시킨 결과이다. 거란족이 정착 생활을 시작하면서 생긴 고민을 발해인들이 해결해 준 것이다. 이 외에도 내몽고와 몽고에 소재하는 요의 여러 지방 도시에서도 연화문 와당이나 온돌이 발견되어 요의 영토 곳곳에 퍼져 살고 있던 발해 유민의 존재를 추정할 수 있다.

이름을 볼 때 발해인임이 분명한 대연림(大延琳),[3] 대력추(大力秋), 고영창(高永昌) 등이 주도한 대규모 반란 사건은 기록에 그 흔적을 남기고 있다. 반면에 대공정(大公鼎), 그의 증조부인 대충(大忠), 아버지 대신(大信) 등 일족은 여러 세대에 걸쳐 요의 관리로 복무하였다. 『요사』와 『금사』에 이름을 남긴 발해 유민의 수가 134명에 달한다는 사실은 발해 멸망 이후에도 발해 유민의 활동이 활발하였음을 의미한다. 그 활동은 요에 협조, 충성하는 경우, 반란을 꾀하는 경우 등 매우 다양하였다. 요가 남쪽의 송을 공격할 때도 발해인으로 구성된 군대가 동원되었다고 한다.

이런 상황을 고려할 때 고려를 침공한 요의 군대에 발해인이 많이 포함되어 있었음은 분명하다. 고려 장군 강조와 양규가 고려 병사들을 거느리고 요의 군대를 통쾌하게 무찌를 때, 그 와중에 희생된 적병 중에는 발해인이 많이 포함되어 있었을 것이다. 고려군에도 발해인이 많았음은 당연하다. 1010년에 요에 항복한 고려의 예부낭중 발해타실의 존재는 발해 유민으로서 고려를 거쳐 다시 요에 포함되는 기구한 운명을 보여 준다.

요가 남쪽의 송을 공격할 때도 발해인으로 구성된 군대가 동원되었다. 1004년 발해군이 동원되어 덕청군을 함락시켰다고 한다. 발해인들은 요가 망하고 금이 등장할 때 적극적으로 금의 건국에 참여하였다. 곽약사, 대호, 장호, 고표 등이 대표적인 인물이다. 왕비도 많이 배출하여서 금나라 9인의 황제 중 4인의 어머니가 발해인이었다고 한다. 심지어 원대에도 충성을 다한 발해인들의 행적이 남아 있지만 이 시기가 되면 발해인으로서의 정체성은 많이 희석되었을 것이다.

고고학적 증거

요나라가 존속하던 916~1125년 사이에 축조된 무덤, 즉 요대묘(遼代墓)는 오경 주변에 주로 분포한다. 특히 상경 임황부(臨潢府)[4] 근처인 내몽고 적봉시와 통요시(通遼市) 일원에 많이 분포하고 있다. 피장자는 크게 거란족과 한족으로 구분된다. 거란족의 사촌격인 해족(奚族)으로 판단되는 경우도 종종 있으나 거란족의 범주에 포함시켜도 큰 무리는 없을 것이다.

요 황제는 태조 야율아보기부터 멸망기까지 총 9대에 걸쳐 있는데 모두 지하식 전실묘이며 벽면에 벽화를 그린다. 묘실의 평면은 원형과 방형이 있다. 지상에서 길고 깊은 지하 묘도를 통해 전, 중, 후 3개의 방이 연결되는 구조인데 전실과 중실에는 각기 2개의 이실이 붙어서 총 7개의 방으로 구성된다. 식기와 주기 중 영전에 모시는 것을 제외한 것들은 좌측 이실에, 마구 및 공구류는 우측 이실에 두는 것이 일반적이다.[5] 묘실의 축조 재료는 돌과 전돌이고, 모두 다실묘이다(그림 9-1). 내부의 장구로는 목관과 석관이 있는데 후자가 우세하다. 귀족의 무덤도 기본적으로 황실의 무덤과 유사한 구조로서 규모가 작고 방이 적은 차이가 있다.[6]

그런데 이러한 묘제는 중원지역 묘제의 영향을 받아서 등장한 것이다. 요를 건국하기 이전의 거란족은 당, 발해와는 완

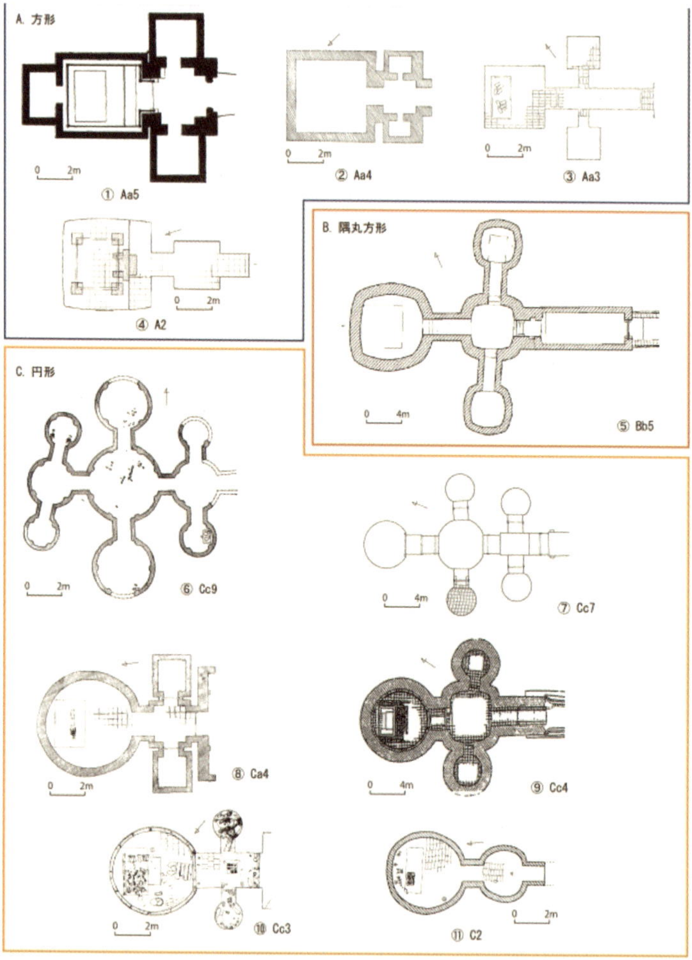

그림 9-1. 다양한 다실 구조의 요대묘

출처: ゴ ジンイ, 2021

전히 다른 묘제와 장제를 영위하고 있었다. 특히 시신을 노천에 두어 육탈(肉脫)시키는 장제로 인하여 요가 건국된 이후에도 금속제 가면[面具]과 금속제 실로 짠 그물망[網絡]을 이용한 시신 처리가 성행하였다.[7] 요대묘에서 가면과 그물망 장의(葬衣)가 발견되면 피장자는 한인이 아닌 거란인으로 간주된다.

내몽고와 요령성에서 가면과 그물망 장의가 발견된 요묘는 60기 정도 된다.[8] 그물망 장의는 구리실로 엮은 것이 많고 종종 은실도 있다. 손발만 그물망으로 덮은 것과 전신을 덮은 두 종류로 나뉘는데 이는 신분 차이에서 비롯된다. 가면과 그물망 장의를 사용하는 이유는 육탈한 후 뼈가 흩어지지 않도록 하기 위함이다. 두우(杜佑)의 『통전』에 의하면 "거란인은 죽으면 야외에 선반을 세우고 그 위에 시신을 두어 삼년이 지나면 시신을 수습하여 매장한다"고 하였다. 요 건국 이후에 큰 변화가 있었지만 이런 장제에서는 은이나 동실로 시신을 감싸는 '낙시(絡尸)'가 필수적이었을 것이다.[9]

대표적인 것이 통요시 나만기(奈曼旗)에서 발견된 진국공주묘이다(그림 9-2).[10] 진국공주는 경종(景宗)의 손녀이자, 성종의 동생(황태제)인 진진국왕(秦晉國王) 야율융경(耶律隆慶)의 딸로서 1001년에 태어나 1018년에 요절하였고 이미 사망한 남편 소소구(蕭紹矩)와 합장되었다.[11]

결국 요대묘에 거란족이 묻힌 경우는 평면 원형이나 방형의 복수의 전실, 그리고 금속제 장의가 특징인 셈이다. 한족의

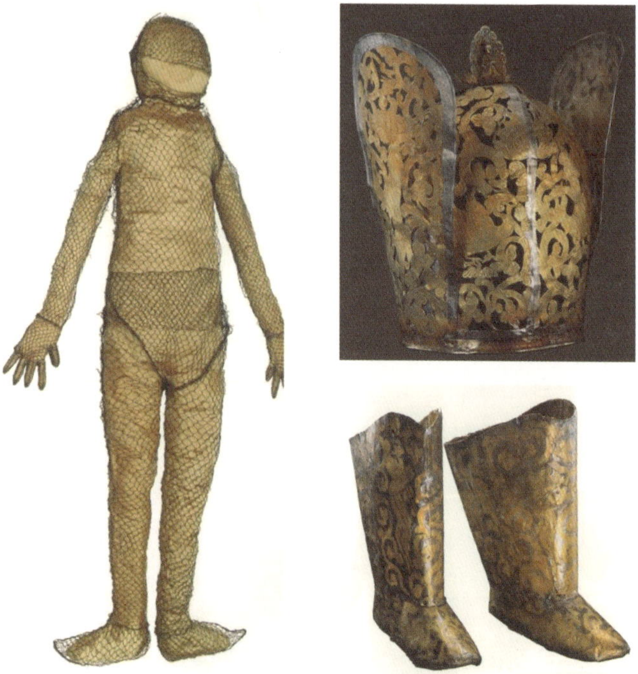

그림 9-2. 요 진국공주(陳國公主)의 장의(葬衣)
출처: 九州國立博物館, 2011

경우는 전실묘에 귀족 생활이나 고사를 제재로 한 벽화를 그리며 도자기의 부장이 거란족에 비해 많은 편이다.

지금까지 알려진 요대묘는 수천 기에 이르며 황족과 귀족묘, 거란족, 해족과 한족 등 다양한 피장자에 대해 논의가 진행되었지만 유독 발해인에 대한 언급은 찾아볼 수 없다. 그 이유는 무엇일까?

요에 편입된 발해인이 자신의 무덤을 만들지 못하였기 때문일까? 그렇지는 않을 것이다. 요의 조정에 출사하여 출세하거나 문헌 기록에 이름을 남긴 발해 유민들도 적지 않았는데 이들이 자신의 무덤을 만들지 못하였을 가능성은 없다.

두 번째로 발해 유민들이 완전히 거란족의 묘제와 장제에 흡수되어 버려서 발해 고유의 특징을 남기지 못하였을 가능성이 있다.

세 번째는 이미 발해 유민들의 무덤이 발견, 조사되었지만 고의적, 혹은 인지하지 못한 상태에서 주목되지 못하였을 가능성이 있다.

이 문제에 주목한 필자는 요대묘 중 발해 유민이 피장자일 가능성이 있는 몇 기의 무덤을 소개한 적이 있다.[12] 그 내용을 간략히 정리해 본다.

내몽고 적봉시 파림우기 오주일산(烏珠日山) 요대묘(그림 9-3의 좌)는 평면 방형의 횡혈식 석실묘로서, 장축은 서북-동남향이다. 단실이며 중앙 연도식, 천장은 파괴가 심하여 분명치 않으나 궁륭형일 가능성이 있다. 장축과 직교하여 부부로 추정되는 남녀 1쌍이 합장되었는데 두향은 모두 동향이다. 부장품은 토기 병 2점, 자기 완 1점, 용도미상 철기 1점으로 단순하다. 무덤의 구조와 재료는 발해 석실묘와 흡사한 반면 두향

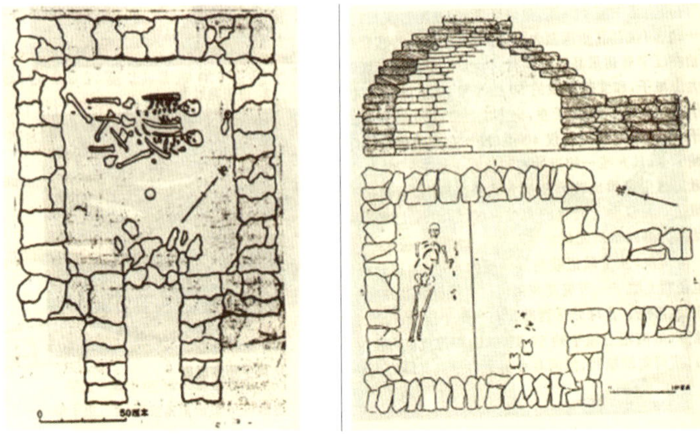

그림 9-3. 발해적인 속성을 많이 간직한 요대묘(좌: 오주일산 / 우: 소당토구 1호묘)
출처: 권오영, 2023

이 동향이고 무덤 장축과 직교하는 점은 요대 거란묘와 상통한다.

적봉시 객나심기(喀喇沁旗) 상소과(上燒鍋)에서는 요대 전-중기에 속하는 무덤 5기가 조사되었다. 1, 2, 4호묘는 현실 평면 원형의 전실묘로서 시상이 안벽에 마련되고 5호묘에서는 장의가 발견되어 거란인이 묻힌 것으로 판단된다. 문제는 5호묘가 방형의 전실묘란 점, 그리고 출토된 쌍어형 패식이 연해주의 발해 유적인 니콜라예프카 성 출토 물고기 모양 부절과 상통하는 점이다. 3호묘는 남북 장축의 장방형 수혈식 석곽묘이다. 피장자는 남성 1인으로 두향은 북향이며 철촉, 철검, 철소도와 마구를 부장한 점에서 무장적인 면모를 보인다. 중국

학계에서는 평민묘로 간주하고 있는데 두향이 북향인 점은 비거란적이며 발해 석곽묘와 비교할 만한 무덤이다.

흥안맹(興安盟) 과우중기(科右中旗) 파찰랍알(巴扎拉嘎)에서 평면 횡장방형 전실묘 1기와 역시 횡장방형 석실묘 1기가 발견되었다. 전실묘(1호묘)는 안벽 쪽에 시상을 마련하였으며 부장품에서 마구의 비중이 높다. 석실묘(2호묘)는 안벽 쪽에 20대 여성 1인이 동향으로 안치되어 있는데 묘실 바닥에 요갱이 있고 그 안에서 성인 남성 1인이 발견되었는데 순장된 것으로 보고되었다. 무덤의 구조는 발해적, 두향은 거란적이다. 남성 1인이 순장된 것이 맞다면 거란보다는 발해와의 관련성을 추정해 볼 수 있다.

상경도 관할의 하주(下州)에 해당되는 부신현(阜新縣) 대고본향(大固本鄉) 요대묘는 방형 평면에 궁륭형 천장, 중앙 연도, 부부합장이란 점에서 공통적이다. 보고자들은 시기를 요대 전기, 피장자는 거란 무관으로 보고 있으나 발해 고분과의 공통성이 강하다. 해력판촌(海力板村) 요대묘는 방형 평면, 궁륭형 천장, 중앙 연도식 전실묘로서 재료만 전돌일 뿐 대고본향 석실묘와 흡사하다.

내몽고 영성현(寧城縣) 소당토구(小塘土溝: 그림 9-3의 우)에서는 석실묘 4기가 조사되었는데 그중 1호묘는 남북 장축, 평면 방형, 궁륭형 천장, 중앙 연도식의 횡혈식 석실묘이다. 무덤의 장축과 직교하게 생토를 이용하여 만든 시상 위에 1인이 동향 매장되었고, 자기 1점, 철제 무기류와 마구류가 부장되었다. 역시 무덤의 구조는 발해 고분과 흡사하지만 매장 방식은 거란인묘와 상통한다.

영성현 소유장자(小劉仗子) 2호묘는 동서로 긴 횡장방형 전실묘로서 연도는 전실의 남벽 중앙에 달려 있다. 피장자는 안벽 쪽에 마련된 시상 위에 안치되었는데 머리는 동향이다. 삼채, 백자, 황유, 갈유 용기 다수, 철촉, 동경 등이 부장되었다. 중앙 연도식의 횡장방형 전실묘란 점은 발해적이지만 시상, 두향, 부장품의 구성은 거란인묘와 통한다. 1, 3, 4호묘는 수혈식석곽묘란 점에서 거란인묘와는 거리가 있다. 수혈식석곽묘는 대체로 요대 전기에 나타난다고 한다.

동경이 존재하던 요양의 삼도호(三道壕)에서 길이 2m, 너비 0.8m 정도의 목관묘가 발견되었다. 보고자는 요대 초기의 거란족 무덤으로 보고 있지만 말갈, 혹은 말갈계 발해 유민과 관련되었을 가능성도 무시할 수 없다. 요양시 융창(隆昌)에서 발견된 요대묘는 방형 평면의 석실묘로서 남북 장축, 중앙 연도식이다. 안벽인 북벽에 잇대어 시상이 마련되고 이 위에 부부로 추정되는 남녀 1쌍이 안치되어 있었다. 머리가 서향인 점은 거란적이지 않다.

요양부에 속하는 조양(朝陽)의 전창호촌(前窗戶村) 요대묘는 연도에 평면 원형의 이실 2개를 갖추고 현실은 평면 방형의 석실묘이다. 현실 안벽에 시상은 없고 석관이 마련되었다. 조양지구 요대묘는 대개 전-중기에 속하는데 평면 방형의 석실묘가 많은 점이 지적되고 있다.

금주시(錦州市) 장강촌(張扛村)에서 발견된 요대묘에서도 이런 현상이 보인다. 1호묘는 평면 원형의 전실묘인데 비해 3, 4호묘는 장방형 전실묘이다. 2호묘는 평면 방형의 석실묘로서 안벽 쪽에 가형 석관이 안치되어 있다. 피장자의 두향은 동향으로 추정되므로 거란적인 장법이라고 할 수 있다. 하지만 방형 내지 장방형 평면을 띤 석실묘의 존재는 발해 고분을 연상시킨다.

건평현(建平縣) 서요촌(西窯村) 요대묘는 연도가 중앙에 달리고 평면은 깔때기 형태인 궁륭형 석실묘이다. 안벽 쪽에 마련한 목제 시상 위에 부부가 합장되어 있는데, 일반적인 거란인묘와 달리 머리가 서향이다. 부장품이나 시상을 고려하면 거란인묘라고 할 수 있으나 역시 석실묘란 점에서 주목된다.

심양시(沈陽市) 강평현(康平縣) 해주향(海洲鄉)에서 3기의 요대묘가 발견되었다. 1호묘는 평면 방형의 단실 석실묘, 2호묘는 평면 장방형의 전실묘, 3호묘는 평면 방형의 전실묘였다. 그 후 1기가 더 발견되었는데 방형의 전실묘로서 중앙 연도식이다. 남북 장축의 무덤 연도쪽, 즉 남쪽에 머리를 둔 성인 남성의 인골이 1구 발견되었다. 장축 방향에 따라 북향이나 남향으로 머리를 두는 풍습은 거란인묘에서는 보기 힘들고 발해 고분에서 일반적이다. 해주향의 요대묘는 방형 평면이 일반적인 점, 석실과 전실이 혼재하는 점이 주목된다.

이렇듯 요대묘 중에는 거란적인 구조와 장법이 아니라 발해와 유관한 구조, 장법을 보여 주는 사례가 많이 확인된다. 이런 점에서 발해 유민, 혹은 발해적인 묘장제에 친숙한 인물이 묻힌 것으로 보인다. 다만 발해만의 특징을 보이는 무덤은 아직 확인되지 않았다. 현실적으로 요의 일원이 된 발해 유민의 속성을 보여 주는 것으로 판단된다.

단일민족설로 설명할 수 없는 발해인들

발해를 비롯한 요와 금 등 동북아시아 다종족 국가의 복잡한 양상은 무엇을 의미하는가? 과거에 존재하였던 고대, 중세 국가와 현재의 민족을 지나치게 단순히 연결지어, 발해와 고려는 순수한 우리 민족의 조상, 요와 금은 우리와 무관한 집단으로 양분하는 것이 불가능하다는 것을 의미한다. 고려에는 투항하거나 이주해 온 거란족, 한족도 많이 거주하였다. 고구려의 경우도 변경 지대에는 선비, 돌궐, 소그드, 거란, 말갈 등 다양한 종족이 거주하였다. 이들은 고구려 국가의 국민이지만 압록강유역이나 평양의 고구려 왕족과는 엄연히 다른 이종족들이었다. 이들 중 일부는 고구려가 당과 전쟁을 치를 때 고구려 군대로 동원되어 엄청난 희생을 치르기도 하였고 일부는 당의 앞잡이가 되어 고구려를 침공하기도 하였다.

발해인이 형성되는 과정은 고구려 유민의 존재 양상과도 연결된다. 668년 고구려가 멸망한 후, 당의 고구려 지역 지배는 안동도호부의 통제와 연결되는데 당 조정에서는 고구려 왕족을 이용하여 요동을 견제하고자 하였다. 당이 추진한 사민 정책은 아래와 같다.

* 지배층: 당의 내지로 강제 이주시켜 당의 정책에 활용
* 전쟁포로: 전공을 세운 장졸에 나누어 주어 노예화
* 감숙성(甘肅省) 부근으로 강제 이주: 당의 병력으로 활용
* 영주(營州) 부근으로 강제 이주: 발해 건국의 중심 세력
* 기타 : 홍안령 넘어서 돌궐 지역으로 이주

이렇듯 복잡한 상황 속에서 발해의 건국이 이루어졌다. 대조영 집단이 거주하던 영주 지역의 지정학적 조건은 한족, 동방, 북방의 여러 종족이 교차하며, 농경 민족과 유목 민족의 교통로이고, 당시 한족, 거란족, 해족, 말갈족, 고구려 유민들이 혼재했다는 특성을 지녔다. 일종의 경계 지역인 것이다.

이런 상황에서 696년 거란의 이진충(李盡忠)과 손만영(孫萬榮)이 영주를 점령하고 당에 반기를 드는 사건이 발생하였다. 고구려 유민에게는 세 가지 선택이 있었다. 당과 연합하여 거란족 진압에 나서거나, 혹은 거란과 연합하여 당에 대항하는 것, 그것도 아니면 멀리 달아나는 것이다.

말갈 추장 걸사비우(乞四比羽), 걸걸중상(乞乞仲象)은 세 번째의 방안을 선택하여 각기 무리를 이끌고 요하를 건너 동쪽으로 달아나게 되었다. 당은 이진충의 난을 진압한 뒤 추격전을 벌였고 그 과정에서 걸사비우는 전사하였다. 대조영은 양 무리를 합하여 당군을 격파하고 동모산(東牟山)에 건국하니 그곳은 길림성(吉林省) 돈화(敦化) 부근으로 이해된다. 최초의 국명은 진국(震國), 후에 당에 의해 발해군왕(渤海郡王)으로 임명되었다.

대조영의 출자에 대해 『구당서』에서는 '고려별종(高麗別種)', 『신당서』에서는 '속말말갈'로서 고구려에 붙은 자[粟末靺

鞨附高麗者]라고 약간 다르게 서술하고 있다. 이에 대한 해석은 매우 다양한데 우선 말갈의 실체가 문제가 된다.

『구당서』에 의하면 "말갈은 숙신의 땅으로서 후위(북위)때에 물길(勿吉)이라고 불렀다. 경사(京師: 장안)에서 동북으로 천여 리 거리에 있다. 동으로는 바다에 도달하고 서로는 돌궐에 접하며 서쪽으로는 고구려에 닿으며 북으로는 실위에 인접한다. 그 나라는 무릇 수십 개의 부로 이루어졌는데 우두머리[酋帥]가 있다. 혹은 고구려에 붙고 혹은 돌궐에 신속(臣屬)한다." 고 하였다.[13]

말갈은 고구려 멸망 이전에 대부분 고구려에 복속되었다가, 고구려-수, 고구려-당 전쟁 기간에는 고구려의 병력으로 동원되어 막대한 피해를 입고 많은 수가 중국으로 강제 이주되었다.

그렇다면 말갈과 고구려의 관계를 어떻게 이해할 것인가? 우선 별종의 의미를 파악하여야 한다. 별종의 의미는 단일하지 않아서 서로 무관한 별개의 종족, 본족(本族)과 지족(支族) 관계, 후예 등 다양한 의미를 담고 있다.

고구려는 압록강유역에서 성장한 초기의 5부를 핵심 지배자 집단으로 삼았다. 5부의 영향력이 확대되고 주변 지역을 통합하게 되면서 옥저, 동예, 한인(韓人) 등 다양한 종족 집단을 통합하고 그들과의 융합 과정을 밟았다. 그러나 고구려인이 형성되는 과정에서 중심부와 주변부의 차이는 피할 수 없었다. 특히 말갈과의 접경 지역에서는 중앙과는 확연히 다른 지방 문화가 존재하였을 것이다.

『구당서』와 『신당서』의 내용을 모순 없이 이해하려면 대조영은 고구려 중앙 출신은 아니지만 고구려 문화의 배경에서, 속말수(粟末水)유역에서 성장한 집단을 대표하는 셈이 된다. 여기에 고구려화가 많이 진행된 일부 말갈족들이 합류하면서 발해 건국의 주체를 형성하게 되었을 것이다.

발해의 주민 구성에 대해서는 『유취국사』에 인용된 영충(永忠)의 견문기가 참조된다.

> 발해국이란 것은 고(구)려의 옛땅이다. (……) 그 나라의 둘레는 2000리이고 곳곳에 마을이 있는데 모두 말갈부락이다. 그 백성이란 것이 말갈이 많고 토인(土人)은 적은데 모두 토인으로서 촌장을 삼는다. 큰 촌은 도독이라 하고 그다음은 자사라고 한다. 그 아래의 백성은 모두 수령이라고 한다. 토지가 매우 추워서 수전에는 적합하지 않다. 풍속에 자못 글을 안다. 고씨 이래로 조공이 끊이지 않는다.[14]

여기에서 토인은 고구려계로서 도독, 자사를 맡고 백성은 말갈계로서 수령을 맡게 된다.

한편 홍호(洪皓)의 『송막기문』에서는 "그 왕은 오래전부터 대(大)를 성으로 삼고 힘 있는 성씨는 고(高), 장(張), 양(楊), 두(竇), 오(烏), 이(李) 등 몇 가지 되지 않는다. 부곡과 노비, 성이 없는 자들은 모두 그 주인을 따른다."라고 하였다.[15]

이러한 내용을 보면 발해의 주민은 고구려 계통, 말갈(영주계, 재지계) 등 다원적 구성을 보여 준다. 일종의 다종족 국가인 셈이다. 그렇다면 발해인을 구성한 종족간 비율을 계산하여 발해사의 귀속을 결정할 것인가? 아니면 발해사의 발전 수준이 고구려를 계승한 것인지 말갈을 계승한 것인지, 그리고 국가의 전략이 고구려 지향인지 말갈 지향인지 등을 따져 볼 것인가?

요에 편입된 발해 유민들의 행적이 결코 특이한 것은 아니다. 우리가 인식하지 못하였을 뿐이다. 그 이유는 역사학자들이 "하나의 국가는 하나의 민족(종족)으로 구성되었을 것이다."라는 근거 없는 도그마에서 벗어나지 못하였기 때문이다. 발해라는 국가가 고구려계 주민과 말갈계 주민으로 구성된 다원적 사회였음은 인정하면서도, 발해 멸망 이후 이들이 요에 편입되어 그들의 정체성을 어떻게 유지하고 잃어 나갔는지에 대한 관심은 매우 저조한 상황이다.

특히 말갈계 발해인들은 발해 국가가 존속할 당시에도 고구려계 발해인에 비해 열세였을텐데 발해 멸망 후 이들의 행보는 어떤 모습을 보였을까? 주변인, 경계인의 행보가 이어졌을까? 아니면 발해 멸망을 새로운 기회로 삼고 자신의 운명을 건 도박을 시작하였을까? 금의 건국이라는 사건까지 포함하면 발해인 디아스포라는 매우 흥미진진한 모습을 보이게 된다.

아래의 표(그림 9-4)는[16] 발해의 주민 구성 및 멸망 후 그들의 향방이 매우 복잡한 양상을 띠고 있었음을 잘 보여 준다. 실은 발해만이 아니라 고구려와 부여도 큰 차이 없을 것이다.

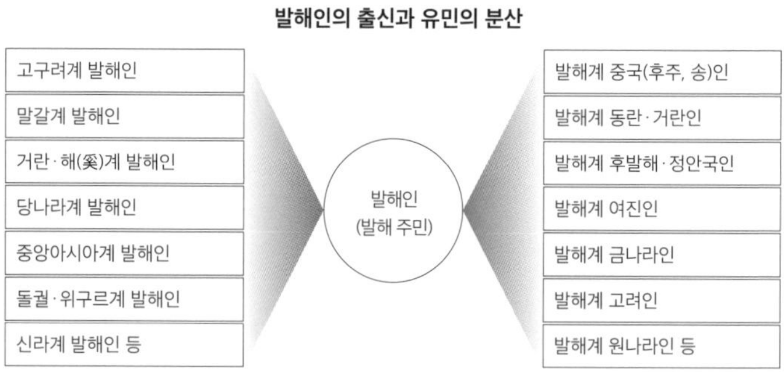

그림 9-4. 발해인의 주민 구성이 보여 주는 다양성
출처: 이효형, 2018

맺음말

한국 역사학계의 주류 입장은 발해는 고구려를 계승하였으며, 비록 말갈족이 주민의 다수를 점하는 사회였지만 국가를 주도한 세력은 고구려계 유민이라는 것이다. 따라서 발해사는 한국사에 귀속되어야 한다는 논리이다. 나아가 신라와 당 연합군에 의해 백제와 고구려는 멸망하였지만 발해가 고구려를 계승하였기 때문에 통일신라시대라는 시대명은 적합하지 않으며 신라와 발해가 양립하던 남북국시대가 더 적절하다는 주장이 힘을 얻고 있다.

반대로 중국 학계에서는 발해는 당의 지방정권에 불과하였으며 주민의 절대다수를 이루는 말갈족은 현재 중국의 만주족으로 편입되어 있기 때문에 당시의 위상, 영토, 주민 등 모든 면에서 중국사의 일부라는 주장을 하고 있다. 나아가 고구려와 고조선 역시 중국사의 일부라는 주장마저 대두되면서 한국과 중국의 역사 분쟁은 멈추지 않고 있다.

양국의 견해는 팽팽한 평행선을 달리고 있어서 쉽게 해결될 문제가 아니다. 하지만 한 발씩 뒤로 물러서서 발해사 자체를 바라보면 다른 면모가 보이게 된다. 발해는 백제나 신라, 가야에 비해 구성원의 종족적 다양성이 훨씬 큰 국가였으며 다종족사회였다. 지리적으로는 농경 지역과 산림 지역, 유목 지역이 만나고 중첩되는 지점에서 성장하였다. 이러한 이유로 인하여 종족적으로나 지역적으로 경계의 역사라는 특징을 강하게 품고 있다.

그런데 시야를 넓혀 보면 사실 고구려의 사정도 별 차이는 없다. 고구려 사회 내부에는 압록강유역에서 성장한 핵심 세력, 부여계, 옥저계, 한(韓)계, 한족(漢族)계, 말갈, 거란, 소그드 등 매우 다양한 종족을 품고 있었다. 광대한 영역을 통치하는 제국은 다문화, 다종교, 다언어, 다종족이라는 운명에서 벗어날 수 없다. 이것은 세계사에서 보편적으로 보이는 현상이다. 광대한 영역을 통치하는 제국을 꿈꾸면서 그 국가의 구성원이 종족적으로 단일하기를 바라는 것은 모순이다.

이런 점에서 발해사는 물론이고 고구려사도 새롭게 볼 필요가 있다. 한국사냐 중국사냐, 아니면 경계의 역사냐 하는 논의 자체가 무의미해 보인다. 발해사는 발해사일 뿐이며, 굳이 그 귀속을 말하자면 유라시아 동부에서 발전하고 멸망한 여러 국가 중 하나였다. 이것을 한국사냐 중국사냐 논의하는 것은 현재의 민족국가 사이의 첨예한 관심사일 뿐이다.

10

경계 넘기의 어려움
:유럽 난민 문제에 대한 문학적 성찰

조성희

‘유럽 난민 위기’(2015~2016) 이후 십 년의 세월이 흘렀지만, 유럽은 여전히 난민 문제와 씨름하고 있다. 유럽으로 유입되는 난민의 수는 2015년 약 121만 명, 2016년 116만 명으로 정점을 찍고 줄어드는가 싶었으나 몇 년 전부터 다시 증가 추세에 있으며 2023년에는 또다시 100만 명을 넘겼다. 2015년에서 2016년까지 2년 동안 유럽에 도착한 약 238만 명의 난민 중 절반이 넘는 122만 명을 독일이 수용했다. 2022년 러시아·우크라이나 전쟁 이래 독일은 여기에다 우크라이나 난민 110만여 명까지 받아들인 상태이다.[1]

유럽연합의 수장 역할을 하며 난민 수용에 모범을 보였던 독일조차도 감당할 수 없는 난민들의 쇄도로 인해 사회 시스템이 한계에 다다르고 민심은 악화하고 있는 실정이다. 이에 독일은 국경 통제를 강화하고 있으며 난민이 유입되는 주요 경로인 동유럽 방면부터 시작된 국경 검문은 2024년 9월에는 서유럽 쪽으로 확대되었다. 독일 정부는 유럽연합의 새로운 망명 시스템이 정착될 때까지 6개월간의 한시적인 조치라고 해명했으나, 유럽연합 내 국경 검문은 시민들에게 아주 큰 변화이다.[2]

난민을 반기지 않는 독일인이 늘어나는 추세는 2024년 9월에 치러진 선거에서도 확연히 드러났다. 옛 동독 지역 세 곳의 주의회 선거에서 반이민, 반난민 정서를 대변하는 극우 포퓰리즘 정당 '독일을 위한 대안(AfD)'이 30% 내외의 지지를 받아 1위 또는 근소한 차이로 2위를 차지한 것이다.[3] 이런 투표 결과에는 선거를 앞둔 8월 하순 졸링겐 시의 축제 현장에서 일어난 테러 사건도 어느 정도 영향을 미쳤다고 할 수 있는데, 흉기를 휘둘러 시민들을 해친 범인은 바로 난민 임시보호소에 수용 중이던 시리아 출신 청년이었다.[4] 이런 무차별적 테러는 독일 국적을 가지고 있지 않은 이민자들의 범죄가 전년도에 비해 크게 증가했다는 범죄 통계와 함께 시민들의 불안과 난민에 대한 반감을 고조시키고 있다. 이러한 상황은 비단 독일에만 국한된 것이 아니어서 반난민 정서의 확산과 극우 정당의 득세에 따라 유럽 각국은 빗장을 걸어 잠그고 있다. 프랑스, 오스트리아, 네덜란드, 이탈리아 등 다수의 유럽 국가들이 국경 검문을 도입함에 따라 솅겐 협약에 따른 유럽 내 자유로운 통행이 불가능하게 되면서 유럽연합의 이상 자체가 위협받고 있다.[5] 1995년 이래 유럽 내 솅겐 지역이 차차 확대됨에 따라 지도상에만 존재했던 경계, 즉 유럽 내부의 국경이 유럽연합 시민들의 일상에서 가시화되고 있다.

이 글에서는 이렇게 2025년 현재에도 매우 시의적인 주제인 난민 문제를 다루고 있는 독일 소설 『가다, 갔다, 가버렸다(Gehen, ging, gegangen)』(2015)[6]를 '경계'라는 주제를 중심으로 살펴보고자 한다. 작가 예니 에르펜베크(Jenny Erpenbeck)는 2024년 장편소설 『카이로스(Kairos)』(2021)로 세계적으로 권위 있는 문학상인 영국의 부커상을 수상했으며[7] 2021년에는 『모든 저녁이 저물 때(Aller Tage Abend)』로 이호철통일로문학상 수상차 한국을 다녀가기도 했다.[8] 『가다, 갔다, 가버렸다』는 2015년 여름, 수년째 지속된 내전으로 수많은 시리아 난민이 고향을 떠나 유럽으로 밀려들었던 시기, 앙겔라 메르켈 총리가 "우리는 해낼 수 있습니다!(Wir schaffen das!)"라는 유명한 말로 난민 수용 결정을 발표한 바로 그 무렵에 발간되었다. 유럽 난민 위기의 한가운데 출간되어 언론과 독자들의 큰 주목을 받은 이 작품은 그해 독일 도서상(Deutscher Buchpreis) 최종 후보작 여섯 권에 포함되기도 했다. 이 책이 2015년 여름에 출간되었다는 것은 이 소설의 시간적 배경이 2015~16년의 '유럽 난민 위기'는 아니라는 뜻이다. 소설은 그보다 몇 년 전 아프리카에서 온 난민들이 자유로운 이동과 노동 허가를 요구하며 2012년 10월부터 2014년 4월까지 수도 베를린의 오라니엔 광장을 점령했던 실제 사건을 소재로 하고 있다. 당시 작가는 많은 난민을 면담하고 소설 속 주인공처럼 실제로 다방면으로 그들을 도왔다고 한다.

소설 『가다, 갔다, 가버렸다』는 이제 막 정년 퇴임을 한 고전학 교수 리하르트(Richard)가 난민들의 시위에 주목하게 되고 그들을 인터뷰하면서 그들과 친구가 되는 과정을 그려 내고 있다. 이 작품은 집필 당시의 사회 현실과 대결하고 있다는 점에서 전작들과 차별성을 가지는 한편, 독일인 주인공과 그의 난민 친구들의 기억과 정체성의 문제를 다루고 있다는 점에서는 작가의 작품 세계 내에서 연속성을 보여 준다. 이 글에서는 우선 '경계적 존재'인 난민과 시간적 경계, 즉 과도기에 처한 주인공이 어떻게 조우하게 되는지를 살펴본 후, 작중의 난민들이 난민이 될 수밖에 없었던 여러 가지 정치적, 사회적,

경제적 이유와 그들의 트라우마를 들여다본다. 이어서 난민들이 유럽에서 맞닥뜨리게 되는, 국경보다 더 넘기 어려운 이주 관련 법률과 관료주의적 행정절차의 몇 가지 사례를 검토한 후, 마지막으로 소설의 주인공은 어떻게 자신과 난민 사이의 경계를 지우고 넘어서고자 노력하는지를 살펴본다.

경계적 존재와 경계의 가시화

독일 사회의 주류에 속하는 60대 백인 남성이 이곳에 머무르며 노동할 권리를 요구하는 젊은 흑인 난민들에게 마음을 열게 되는 계기는 무엇인가? 맨 처음 리하르트는 베를린 시내 한복판에서 벌어지는 난민들의 시위 현장을 지나가면서도 그들을 인지하지 못한다. 그는 알렉산더 광장에서 유적 현장을 발굴 중인 고고학자 친구의 초대를 받아 그곳을 찾아가지만, 지금 그 광장에서 벌어지는 시위는 보지 못하고 그 유적으로 인해 환기된 독일의 과거에 관한 생각에 빠져든다. 즉 발굴된 중세의 지하 시장에 대한 설명을 들으며 그는 예전에 폴란드의 한 소도시에서 보았던 중세의 지하도시를, 또한 유대인이 숨어 있던 그 지하통로로 나치가 연기를 집어넣었던 사실을 떠올린다. 그의 연상은 제2차 세계대전 종전 무렵 나치가 베를린의 지하철 선로를 범람시켰던 사실로 이어진다. 리하르트는 그날 저녁에야 비로소 텔레비전 화면에서 단식 농성 중이던 아프리카 난민 중 한 명이 쓰러져 이송되는 장면을 본다. 서술자는 문장을 살짝 변형하기는 하지만 세 쪽에 걸쳐 같은 질문을 세 번이나 반복해서 던진다. "We become visible. 왜 리하르트는 알렉산더 광장의 그 남자들을 보지 못했는가?"(29)[9] "We become visible."은 난민들이 판지에 적어 놓은 그들의 시위 구호이다. 이 에피소드를 통해 소설의 도입부에서 작가는 난민이라는 존재의 비가시성을 효과적으로 보여 주고 있다. 물론 2015년 유럽 난민 위기 때 가장 적극적으로 난민을 수용한 독일에서는 대규모 난민 수용시설이 도시의 풍경을 바꿔 놓기도 하는 등 상황이 달라졌지만, 일반적으로 난민은 이방인이자 소수자로서 그들이 도달하고자 하는 목적지 사회에서 비가시적인 존재라 할 수 있다. 또한 이 부분은 주인공의 의식 세계를 통해 홀로코스트의 기억이 독일 사회에서 여전히 강력하고 지배적인 담론으로 자리 잡고 있음을 암시한다.

5년 전에 아내를 잃고 베를린 교외의 호숫가 저택에서 혼자 살고 있는 리하르트는 교수직에서 물러나 갑자기 시간적 여유가 생긴다. "하지만 이제 (……) 시간 그 자체가 그를 괴롭힌다."(11) 그래서 그는 예전 같았으면 대충 훑어보았을 신문 기사까지 꼼꼼하게 읽다 다시 그 아프리카 난민들 소식을 접하게 되고, 난민들이 점거하고 있는 폐교와 광장을 차례로 방문한다. 그는 오라니엔 광장의 난민캠프에서 자원봉사 하는 백인 여성이 했던 말, 즉 "아무것도 하지 않는 것이 너무 힘들어지면, 우리는 데모를 조직해요."(51)라는 말을 떠올리며 문득 난민들이 자신의 관심을 끈 이유를 깨닫게 된다.

> 시간이란 원래 무엇인지에 대해서는 필시 시간에서 떨어져 나온 이들과 가장 잘 얘기할 수 있을 것이다. 또는 이를테면 시간 속으로 들어가 갇혀 버린 이들과.(51)

인생의 황혼기에 들어선 독일 사회의 주류 시민과 이 사회에 받아들여지기를 원하는 청년 난민들 사이에는 언뜻 별 공통점이 없어 보이지만, 노동 허가를 받지 못해 시간을 죽여야 하는 난민들과 은퇴와 함께 체계화된 일상으로부터 무한한 시간 속으로 내던져진 리하르트는 모두 시간적 경계, 즉 과도기에 처해 있다. 연구 과제를 수행하는 것이 일상이었던 노교수는 난민들의 이야기를 들으며 시간을 탐구하는 프로젝트를 진행하기로 한다.

가득 채워지고 일목요연한 일상으로부터 사방으로 열려 있는, 소위 외풍이 드는 난민 생활의 일상으로 넘어가는 과도기를 알아보기 위해서 그는 알아야 한다, 무엇이 처음에 있었는지, 무엇이 가운데에 있었는지, 그리고 지금은 무엇이 있는지. 한 사람의 전자의 삶이 같은 사람의 후자의 삶과 경계를 이루는 그곳에서, 주의 깊게 바라보면, 원래 아무것도 아닌 그 과도기가 가시화되어야 한다.(52)

이 만남을 준비하는 과정은 학자인 리하르트의 냉정하고 지적인 태도를 잘 보여 주는데, 그는 난민 캠프를 다시 찾아가기 전 2주 동안 우선 연관 주제의 책을 몇 권 읽고 질문 목록을 작성한다. 그는 난민들에 대한 연민이나 동정심, 도우려는 마음 때문이 아니라 호기심 때문에 그들을 만나고자 하지만, 그의 질문 목록은 매우 인간적이다.

당신은 어디에서 성장했습니까? 모국어는 무엇인가요? 어떤 종교에 속하나요? 가족은 몇 명이었나요? 당신이 성장한 집은 어떻게 생겼나요? 당신의 부모님은 어떻게 서로 알게 되었습니까? 텔레비전이 있었나요? 당신은 어디에서 잤습니까? 먹을거리는 뭐가 있었나요? 당신이 유년기에 제일 좋아하던 숨을 곳

> 은 어디였나요? 당신은 학교에 다녔나요? 당신은 어떤 종류의 옷을 입었나요? 가축이 있었습니까? 직업교육을 받았나요? 당신 자신의 가족이 있습니까? 당신은 언제 고향을 떠났습니까? 왜죠? 가족과 여전히 연락이 됩니까? 어떤 목표를 가지고 떠났나요? 어떻게 작별했습니까? 떠날 때 무엇을 챙겼습니까? 당신은 유럽을 어떻게 상상했나요? 무엇이 다른가요? 당신의 나날을 어떻게 보내나요? 무엇을 가장 그리워하나요? 무엇을 소망하나요? 여기에서 자랄 아이들이 있다면 그들에게 고향에 대해 무슨 이야기를 할 건가요? 여기에서 나이가 드는 것을 상상할 수 있습니까? 어디에 당신을 매장해야 할까요?(52)

이 질문들은 지금 여기 유럽에서 보이지 않는 존재가 되어버린 난민들도 난민이 되기 전에는 우리처럼 평범한 일상을 보내던 보통 사람이었음을 상기시킨다. 출입국 관청의 질문지와 달리 리하르트의 질문 목록에는 고유한 한 개인의 삶의 이력이 담긴 이야기를 들으려는 열린 태도가 드러난다. 앞서 인용한 대목의 표현처럼 이 난민들도 한때는 '가득 채워지고 일목요연한 일상'을 누렸던, 우리와 같은 사람들이라는 인식은 그들을 동등한 인간으로 대하는 첫걸음이다. 이러한 인식을 지닌 리하르트는 그사이 베를린시에서 마련해 준 임시 숙소로 옮겨간 난민들을 인터뷰하러 갔을 때, 너무도 당연히 노크 후 상대방이 대답하거나 문을 열 때까지 기다린다. 반면 그곳에서 그들을 돌보는 독일인 관리자들은 하나같이 노크 후 대답을 기다리지 않고 곧장 문을 여는 태도를 보인다.

평생 대학에서 연구와 교육을 담당해 온 리하르트는 자기 분야인 고전학에서는 전문가이지만 소설의 초반만 해도 난민 문제 같은 현실 정치와 식민주의 역사 등에는 매우 무지한 상태이다. 독일 신문 문예란의 비평 중 다수는 이 점을 놀라워하며 지적하는데,[10] 그중 한 비평가는 첫눈에는 빗나간 듯 보이는 이 설정이 다시 보면 탁월한 선택이라고 평가한다. 주인공을 우리 대다수와 비슷한 인물로 만듦으로써 그의 자기 반어를 통해 진실을 폭로하는 서술을 할 수 있다는 것이다.[11] 평생 가르치는 입장에 있던 주인공이 위치를 바꾸어 배우는 자세로 자신에게 낯선 새로운 영역에 차근차근 접근해 가는 모습은 포스트 이민 시대에 시사하는 바가 크다.

이주민과 원주민의 관계에서 '통합(Integration)'은 항상 이주민에게만 강요되는 경향이 있다.[12] 자신만의 세계를 고수하는 고립된 이주민 집단은 보통 부정적으로 그려지고 이주해 들어온 사회에 적극적으로 동화되어 성공적으로 안착한 시민들은 칭송받는다. 물론 "누군가가 어딘가에 도착하려면, 아무

것도 숨겨선 안 된다"(73)는 아와드(Awad)의 말처럼 새로운 사회로 진입하려는 사람은 열린 마음으로 자신을 내보이고 그 사회의 제도와 문화를 수용해야 한다. 그러나 이러한 열린 자세는 반대급부로 그들을 받아들이는 사회에도 요구되는 덕목이다. 이주민 집단이 그 사회에 동화되는 만큼 원주민들도 자기 사회의 일부가 된 이주민들의 문화에 관심을 가지고 그들을 받아들이려고 노력해야 진정한 통합이 이루어질 수 있을 것이다. 물론 이것은 쉽지 않은 과정이다. 아프리카의 지리와 식민주의의 역사를 공부하고 난민들의 사연을 경청하며 새로운 세상을 배워 가는 리하르트는 젊은 난민 친구들이 히틀러에 대해 들어 본 적이 있을까, 동서 분단의 상황을 이해할 수 있을까 계속 자문한다. 지식인인 그에게도 아프리카의 역사와 문화가 낯선데, 제대로 된 교육의 기회도 얻지 못한 젊은 난민들에게 독일의 역사와 문화를 배우는 일은 얼마나 힘든 과정이 될 것인가.

그들은 왜 난민이 되었는가?

리하르트의 냉철한 관심은, 하지만 그가 난민들을 인터뷰하며 그들을 알아가는 동안 자연스럽게 이해와 공감으로 바뀌게 된다. 그는 만나는 난민들 한 명 한 명의 인생사를 경청하며 그 과정에서 그들이 겪은 내전, 가난, 노예노동, 선박 전복 사고 등 트라우마의 경험을 듣게 된다. 리하르트에게 마음을 열고 이야기를 들려주는 난민들은 대개 10대 후반에서 20대의 젊은 청년들이다. 나이지리아, 니제르, 가나, 부르키나 파소, 말리 등 이들의 출신국은 다양하지만 이들 중 다수는 지중해와 접해 있는 리비아에서 지내던 중 2011년 아랍의 봄 이후 발발한 내전으로 인해 유럽으로 건너오게 된다. 예컨대 가나 출신으로 출생 시 어머니를 잃고 일곱 살 때까지 외할머니 손에 자라던 아와드는 아버지와 함께 리비아의 수도 트리폴리에 정착해서 겨우 안정적인 일상을 누리고 있었지만, 내전이 터져 아버지마저 잃고 군인들에 의해 강제로 유럽으로 보내진다. 아와드는 "유럽산 폭탄이 트리폴리에 떨어지는 동안"(79) [당시 유럽은 42년간 리비아를 통치한 독재자 카다피(Gaddafi)와 싸우는 반군을 지지했다.] 군막사에 갇혀 불안에 떨었던 순간들, 군인들이 핸드폰에서 심카드를 빼내서 그의 기억이 담겨 있는 저장장치를 망가뜨렸던 장면을 리하르트에게 털어놓는다.

전쟁은 모든 것을 파괴해요, 아와드는 말한다, 가족, 친구들, 살았던 장소, 일, 일상. 이방인이 되면, 아와드는 말한다, 더 이상 아무 선택지도 갖지 못해요. 어디로 가야 할지도 몰라요. 더 이상 아무것도 몰라요. 나 자신을 더 이상 볼 수 없어요, 한때 나였던 아이도. 나는 나에 대해 더 이상 아무런 이미지도 없어요.

내 아버지는 돌아가셨어요, 그는 말한다.

그리고 나는— 난 내가 누구인지 더 이상 모르겠어요.

이방인이 되는 것. 자기 자신과 남들에게. 그러니까 과도기는 그런 모습이었다.(80-81)

경계로 내몰린 경계적 존재가 된다는 것은 가족과 일상을 빼앗기고 스스로에게도 낯선 존재가 되는 것, '이방인이 되는 것'이다. 아프리카 난민 그룹을 이끄는 지도자 역할을 하는 라시드(Raschid)는 말하자면 이중의 난민이다. 그는 나이지리아에서 "다섯 명의 부인과 스물네 명의 자식을 둔"(109) 아버지의 사랑 받는 장남이었지만, 라마단을 끝내고 맞이한 축제일에 폭도들의 습격을 받아 아버지를 잃고 형제자매들과 뿔뿔이 흩어지게 된다. 축제를 위해 푸짐한 음식을 차리고 깨끗하게 단장했던 고향집은 방화로 전소되고 만다. 기독교도와 이슬람교도 간의 극심한 종교 갈등이 지금도 계속되고 있는 나이지리아에서 일종의 내전 상황을 겪은 라시드는 니제르 국경을 넘고 거기서 다시 리비아로 피신하여 트리폴리에 정착한다. 이곳에서 그는 철물공으로 일하며 단란한 가정을 꾸리지만 리비아 내전으로 또다시 모든 것을 잃는다. 아와드와 마찬가지로 강제로 타야 했던 배는 곧 고장 나서 표류하고 식량이 떨어져 며칠을 굶던 난민들은 구조선이 나타나 구호물자를 던져주기 시작하자 한쪽으로 몰리면서 결국 단 5분 만에 그들이 탄 배는 전복되고 만다. 800명 중 약 550명이 익사한 이 사고로 라시드는 어린 아들과 딸을 모두 잃고 홀로 가까스로 살아남았다. 끔찍한 트라우마를 겪은 그는 불면증에 시달린다. "유럽인들이 우리를 폭격하니 우리는 흑인들로 그들을 폭격할 것이라고 카다피가 말했지요."(238) 라시드가 인용하고 있는 카다피의 위협[13]은 그의 사후에 폭발적으로 실현되었다고 볼 수도 있는데, 2015년 난민 위기 때 철학자 페터 슬로터다이크(Peter Sloterdijk)가 내놓은 분석에 따르면 당시의 이주 물결은 아랍의 봄 시기 유럽의 잘못된 대외정책으로 인해 유발된 측면도 있다는 것이다. 대부분의 난민이 유럽에 도달하기 위해 리비아를 경유하거나 리비아에서 출발하는 경로를 택했는데, 이는 리비아의 불안정한 정세로 인해 가능해진 일이며 유럽 또한 이에 일조했다는 것이다.[14]

아와드와 라시드가 최소한 리비아에서는 안정된 생활을 하다 내전으로 하루아침에 난민이 되었다면, 어렸을 때부터 평생 가난과 중노동에서 벗어나지 못한 이들도 있다. 사하라 사막에서 유목 생활을 하는 투아렉(Tuareg) 부족 출신 고아인 아폴로는 (리하르트는 이 청년의 제멋대로 자라난 곱슬머리가 자신이 상상했던 태양신 아폴로와 같다며 그를 이 별명으로 부른다) 기억나는 그 순간부터 학대를 당하며 "아침부터 저녁까지" 가축을 돌보는 "노예노동"(67)을 해야 했다. 리하르트는 그가 1991년에 태어났다는 말을 듣고 니제르 정부가 "투아렉 봉기를 진압하기 위해 자행한 학살"(184)을 떠올린다. 비쩍 마른 카론(Karon)은 아와드처럼 가나 출신으로, 찢어지게 가난한 집안의 장남으로 태어나 열 살도 되기 전에 부모·형제와 떨어져 온갖 날품팔이를 하다, 아버지마저 돌아가신 후에는 남은 가족을 부양할 책임을 오롯이 떠안게 된다. 교육받지 못한 그는 악덕 농장주나 상인들에게 노동에 대한 정당한 대가를 받지 못하고 착취당한다. 천신만고 끝에 수도 아크라(Accra)의 노상에서 신발을 팔면서 겨우 자리를 잡으려는 순간 노점상이 금지된다. 결국 그는 밀입국 브로커를 통해 리비아로 가지만 모자란 돈을 그들에게 빌려야 했고 8개월간 건설 현장에서 일하며 그 빚을 모두 갚았을 때 내전이 터져 다시 유럽으로 건너오게 되었다. 리하르트가 카론에게 들은 이야기를 회상하는 장면에는 다음 문장이 네 번이나 반복된다. “앞으로 봐도 뒤로 봐도 아무것도 보이지 않았어요.”(145) 이 말은 카론이 처한 절망적인 상황을 대변한다. 가나에서는 절망에 빠진 수많은 사람들이 목을 매거나 농약을 마신다며 자신도 농약을 마시려 했다고 고백하는 그가 평생 겪은 가난은 상대적 박탈감 같은 것이 아니라 실존적인 고통이었음이 그의 이야기에서 생생하게 드러난다. 그래서 작가가 행간에 숨겨둔 질문은 이를테면 이런 것이다. 카론 같은 이에게 ‘경제적 난민’이라는 꼬리표를 붙여 밀어내는 것이 과연 정의로운 일인가?

경계 넘기의 어려움

난민들이 죽을 고비를 넘기고 겨우 아프리카와 유럽의 경계를 넘는다 해도 유럽 땅에는 국경보다 더 견고한 법률이라는 경계가 그들을 가로막고 있다. 이 소설에는 독일과 유럽의 난민 및 이주 관련 법률과 관료주의적 행정절차가 난민들에게 얼마나 높은 장애물인지가 생생하게 묘사된다. 더블린Ⅱ 규정(Dublin Ⅱ), 체류 허가(Aufenthaltstitel), 임시적 체류 용인(Duldung), 강제송환(Abschiebung), 강제송환구금(Abschiebehaft),

의제 증명(Fiktionsbescheinigung) 등등 작품에 언급되는 수많은 난민 관련 법률 용어들은 독일 국민으로 안정된 삶을 살아온 리하르트에게는 낯설기만 하다.(유럽 난민 위기를 거친 지금이라면 주인공 정도의 사회적 위치에 있는 사람에게 이런 용어들이 더 이상 낯설지는 않을 것이다.) 그는 아프리카 난민들에게 관심을 가지게 되면서 이런 용어들을 하나하나 공부해 나간다.

> 리하르트는 이해한다. **더블린II 규정**으로 지중해 해안을 소유하지 않은 모든 유럽 국가는 지중해를 건너오는 난민들의 말을 경청하지 않아도 되는 권리를 구매했다는 것을.
> 소위 **망명 사기꾼**이란 그러니까 진실한 이야기를, 거기에 반응하는 건 말할 것도 없고 들어줄 필요조차 없는 곳에서 하는 누군가일 수도 있다. 그리고 새로운 지문 시스템으로 누가 이야기를 들어 주어야 할 집단에, 그리고 누가 그렇지 않은 집단에 속하는지에 대한 오해가 곧 완전히 해소될 것이라고 한다.(85)

2003년에 제정된 더블린Ⅱ 규정(Dublin Ⅱ Regulation)은 1990년에 체결된 더블린 협정(Dublin Convention)을 대치한 유럽연합 법률로서 그 핵심은 유럽연합에 들어오는 난민들이 최초로 입국한 유럽연합 회원국에서 난민 신청을 해야 한다는 것이다. 아프리카, 중동 지역에서 유럽으로 오는 난민들은 대개 지중해 루트를 거치기 때문에 이탈리아나 그리스, 몰타 등 지중해 연안국의 영토를 처음으로 밟는 경우가 많다. 그러면 그들은 이 도착국에서 망명 신청을 해야 하고, 소설 속 난민들처럼 이탈리아에서 먹고살 수 없어서 독일로 오더라도 이곳에서 망명을 '신청할 자격'조차 부여받을 수 없다. 위의 인용문에서 "지중해 해안을 소유하지 않은 모든 유럽 국가"는 지중해를 건너온 난민들에 대한 책임이 없다고 한 것은 바로 이런 사정 때문이다. 애초에 더블린Ⅱ 규정은 여러 국가에서 망명 신청을 하는 소위 망명 쇼핑 또는 비자 쇼핑을 원천적으로 차단하여 유럽연합 내 망명 심사의 효율성을 높이기 위해 도입되었으나, 2015~16년 난민 위기를 거치면서 이 규정은 지중해 연안 국가들에 난민 신청이 폭증하는 결과를 낳았다. 이후 유럽연합은 회원국들의 의견을 수용하여 더블린 규정을 계속해서 수정, 변경하는 중이며 2016년에는 망명 신청자 할당을 핵심으로 하는 더블린Ⅳ의 입법이 제안되었으나 헝가리, 폴란드 등 동유럽 국가들의 거센 반발에 부딪혔다.[15]

인용문에서 언급된 "새로운 지문 시스템"이란 2013년에 도입된 '유럽 지문 데이터베이스(Eurodac)'를 일컫는 것으로 난민들은 유럽연합 내 최초로 입국한 국가에서 반드시 지문 등록을 해야 하며 이 정보는 유럽연합 공동으로 관리된다. 이에 따라 만약 망명 신청자가 유럽연합 역내 국가를 경유하여 타 회원국에서 망명 신청을 할 경우 최초의 도착 국가, 즉 지문 등록 회원국으로 송환된다.[16] 위의 인용문에서 제기된 문제, 즉 "지중해 해안을 소유"한 나라들만 과도한 부담을 지게 되는 상황을 개선하기 위해 유럽연합은 장장 4년의 논의 끝에 2024년 5월 '유럽 공동 망명 시스템(CEAS: Common European Asylum System)' 개혁안을 내놓았다. 유럽연합의 새로운 이민·난민 정책에서 눈에 띄는 부분은 바로 '의무적 연대' 규정인데, 회원국 중 일부에 과도한 부담이 발생할 때는 다른 회원국이 일정 수의 난민을 나누어 받아들이도록 했다. 직접적인 난민 수용을 거부하는 회원국은 대신 유럽연합 공동기금에 재정적 지원을 하거나 난민 수용시설을 지원하는 등 대안적 연대 방안도 마련되었다.[17]

리하르트가 난민 신청에 도움을 받고자 하는 이템바(Ithemba)와 함께 변호사를 방문해서 그와 대화를 나누는 장면은 난민들의 편에서 보면 유럽(독일)의 난민 관련 법규가 얼마나 넘기 힘든 장벽인지를 잘 보여 준다. 예컨대 리하르트가 그래도 난민들에게 유리할 것이라고 예상했던 '임시적 체류 용인' 같은 규정이 실제로는 여러 관료주의적 절차와 오랜 처리 기간으로 인해 아무런 실익도 없다는 사실이 변호사의 입을 통해 독자에게 전달된다. 또한 이 장면에 삽입된 관청의 편지는 어려운 법률 용어 및 일상어와 동떨어져 있는 복잡한 표현으로 모국어 화자라 해도 쉽게 이해할 수 없을 정도이다. 그래서 난민들은 "실제 바다를 건너는 횡단에서 살아남은 후에, 이제 서류의 강과 바다에서 익사할 지경이다".(310)

경계 지우기와 넘어서기

인터뷰를 위해 꾸준히 난민 숙소를 찾는 동안 어느새 아프리카 출신 청년들과의 만남은 리하르트의 일상이 된다. 그들과 차츰 친구가 되어 가면서 그는 자신이 할 수 있는 방식으로 그들을 돕는다. 그는 트라우마로 인해 마음을 열지 못하는 것으로 보이는 십 대 후반의 오사로보(Osarobo)에게 원하는 게 있는지 물어보고 피아노를 치고 싶다는 난민 청년을 자기 집으로 불러 피아노를 가르쳐 준다. 시에서 돈을 받는 것보다는 스스로 일하고 싶다는 아폴로나 아와드가 용돈벌이를 할 수 있도록 자기 집에서 정원일을 도와 달라 부탁하고, 간호사가 되고 싶어 하는 알리(Ali)에게 급하게 간병인을 필요로 하는 독일인 친구를 소개해 주기도 한다. 어학원에서 진행하는 공식적인 독일어 수업 첫날 일행을 놓친 외톨이 루푸(Rufu)를 자기 차로 직접 데려다 주기까지 하는 친절한 리하르트에게 아프리카 청년들은 손수 요리한 따뜻한 음식을 대접하고 그는 생일을 맞은 난민 친구들을 위해 겨울 풀오버를 준비한다. 어느새 난민들의 든든한 "서포터"(210)가 된 그는 그들을 위해 난생처음으로 시위를 신청해 주고 그들이 경찰이나 변호사를 만나러 갈 때 동행해 준다. 그리고 이곳까지 와서도 시에서 지원받는 생활비에서 매달 150유로를 떼어 고향으로 부치는 카론에게 승용 잔디깎이를 장만할 돈 3,000유로로 가나에 있는 그의 고향에 그의 가족이 농사지어 먹고 살 수 있는 땅을 사 준다. 일견 비현실적으로 보이는 이 에피소드는 작가의 실제 경험담이라고 한다.[18]

선행을 베풀겠다는 의지가 아니라 냉정한 호기심에서 인터뷰를 시작했던 리하르트가 이렇게 마음을 열고 자연스럽게 난민들을 돕게 된 것은 무엇보다 공감의 힘 덕분이다. 그들의 이야기를 경청하며 개개인의 사연을 알게 되자 난민은 더 이상 막연한 집단이 아니라 한 명 한 명의 인간으로 그의 삶 속에 들어오게 된 것이다. 리하르트가 변화할 수 있었던 것은 또한 그가 배우고 성찰하는 능력이 있기 때문이기도 하다. 난민 문제에 관심을 두게 된 그는 학자답게 관련 책들을 찾아 열심히 읽고 오랜 독일인 친구들과 이 문제에 대해 자주 대화를 나누며 자신과 자기 나라의 과거를 되돌아본다. 자기 부모 역시 제2차 세계대전 후 슐레지엔 지방에서 독일로 넘어온 난민이었으며 그 자신도 북새통인 기차역에서 엄마를 놓쳐 하마터면 고아가 될 뻔했었던 것을 잘 알고 있는 리하르트는 그림(Grimm) 동화 속 이야기처럼 행운을 찾아 떠나는 것이 바로 독일의 역사였던 것이 그리 오래되지 않은 일이라고 생각한다. 그리고 그는 난민 친구들이 겪은 실존의 고통을 접하면서 자신이 누려온 현실을 당연하지 않은 행운이자 사치로 느끼게 된다.

> 그들의 할아버지들과 아버지들, 할머니들과 어머니들의 공적(功績)은 말하자면 파괴였다. 자식들과 손자들이 새로 써야 했던 텅 빈 평면을 창출하는 것. 그러면 그들 자신 세대의 공적은? 예컨대 리하르트가 조금 전에 이야기했던 이 세 명의 아프리카 남자들보다 그들이 훨씬 더 잘 지내는 이유는? 여기 소파에 앉아 있는 그들도 전후(戰後)의 아이들이다. 그 때문에 그들은 이전과 이후의 순서라는 것이 자주 보상이나 처벌의 법칙과는 완전히 다른 법칙을 따른다는 것을 안다. 효과는 직접적이지 않고 간접적이야, 리하르트는 생각한다, 이미 지난 몇 년 동안 자

주 생각했던 것처럼. (……) 하지만 그들이 그렇게 잘 지낸 것이 그들 자신의 공적(功績)이 아니었다면, 다른 한편으로 난민들이 그렇게 잘 지내지 못했던 것이 그들의 책임은 아니었다. 꼭 마찬가지로 반대로 될 수도 있는 일이다.(119-120)

리하르트의 성찰은 위의 인용문에서처럼 20세기 전반의 독일 역사에 대한 평가에서부터 어느 날 갑자기 사라져 버린 자신의 조국 동독에 대한 기억, 나아가 유럽 식민주의의 과거와 현재에까지 이른다. 식민주의의 역사는 19세기에 나미비아의 식민지를 개척한 상인 뤼더리츠(Lüderitz)와 200년 전 빈(Wien)에서 흑인을 박제했던 의사 탈러(Thaler) 박사의 에피소드처럼 단순히 지나간 과거에 그치는 것이 아니라 글로벌 자본주의의 이름으로 지금도 계속되고 있다.

거긴, 리하르트는 말한다, 그사이에 식수는 오염되고, 낙타는 사라지고, 사람들은 왜인지도 모르고 암에 걸리지. 하지만 전기는 프랑스와 여기 우리 독일에서 흐른단 말이지.(182)

이 인용문에서 리하르트는 제국주의적 자본주의의 문제를 지적하고 있다. 세계에서 가장 많은 우라늄을 생산하는 니제르에서 광산 독점권을 갖고 있는 프랑스 국영기업 아레바는 그곳에서 채굴한 우라늄으로 유럽에서 원자력발전을 해서 돈을 버는 데 반해, 니제르의 환경은 파괴되고 아폴로 같은 니제르 국민은 난민이 되었다. 리하르트의 친구 토마스는 아레바가 매년 벌어들이는 이윤이 니제르 정부 일 년 총수입의 열 배라고 덧붙인다. 나중에 리하르트는 가난과 노동으로 점철된 생을 살아온 카론과 대화할 때 아프리카의 문제는 아프리카에서 해결하라는 식의 여론을 떠올리며 그것이 아프리카 국가들이 자체적으로 해결하기 어려운 복잡한 문제라는 인식을 보여준다.

작가는 냉담한 관찰자에서 친구로 변모하여 환대를 실천하는 주인공을 통해 독자의 성찰과 행동을 촉구하고 있다.[19] 개별 심사를 받은 그의 난민 친구들 대부분이 결국 더블린Ⅱ 규정에 따라 이탈리아로 돌아가야 하는 상황이 되자, 리하르트는 가까운 지인들에게 수소문하여 임시 숙소에서 쫓겨난 난민들에게 잠자리를 찾아 주고 자기 집에도 열두 명을 받아들여 함께 지낸다. 리하르트가 오랜 독일 친구들과 새로운 난민 친구들 모두를 함께 초대해 아내와 사별 후 5년 만에 처음으로 자신의 생일파티를 여는 55번째 장으로 소설은 끝난다.(아프리카 대륙에 속하는 국가는 공식적으로 인정받지 못한 사하라 아랍 민주 공화국까지 모두 55개이다.) 사회적·경제적 능력이 있으면서도 자식이 없는 리하르트를 이해할 수 없어서 궁금해하던 젊은 난민들에게 그는 말하자면 그 질문에 대한 간접적인 대답으로, 결혼 전 대학생 시절 아내의 불법 낙태 경험과 당시 자신이 느꼈던 죽음의 불안에 대해 들려준다. 함께 둘러앉은 동년배의 동향 친구에게나 젊은 난민 친구에게나 똑같이 자신의 내밀한 과거에 관해 이야기해 주는 이 마지막 장면은 그가 이 젊은 난민들에게 단순히 자원봉사자나 후원자 역할에 머무는 것이 아니라 그들과 친구가 되었음을 보여 준다.(반면 그는 수십 년간 친구 사이였음에도 불구하고 흑인 난민을 조롱했던 외르크를 이 자리에 초대하지 않음으로써 그와 절교했음을 보여 준다.) 현실적으로 임시적일 수밖에 없는 이 공동체는 궁극의 유토피아라기보다는 이들이 서로 간의 경계를 넘어 공동의 미래를 향해 함께 나아가는 도정 한가운데 있는 일종의 정류장 같은 것이다.

그럼에도 불구하고 어떤 사람에게는 이 소설에서 그려지는 독일 노인과 난민 청년들 사이의 우정 자체가 유토피아로 보일 수도 있을 것이다. 실제 현실의 난민들이 모두 소설 속의 청년들처럼 선량하지는 않다는 인터넷 독자 서평의 불평도 틀린 말만은 아니고, 수많은 평범한 시민들은 리하르트와 달리 먹고사느라 바쁠 테니 말이다. 소설 속에 묘사되는 범죄는 리하르트가 1박 2일 집을 비운 사이에 일어난 절도 사건이 전부이지만, 현실에서는 이슬람 극단주의를 숨기고 있던 난민이 크리스마스 시장이나 축제 현장에 난입해 시민들을 살해하는 일이 벌어지고 있기 때문이다.[20] 이런 테러 사건들로 인해 시민들이 일상을 위협받고 있다는 불안감을 느끼게 되는 것은 자연스러운 현상이다. 평범한 시민들이 자신의 불안을 털어놓을 수 있고 공포가 현실화하지 않도록 공공의 대책을 세우는 공론의 장을 활성화하는 것이 이 불안감을 이용해서 세력을 키우려는 극우세력의 확산을 막는 길일 것이다. 그리고 우리는 현실의 난민들이 모두 선량하지는 않다는 말에 같은 논리로 그들이 모두 테러리스트처럼 위험하지는 않다고 말할 수 있다. 그들 중 상당수는 작가가 만난 실제 난민들을 모델로 한 소설 속 청년들처럼 선량하고, 대다수는 평범할 것이라고.

호미 바바(Homi K. Bhabha)가 이주 문제를 다룬 걸작으로 상찬한 바 있는[21] 예니 에르펜베크의 『가다, 갔다, 가버렸다』는 러시아·우크라이나 전쟁, 중동·이스라엘 전쟁, 급격한 기후변화 등으로 삶의 터전을 잃은 난민들이 늘어나고 있는 지금, '그들'과 '우리' 사이의 경계에 대한 다양한 성찰을 제공하는 동시에 여러 가지 질문을 던진다. '그들'과 '우리' 사이에는 어떤 경계들이 존재하는가, 어떻게 하면 그 경계를 지우고 넘어설 수 있을 것인가? “어디로 가야 할지 모를 때, 사람은 어디로 가는가?”(328-329) 이 한 문장으로 요약할 수 있을 난민의 실존적 위기는 어떻게 극복될 수 있을 것인가?

11

움직이는 경계

: 정동과 페미니즘

조선정

감정은 인간(됨)을 이해하는 유력한 열쇳말 중 하나다. 최근 감정을 개별 주체에 내재하는 것으로 보기보다는 경험과 행위를 조직하고 현실화하는 구체적 힘으로 파악하는 경향이 뚜렷하다. 주체가 감정의 주인이 아니라 감정이 주체를 구성하고 생산한다는 관점이 널리 수용되는 추세다. 이런 변화는 인문학 전반에서 일어난 패러다임 전환에 조응한다. 우리의 인식과 해석이 주체의 고유성, 자율성, 독립성을 전제하는 관성에서 탈피하여 주체가 구조, 장치, 권력에 의해 변형되는 양상에 주목하게 된 것이다. 자아와 타자 사이의 경계도 미리 설정되어 있지 않고 시공간 속에서 활성화되는 것으로 볼 수 있다.

감정은 흐르고 스미고 움직이면서 주체의 경계를 교란한다.

감정은 젠더, 계급, 인종, 종교, 민족, 섹슈얼리티와 같은 다양한 변수에 의해 매개된다. 역사적으로 감정은 여성, 여성적인 것, 여성다움에 결부되었다. 페미니즘은 감정이 여성에게 할당되는 것을 비판하는 동시에 감정의 자리와 가치를 재정의하는 이중적인 과제를 감당한다.[1] 한편으로는 주어진 여성 범주의 자명성을 거부하고 다른 한편으로는 여성의 이름으로 정당한 몫을 요구하는 것이다. 페미니즘은 이런 역설을 품고 있다. 여성이라는 정체성 범주와 긴밀하게 협상하되 '누가 여성인가?'라는 질문을 종결하지 않음으로써, 페미니즘은 여성의 경계를 질문하는 사유체계로 진화해 왔다. 여성을 미리 알 수 있는 선험적 주체로 전제하지 않고 부여된 자리와 고정된 정체성의 경계를 심문하면서 생명력을 이어온 것이다.[2]

감정의 경계, 여성의 경계, 이 두 개의 질문을 겹쳐 놓으며 글을 시작한다. 여성주체를 어떻게 정의하고 이해할 것인가라는 오랜 질문에서 갈라져 나온 이 글은 앞서 말한 인문학 패러다임 전환기에 부상한 '정동'에 집중하여 그 질문을 변주한다. 후술하겠지만, 정동은 얼핏 감정의 한 갈래인양 보이지만 지난 수십 년에 걸쳐 축적된 연구를 통해 드러난 바, 사뭇 독자적인 이론적 지위를 획득했다. 번역어 '정동'이 낯설고 궁금한 독자를 위해 이 글은 정동이론의 얼개를 소개하고 정동 비평의 지형을 해설한다. 정동이 경계에 대한 우리의 감각과 사유를 갱신하고 앎을 창출하는 데 요긴한 비평적 자원임을 밝힌다. 나아가, 정동적 사유와 글쓰기의 쓸모를 우리 시대 페미니즘 담론의 맥락에서 구체적으로 살펴본다. 정동 비평을 통해 여성을 고정된 본질이나 자유주의적 개인의 형상으로 환원하는 대신 경계를 가로지르며 여성 '되기'를 수행하는 주체로 새롭게 의미화할 수 있기를 희망한다.

정동은 무엇을 하는가?

문화비평가 사라 아메드(Sara Ahmed)는 감정의 생산성에 주목하면서 감정이 몸의 표면을 이룬다고 말한다. 감정이 몸의 경계를 만들어 주체와 타자를 구분한다는 뜻이다. 또한, 감정은 몸의 경계를 초과하여 다른 몸에 '끈끈하게' 달라붙는다. 감정은 몸과 몸을 식별하고 또 연결함으로써, 누가 공동체에 속하는지를 결정한다.[3] 이런 통찰은 애국심이나 수치심처럼 전염성이 강한 감정의 사회적 효과는 물론 뉴미디어를 기반으로 한 포퓰리즘의 득세를 설명하는 데도 유용하다. 감정 그 자체보다 감정이 몸에 달라붙을 때 무슨 일이 벌어지는지, 그것을 어떻게 읽고 기록하고 비평할지가 중요해진 것이다.

감정, 젠더, 몸의 교차는 페미니즘 담론의 고전적인 주제 중 하나다. 여성의 몸은 감정을 담는 그릇에 비유되곤 한다. 서구의 근대 체제는 합리적 이성의 주권자로서 권리를 행사하는 남성 개인을 시민의 원형으로 삼고 여성을 가정 영역에 귀속시켜 공적 영역에서 배제한다. 성별 영역 분리의 단층선에 감정이 놓여 있다. 여성은 가정 영역에서 감정을 주관하는 역할을 맡는다. 젠더 이분법 속에서 여성의 행위성(agency)은 감정적 차원으로 치환된다. 여성은 감정적인 사람, 잘 분노하는 사람, 문제를 일으키는 사람으로 읽힌다. 이런 낙인 효과는 행위성을 통제한다. 감정(표현)을 지속하면 낙인을 영속화하고 반대로 감정(표현)을 철회하면 행위성을 스스로 부정하게 된다. 이렇게 감정은 여성에게 '끈끈하게' 달라붙어 주체의 경계를 위태롭게 만든다.

정동이론이 도래하기 전부터 페미니즘은 감정, 몸, 주체, 행위성에 대해 치열하게 고민해 왔다. 담론의 생태계란 늘 복합적이고 혼종적이므로, 페미니즘의 고민이 정동이론에 얽혀 있다고 보는 것이 타당하다. 다만 그 연결고리가 충분히 주목받지 못한 이유는 대개 정동의 계보를 쓰기 위해 철학자 스피노자(Benedictus de Spinoza)로 거슬러 올라가는 관행과 무관하지 않다. 스피노자는 1677년 저서 『윤리학』에서 사람이나 물체 사이에 힘이 작용하여 서로를 변용시키고 흔적을 남긴다는 명제를 제출하면서 'affectio'를 쓴다. 그런 변용에 따라 기쁨이나 슬픔이 증가하거나 감소하는 몸의 잠재적 운동성을 'affectus'로 정의한다. 두 라틴어의 영어 번역어는 각각 'affection'과 'affect'로 표준화되었다. 'affect'는 2005년 즈음 우리말 '정동(情動)'으로 번역 소개된 후 최근까지 '정동하다'나 '정동되다'라는 동사 형태로도 변주되어 두루 쓰이고 있다.[4]

1980년대에 스피노자 철학이 재조명받고 1990년대 정동이론이 유행하기 훨씬 이전부터, 심리학과 정신분석학에서 정동은 감정과 구분되어 쓰였다. 감정이 사회문화적인 상징체계에 따라 분류되고 해석되는 반면, 정동은 주로 몸에서 터져 나오는 즉각적이고 생리적인 반응을 가리킨다. 엄밀하지는 않으나 입문용으로 쓸 만한 구분이다. 스피노자의 관심사도 기쁨이나 슬픔의 보편적 내용이 아니라 몸에서 증가하거나 감소하면서 출렁이고 이동하는 힘의 물질성 내지는 그런 잠재성이다. '정동'이라는 번역어에도 운동성의 함의가 녹아 있다. 감정이 표상과 재현의 차원에 있다면, 정동은 "우리의 몸이 세상에 속해 있음을 보여 주고, 영향을 주고받는 능력으로 인해 생성되고,

몸으로 전달되는 강도 속에서 공명하는 힘"이다.[5]

흥미롭게도, 정동의 부상은 서구 학계에서 비평이론(critical theory)의 전환기라 할 1990년대에 본격화한다. 비평이론이란 자본주의 문명과 근대 체제를 비판적으로 인식하는 데 적실한 읽기의 방법론을 포괄적으로 지칭한다. 정신분석, 구조주의, 탈식민주의, 페미니즘, 포스트휴머니즘 등으로 분화하는 비평이론의 큰 흐름 속에서, 특히 언어적 재현을 우선시하는 인식론에 대한 문제 제기가 '정동적 전환(affective turn)'의 우산 아래 결집한다.[6] 정동적 사유는 비언어적이고 비실체적이고 비결정적인 상황을 부각하고 거기에 주체가 어떻게 연루되는지 분석한다. 그런 점에서 '정동이란 무엇인가'라는 흔한 질문을 '정동은 무엇을 하는가'로 바꿔봄 직하다.

이 질문에 대한 응답에 따라 정동이론을 범박하게 두 갈래로 정리할 수 있다.[7] 스피노자를 경유해 주체의 생성을 주창한 프랑스 철학자 질 들뢰즈(Gilles Deleuze)의 '되기 정동' 모델, 그리고 미국 영문학자이자 퀴어이론가인 이브 코소프스키 세즈윅(Eve Kosofsky Sedgwick)이 창안한 '회복 정동' 모델이다. 전자를 압축적으로 요약하고 후자를 조금 더 소상하게 살펴보는 편이 이 글의 후반부를 이어 가는 데 도움이 될 것이다.

스피노자 철학의 부흥을 주도한 들뢰즈는 정동을 존재가

변용하고 이행하는 힘으로 정의한다. 생명 활동 전반에 흐르면서 몸을 들썩이게 하고 경계를 넘나들며 존재의 변이를 일으키는 힘이다. 정동은 개인적이고 인격적이고 유기체적인 진화, 완성, 목적(telos)의 수사로 수렴되지 않는다. 철저하게 질료적이고 생성적이고 우연적으로 발현되므로 고정된 원리나 문법으로 환원될 수 없다. 정동은 무질서의 혼란이라기보다 비질서의 순간이며, 그 순간을 '되기(becoming)'로 포착할 수 있을 뿐이다.

'되기'라고 하면 흔히 어떤 대상, 목표, 결과를 설정해 놓고 거기에 도달하는 것을 떠올리는데, 들뢰즈에게 되기는 그렇게 정해진 모습에 가까워지는 예측 가능한 과정, 닮고 모방하고 기억하는 과정, 한 계통으로 합류하는 과정이 아니다. 인간다움을 향해 나아가거나 개인으로 완성되어 가는 과정도 아니다. 오히려 되기는 지배 체제에서 미끄러지고 튕겨나가는 순간의 힘이다. 그 힘의 지속, 속도, 세기, 강도, 다시 말해 개량할 수 없는 질적인 차원이 정동이다.[8] 우리는 되기를 소유하거나 장악할 수 없고, 그 힘의 주변을 배회하면서 그 흔적에 다가갈 수 있을 뿐이다.

들뢰즈가 다양한 장르의 예술 작품을 거론하면서 되기의 정동을 포착하는 것에 영감을 받아 노벨 문학상 수상으로 우리에게 한결 친숙해진 한강 작가의 소설 『채식주의자』를 떠올려 본다.[9] 이 작품은 육식을 거부하고 꽃, 잎사귀, 나무가 되고자 하는 영혜와 그런 영혜를 이해할 수 없는 가족 사이의 갈등과 폭력의 연대기를 그린다. 상식과 규범과 도덕을 충격하는 영혜의 '광기'는 기이한 정동으로 물들어 있다. 영혜는 식물에게 포획되려고 몸부림치면서 식물 되기를 열렬하게 수행한다. 이것은 '다른' 존재로 살겠다는, 다시 말해 육식 사회에 반대하는 채식주의자로 살겠다는 개인의 의도나 의지로 환원할 수 없는 생성의 힘을 드러낸다.

영혜의 식물 되기 실험은 '다른' 삶을 향한 초월의 욕망이 아니다. 물구나무를 서거나 비 내리는 숲으로 홀연히 사라지면서 나무 '되기'를 수행하는 영혜의 몸에서 우리가 희미하게나마 추적할 수 있는 것은 일탈, 저항, 초월이 아닌 운동, 결연, 결속, 공생, 생존의 몸부림을 통한 생성 그 자체다. 영혜의 몸은 본질이나 정체성을 담는 그릇이기를 거부하고 나무 되기를 멈추지 않는 방식으로 스스로 차이를 생성한다. 요컨대, 영혜의 몸을 받아 줄 대안적 삶의 공간은 따로 존재하지 않는다. 영혜의 몸 자체가 과거와 현재와 미래의 시간이 뒤섞인 채 요동치고 충돌하고 변형하는 힘, 생명, 되기의 장소이기 때문이다. 영혜는 차이 그 자체, 경계 그 자체다.

들뢰즈를 중심으로 한 정동적 전환이 한창일 즈음, 세즈윅은 자신이 개척한 퀴어 비평의 장을 정동 비평의 장으로 확장한다. 심리학자 실반 톰킨스(Silvan Tomkins)의 정동 연구를 재발견하면서 그 계기를 마련한 것이다. 톰킨스는 인간 행동을 인지, 의도, 인과의 논리로 충분히 설명할 수 없다고 보고 신경생리학 현상으로 나타나는 기쁨, 분노, 수치 등 아홉 개의 정동 반응을 관찰하여 방대한 기록을 남겼다. 톰킨스에 따르면, 정동은 논리적으로 엄밀하게 작동하는 것이 아니라 임의적으로 튀어나온다. 정동은 인간을 매끄럽게 설명하기는커녕 오히려 그 반대다. 예컨대, 내 기쁨에 어떤 기원, 이유, 목적이 있을까? 나는 칭찬을 받았으므로 (으레) 기뻐할 수 있는 존재이고, 또 어떤 고통 속에서 (뜻밖에도) 기뻐할 수 있는 존재다. 내 기쁨에는 근원적인 필연성, 정합성, 인과성이 없다. 그렇다면 내 기쁨은 자아를 정확하게 표현하는 진실이라기보다는 모종의 에너지가 발산된 것이다. 여기서 세즈윅은 정동이 인지, 의도, 인과로부터 미끄러지면서 실패하는 지점을 적극 해석해낸다. 말하자면, 우리는 빗나간 정동의 다발로 이루어진 존재이고, 우리는 그렇게 실패하는 정동을 어떻게든 조율하면서 살아간다는 것이다.[10]

세즈윅이 보기에, 톰킨스는 1990년대 비평이론의 협소한 인식론을 돌파할 수 있는 정동적 자유의 선구자다. 들뢰즈가 정동을 '되기'의 힘으로 정식화한다면, 세즈윅은 정동을 빗나가고 실패해도 괜찮은 어떤 내밀한 자유 같은 것으로 재해석한다. 우리는 인지, 의도, 인과의 논리 너머로 원인 없음, 알 수 없음, 의도 없음, 주인 없음의 정동을 통과하며 삶을 영위한다. 정동의 관점에서 보면, 삶의 진실은 덜 인과적이고 덜 확정적이고 덜 명료하다. 정동은 총체적인 설명력을 발휘하고 대안을 제시하는 '강한' 이론이 아니다. 반대로, 느슨하고 유연하게 실패를 수용하면서 버텨 내는 '약한' 이론이다.

정동은 존재의 취약함을 드러내지만, 취약함 자체보다 거기서 생기는 틈새와 흠집을 이리저리 수선해 가는 과정이 중요하다는 것이다. 이런 점에서 세즈윅이 톰킨스의 글쓰기가 풍기는 여유, 느긋함, 관대함을 짚어 낸 것은 정동의 '약한' 힘을 탁월하게 예시한다. 톰킨스는 인과율과 이분법적 배중률을 우회하면서 순환적이고 구불구불하게 에둘러 가는 글쓰기로 정동의 실패를 계속 보충하고 미세하게 수정한다. 세즈윅 자신 또한 정동적 글쓰기를 구현한 스타일리스트로 유명하거니와, 세즈윅의 궁극적인 관심사는 정동을 새로운 글쓰기의 동력으로 끌어오는 데 있다.

그런데 문제는 세즈윅의 스타일이 섬세하고, 까다롭고, 어렵다는 것이다. 실패하는 정동, 약하고 희미한 흔적, 울퉁불퉁한 파편, 흩어진 잔재를 추적하는 세즈윅의 글쓰기는 독해부터가 쉽지 않다. (사실, 들뢰즈의 글쓰기도 마찬가지다. 한강의 『채식주의자』도 그렇다.) 그러나, 이런 어려움은 정동적 글쓰기의 한계라기보다는 역설적으로 그것의 지속가능성인지도 모른다. 세즈윅은 허약하고 어긋나고 실패하는 정동을 말하면서 그것을 낭만화하거나 대안으로 밀고 나가지 않는다. 그보다는 정동이 계속 발산되어야 하는 것, 어떻게든 읽히고 쓰여야 하는 것으로서 중요하다고 말한다. 세즈윅이 실험하는 정동적 사유와 글쓰기는 지금까지 제대로 드러나지 않았던 것을 온전히 표상하고 복원하여 자리를 찾아 줄 것을 약속하지 않는다. 대신, 동일성, 보편, 규범, 정상성에서 미끄러진 것을 더듬어가면서 그것이 만든 흠집을 살피고 그 의미를 계속 보충한다.

정동적 사유와 글쓰기는 '회복적(reparative)' 비평으로 응축된다.[11] 세즈윅이 지적하는 바, 비평가는 텍스트를 언어적 구성물로 접근하도록 훈련받고 텍스트를 해체하여 은폐된 진실과 이데올로기적 봉쇄를 드러낼 수 있다고 믿는 경향이 있다. 의심, 폭로, 해체로 이어지는 이러한 인식 회로에 의존하는 비평 풍토를 세즈윅은 '편집증적(paranoid)' 읽기로 정의한다. 배후에 무언가 있다는 의심, 진리 추구의 열망, 인과율에 따라 본질

또는 전모가 드러난다는 확신과 같은 인식론적 기제를 통해 앎이 구축되는 세계에서 읽기란 도식적이고 도구적인 속성을 띤다. 예측할 수 있는 방식으로 재생산되는 빛바랜 진실이 있을 뿐, 놀람과 경이가 없다. 편집증적 읽기는 '강한' 의심과 '강한' 확신 사이의 마찰과 긴장으로 버티는 앙상한 인식론이다.

반면, 회복적 읽기는 덜 의심하고 덜 확신한다. 기대와 전제와 예상을 내려놓고 있는 것을 그대로 받아들이는 수용적 태도를 이론화하기 위해 세즈윅은 정신분석학자 멜라니 클라인(Melanie Klein)을 소환한다. 클라인은 유아가 주체성을 형성하는 두 가지 방식을 정신분열과 우울증으로 대별한다. 클라인에 따르면, 유아가 어머니와 관계 맺을 때 예컨대 어머니의 젖가슴과 같은 특정한 대상에 욕망이 고착되면 정신분열의 위치에 머문다. 반면, 젖가슴 너머 젖가슴보다 큰 존재, 보이지 않고 만질 수 없고 드러나지 않는 어떤 존재를 전체적으로 감각하려고 할 때 우울증 위치에 선다. 바로 여기서 어머니를 향한 타협적이고 수용적인 상상력을 발휘해야 회복이 일어난다. '위치'라는 용어가 암시하듯, 정신분열과 우울증은 순차적 위계관계에 있지 않다. 주체는 두 위치를 오가며 인내와 포용을 연습할 수 있다.[12]

회복은 돌아갈 곳을 정해 놓거나 원래의 모습을 복구한다는 뜻이 아니라 앎을 일구어 낸다는 뜻에 가깝다. 세즈윅은 보존, 항수, 복구의 뉘앙스를 제거하고 대신 파편적 집착 너머 전체를 상상하는 힘이 있다고 말한다. 즉, 우리는 돌아갈 곳이 없는 채로 얼마든지 앎을 창출할 수 있다. 물론, 앎의 경로가 편집증과 회복만 있는 것은 아니다. 세즈윅의 의도가 모든 앎의 형태를 두 가지로 나누는 데에 있지도 않다. 다만, 회복의 정동을 통해 편집증에 포섭되지 않는, 우울증의 위치에서 생성되는 앎을 계속 발굴할 수 있음을 강조한다. 회복적 비평은 잘 잡히지 않는 것, 낯선 것, 알 수 없는 것을 환기하되 그것이 안정적으로 재현되리라고 약속하지 않는 방식으로 편집증적 앎에 균열을 내고 그 경계를 다시 쓴다. 회복의 핵심은 돌아갈 곳을 알 수 없으며 그럴 필요도 없다는 데 있다.[13]

세즈윅이 톰킨스와 클라인을 불러와 여유, 실패, 느슨함, 우울, 타협, 수용, 기다림 같은 약한 정동이 단순히 부정적인 느낌이 아니라 회복의 가능성이라고 재해석한 이 모든 과정이 정동 비평의 자기실험이다. 세즈윅은 톰킨스와 클라인의 이론이 강력하고 완벽해서가 아니라 자신의 정동적 사유와 글쓰기의 틈새를 이리저리 수선해 가는 작업에 그들의 이론을 약한 방식으로 초대한 것이다. 그렇게 함으로써, 이제 비평이 종합, 통합, 완결을 지향하지 않아도, 기원이나 목적에 구애받지 않아도, 공통의 합의나 표준에 의존하지 않아도 괜찮다는 것을 자신의 글쓰기로 보여 준다. 언어, 의도, 목적에 충실한 인식론, 규범적인 각본, 예측 가능한 질서, 약속된 미래에 집착하는 글쓰기는 삶의 흔적, 흠집, 틈새를 망각하게 한다. 정동 비평은 몸의 지속적인 생성, 분투, 생존으로부터 이전에 없었던 새로운 앎을 길어 올리는 회복의 몸짓이 될 수 있다.

그렇다면, 정동 비평이 강한 주류 이론으로 올라서지 않고 약하게 남아 있을 수 있는 조건은 무엇일까? 여유, 실패, 느슨함, 우울, 타협, 수용, 기다림 속의 생성, 분투, 생존을 포착하는 글쓰기는 정상성의 문법과 불화하는 삶, 규범적인 해석 체계에서 미끄러지는 삶, 주어진 경계를 초과하여 스스로 경계가 되는 삶에서 나온다. 이런 점에서 최근 인종이론, 퀴어이론, 장애학을 필두로 한 소수자 연구가 주체의 복잡미묘한 행위성을 충분히 설명하고 의미를 부여할 수 있는 비평의 틀을 모색하면서 정동적 사유와 회복적 글쓰기에 밀착하는 것을 눈여겨볼 필요가 있다. 소수자 연구의 한 축을 담당해 온 페미니즘도 예외가 아니다. 페미니즘은 일찍이 정동적 전환에 협업하고 정동이론을 체계화하는 데 참여했다. 남은 지면에서는 정동 비평이 우리 시대 페미니즘과 여성주체를 이해하는 데 요긴한 자원으로 쓰이는 방식을 살펴보자.

여성주체 되기

참정권, 교육권, 재산권 등 여성의 사회참여가 페미니즘의 의제로 정착된 이래, 여성을 사회 변화의 주체로 만드는 행위성을 발굴하고 기록할 때마다 여성의 경계는 다시 그려졌다. 여성주체가 된다는 말은 소박한 의미에서 행위성을 인정받는다는 뜻이다. 가령, '걸 파워'가 여성주체의 표상으로 떠오르면 청년 여성 집단이 공동체 구성원이라는 인식이 확장된다. 그들의 행동과 문화가 사회적 가치와 정치적 의미를 가진다는 공감대가 있는 것이다. 그들의 자리를 인정하고 행위성을 존중할 때 그들이 그저 '소녀'로 대상화되지 않고 여성주체가 될 수 있다.

문제는 누가 여성주체가 될 수 있는지 미리 알 수 없다는 점이다. 이를테면 '생물학적 여성'으로 여성주체의 자격을 정의할 수 있을까? '생물학적 여성'이야말로 페미니즘이 도전하는 바로 그 기존 체제의 문법에서 통용되는 단순하고 확정적인 분류법을 답습한 것 아닌가. 여성의 정의는 완결적일 수 없다. 행위성을 발굴하고 기록할 언어를 발명하는 과정 속에서 여성의 경계를 질문하고 여성의 의미를 갱신할 수 있다. 그렇게 여성은 매번 새롭게 질문에 부쳐진다. 누가 여성인가? 어떤 조건에서 여성은 주체가 되는가? 행위성을 어떻게 정의할 수 있는가? 이런 질문들을 경유하면서 페미니즘의 이론, 실천, 정치가 구체화되는 것이다.

글머리에서 지적했다시피, 페미니즘은 남성으로 표상되는 이성, 합리성, 진보의 인식론을 비판하는 동시에 거기에 참여하고자 한다. 차별에 반대하고 평등을 추구하되 여성적 차이의 생산을 포기하지 않는다. 페미니즘은 여성의 경계를 해체하는 동시에 지키려는 역설을 내포한다. 이것을 페미니즘의 논리적 결함으로 과장하거나 또는 평등과 차이를 양자택일의 문제로 단순화하는 것이 상투적인 '백래시(backlash)' 전략이라면, 그 역설 속에서 흔들리고 마모되고 견디는 과정이 곧 페미니즘의 역사를 이룬다.[14]

페미니즘은 가부장제, 여성비하, 성차별에 오염되지 않은 언어로, 그리고 결정론과 본질주의를 비껴가는 언어로, 나아가 평등과 차이를 한꺼번에 말하는 역설을 성찰하는 언어로 여성의 경계를 말하려 고민을 거듭해 왔다. 여성으로 태어났으므로 당연히 여성이라는 말은 이원론적인 젠더 체계가 주입하는 동어반복으로서, 여성에 대해서 아무것도 말하지 않는다. 이 동어반복을 극복하고 여성에 대한 사유를 진전시킬 발판을 마련해 준 것은 섹스와 젠더를 구분하는 발상이다. 섹스를 타고

난 신체의 성별로 그리고 젠더를 거기에 부착된 성역할, 규범, 문화에 따른 분류 체계로 구분하면, 섹스와 젠더 사이 모종의 간극이 설정된다. 이 간극으로부터 하나의 논리가 성립하는데, 바로 여성으로 태어났다고 해서 그 운명을 그대로 받아들일 필요가 없다는 것이다. 시몬 드 보부아르(Simone de Beauvoir)가 갈파했듯이, "여성은 태어나는 것이 아니라 만들어진다".[15]

이 논리는 여성억압을 구조적으로 설명하는 데 쓸모가 크다. 반면, 섹스와 젠더의 구분에 집중할 때 충분히 따져 볼 수 없는 섹스와 젠더의 중첩적 관계성을 해명해야 하는 까다로운 숙제를 남긴다. 어떤 몸이 여성으로 읽히고 또 여성의 몸으로 일상을 살아가는 구체적 경험은 젠더 체계와 복잡하게 얽혀 있다. 이원론적 젠더 체계와 몸에 축적된 살아 낸 경험(lived experience) 사이의 역동을 설명하려면, 섹스와 젠더가 쉽게 구분되지 않으며 서로 간섭한다는 관점이 더 현실적이다.

이런 관점을 가장 정교하게 이론화하고 대중화하는 데 기여한 철학자로 주디스 버틀러(Judith Butler)가 꼽힌다. 섹스라고 부르는 것은 과학적, 생물학적, 객관적 실체라기보다 그 자체로 이미 젠더 체계에 깊이 '절여져 있다(gendered)'.[16] 섹스를 가지고 태어난 다음 젠더에 노출되는 것이 아니라, 젠더 체계에 절여진 세계에 내던져진다는 것이 더 정확하다. 우리는 그렇게 섹스를 부여받고, 남성 아니면 여성이라는 이원적 성별 지정에 따라 젠더 체계의 규율을 받아 몸을 구부리면서 살아간다. 예를 들어, 내가 여성인 이유는 (여성으로 태어났기 때문이라기보다는) 나를 여성으로 인식하는 세계가 있기 때문이다. 나는 여성으로 받아들여지기 위해 이원적 성별 체계에 부합하는 젠더 수행을 지속적으로 실천함으로써 나의 여성됨을 매 순간 증명한다. 내 삶은 내 몸이 여성으로 인식될 수 있는 조건에 의존한다. 내가 여성으로 인식될 수 없다면, 공중화장실을 출입하는 사소한 일상에서부터 내 삶은 무너지고 말 것이다. 나의 일상은 반복적인 젠더 수행이 결정한다. 그런데도 내가 마치 타고난 여성, 여성의 본질을 소유한 존재처럼 오인되는 사태가 바로 이원적 젠더 체계의 헤게모니가 작동한다는 증거다.

다시 말해, 나는 어떤 존재가 될 지 알지 못한 채 젠더에 절여진 이 세계에 예속된다. 될 수도 있었거나 될 뻔했던 어떤 모습을 나도 모르게 잃은 채 지금의 '나'로 살고 있다. 즉, 나는 타자에 의해 인식 가능한 '나'로 부상하는 동시에 인식 가능하지 않도록 억눌린 어떤 '나'의 잠재성을 상실한다. 나는 젠더에 절여진 이 세계에 내던져진 순간, 주체가 될 가능성을 얻는 동시에 나의 일부를 박탈당하는 위기에 빠진다. 내가 젠더로 절여진 이 세계에 빈틈없이 안착한 주체처럼 보이더라도, 나는 이미 어느 정도 훼손되고 박탈된 존재다. 이를 버틀러는 주체의 "위태로움(precariousness)"으로 파악한다. 주체는 불안정하고 취약하고 애도하는 존재다. 그것이 우리를 묶는 유일한 토대다. 타고난 성별이나 정체성을 공유한 당사자들로서가 아니라, 우리를 예속시키는 젠더 체제에 복잡하게 연루된 존재로서 우리는 연결된다.[17] 인식 가능하도록 규율되고 또 즐기면서, 젠더 수행에 성공하고 또 실패하면서, 주어진 삶에 애착하고 또 애도하면서, 그렇게 여성주체가 된다.

젠더 수행 이론을 다양한 저작을 통해 정교하게 변주해 온 버틀러의 글쓰기는 정동 이론에 맞닿아 있지는 않지만 정동적 사유에 접속한다. 들뢰즈에게 되기의 힘이 정동이고 세즈윅에게 회복의 상상력이 정동이라면, 버틀러에게는 젠더 수행에 수반되는 근원적인 위태로움이 정동일 것이다. 버틀러가 반복해서 이야기하는 퀴어, 난민, 팔레스타인, 광장의 시위대를 구성하는 주체는 매끄럽게 통합된, 내면에 진실을 소유한, 자아실현과 해방을 예비한 개인주의자의 형상에 포개지지 않는다. 그들은 흔적과 잔재, 무늬와 기미, 잔상과 울림으로 존재하는 정동 주체에 가깝다. 버틀러가 위태로운 존재의 불안정성, 비완결성, 불확정성을 사유하는 방식, 들뢰즈가 힘, 생성, 되기를 사유하는 방식, 세즈윅이 회복적 비평의 가능성을 사유하는 방식은 서로를 끌어당기며 공명한다. 철학적 배경과 학문적 경력이 꽤나 이질적인데다 학문적 교류가 부재했음에도 불구하고, 이들은 정동적 사유의 흐름을 타고 있다. 아마도 각자의 방식으로 자본주의, 자유주의, 이성애가부장제(hetero-patri-archy)가 결탁한 지배적 세계 질서와 불화하는 소수자성의 의미를 성찰해 온 결과 약하지만 생성적인 정동 주체와 접속하게 된 것이 아닐까.

이런 맥락에서 들뢰즈, 세즈윅, 버틀러에게 공히 '생존'은 중요한 함의를 가진다. 혼자 살아남아서 단독자가 되었다는 뜻이 아니라 인식 가능한 존재로 살아남기 위해 투쟁한다는 뜻에서 그렇다. 해방을 약속하는 거대담론이 사라지고 역사의 종말을 수긍하는 '자본주의 리얼리즘'이 지구적 우세종으로 등극한 지금, 정동적 사유는 소수자 주체의 생존을 기입하는 글쓰기의 촉매로 떠오른다.[18] 정동적 전환 이후 페미니즘 비평은 새로운 글쓰기를 발명하고자 한다. 삶은 저항과 순응의 두 축으로만 움직이지 않으며, 행위성은 그 사이에서 진동하고 굴절되고 변형된다. 그런 행위성을 포착하려면, 근대적 남성시민 주권자나 그것의 확장판이라 할 소비자 정체성과 능력주의를 신봉하는 개인주의자의 형상 너머, 이원적 젠더 체계에 의해 규제되고 지배 체제의 폭력에 의해 밀쳐지는 취약하고 불안정하고 떠도는 몸에 다가가야 한다. 그 몸들의 힘, 운동, 이동, 얽힘, 연루, 접착, 연대를 계속 말하고 써야 한다.

들뢰즈, 세즈윅, 버틀러의 영향을 두루 흡수하면서 정동 비평의 장을 확장하는 데 기여한 영문학자 로런 벌랜트(Lauren Berlant)는 후기 자본주의 세계 질서가 초래한 일상의 복합적 위기에 대응하는 정동을 "잔인한 낙관(cruel optimism)"과 "느린 죽음(slow death)"으로 풀어낸다. 양극화를 필두로 한 현재의 복합 위기는 '좋은 삶'을 점점 불가능하게 만드는데도 그것이 보편 규범으로 남아 예컨대 불안이나 박탈감을 느끼게 하는 방식으로 일상을 침범한다면 어떻게 해야 할까? 좋은 삶이라는 허상을 좇다가 실망하는 데에도 정동이 투여된다. 좋은 삶이라는 흐릿하고 모호한 약속을 아예 포기하지도 온전히 믿지도 못하면서 그것을 붙들고 버티는 힘이 잔인한 낙관이다.[19]

느린 죽음과도 같은 이런 교착 상태의 정동을 '낙관'으로 명명한 것은 그야말로 '잔인한' 반어적 수사일까? 정작 벌랜트가 말하는 낙관은 희망적 태도가 아니라 오히려 희망 없음의 부정성을 정치적 열망으로 번역하기 위한 포석인 듯하다. 잔인한 낙관의 힘으로 버티는 정동 주체의 행위성은 다분히 "수평적(lateral)"이다. 느린 죽음을 사는 주체에게 고전적 의미의 비판적 지성이라든가 개인의 주권적 행위 능력을 기대할 수 없다 해도 그 대신 옆으로 움직이는 비정상적인 운동성의 낌새를 포착할 수 있다. 목표, 의도, 결과, 도착은 더 이상 중요하지 않다. 앞으로, 미래로, 위로 움직이지 않는다는 것이 중요하다. 앞으로, 미래로, 위로 움직이는 수직적 대오에서 이탈함으로써 흐름과 단절하기 때문이다.

"수평적"과 "느린"이라는 단어가 함의하듯이, 정동은 규범적인 공간성과 시간성을 비틀어 놓는다. 수평적 움직임은 수직적 공간 구획의 위계질서가 자연스럽지도 당연하지도 않다는 사실을 일깨운다. 느림의 운동성은 미래를 향해 가는 직선의 시간성을 일시적으로나마 멈춰 세운다. 여성의 공간과 시간이 어떻게 구현될지는 모르지만, 일단 지배적인 상징 질서가 표방하는 남성의 공간과 시간에 합류하지 않도록 유예된 것이다. 페미니즘이 추구하는 더 평등하고 더 정의롭고 더 자유로운 젠더 체제가 아직 오지 않았음을 증언이라도 하듯이 말이다. 페미니즘이 다 실현되었으니 더 이상 필요하지 않다는 의미의 '포스트페미니즘'이 득세하는 지금, 여성주체의 우울, 회복, 위태로움, 생존, 느림, 낙관이 요동치는 정동의 궤적을 추적하는 글쓰기는 바로 그 남성적 공간성과 시간성의 파열과 함께 출현할 것이다.

지금, 여기, 정동 비평

지금, 여기, 우리의 구체적 현실에 접속하는 정동 비평의 가능성, 그리고 정동 비평의 정치성에 관한 짤막한 소회를 남기는 것으로 결론에 갈음한다. 지금까지 이야기한 여성주체의 정동을 포착하는 글쓰기를 염두에 두고, 우리 시대 여성중심 문화의 몇 가지 현상을 떠올려 본다. 가령, 외모 가꾸기 열풍을 '좋은 몸'에 애착하는 신체 변형 실천으로 보고 거기서 잔인한 낙관의 정동이 어떻게 변주되는지 읽을 수 있을까? '팬덤' 문화와 'K-컬처'의 지속적인 여성화 경향에는 어떤 행위성이 개입하며 그 행위성을 추동하는 정동은 무엇인가? 생애 전망의 불확실성에 따른 비혼 선택의 증가라든가 다양한 '라이프 스타일'에 대한 관용의 이면에는 어떤 정동이 얽혀 있을까? 노골적인 여성혐오와 세련된 포스트페미니즘 사이에서 생존의 정동은 어떻게 발현하며 그것을 어떻게 규합할 수 있을까? 지구적으로 확산하는 극우정치의 위협 속에서 광장에 나온 여성, 퀴어, 장애인의 연합정치는 어떤 정동적 행위성으로 표출되는가? 이런 질문으로부터 우리가 이전에 알지 못했던 새로운 앎을 길어 올리려면, 구불구불하고 구겨지고 떨리는 글쓰기가 필요할 것이다. 여성주체의 행위성에 대해서뿐만 아니라 모든 것들의 경계, 경계가 만드는 차이, 그리고 차이가 생산하는 의미에 대해서도.

정동적 사유와 글쓰기는 단선적이고 목적론적인 좌표 설정을 비껴가면서 인과율에서 탈주한다. 공간과 시간의 비틀림, 동요, 균열, 틈새에서 여성주체의 행위성을 발굴하는 비평은 중요한 정치적 의미를 띤다. 정치적이라는 말은 계몽주의적 해방의 기획에 포함된 자유주의의 제도화나 정파적 편향을 의미하지 않는다. 정동의 정치성이란 합리적 이성이 지배하는 것처럼 보이는 근대 체제, '좋은 삶'을 정상이자 약속으로 부과하는 규율권력, 그리고 신자유주의 이후 복합적 위기에 직면한 세계 질서로부터 미끄러지고 튕겨져 나가는 삶이 생존의 힘을 붙잡고 버티는 데 있다. 그 힘은 궁극의 보편적 진실로 선언되거나 소유되지 않고 계속 흘러야 한다. 우리는 흔들리면서 연결되고, 미리 알지 못하기 때문에 놀랄 수 있고, 우리가 하나일 수 없음을 받아들임으로써 연대하는 법을 배우고, 웅성거림의 흔적과 머뭇거림의 틈새를 따라 차이를 써 나갈 수 있다. 정동은 이토록 평범하면서도 불온하다.

12

경계 밖의 존재들을 향하는 자크 오디아르의 시선[1]

이선우

자크 오디아르는 동시대 프랑스 영화계를 대표하는 작가주의 감독이다. 칸 영화제의 단골손님으로 비평계는 물론 대중에게도 인기가 높지만, 일흔이 훌쩍 넘은 나이에 비해 의외로 연출한 작품의 수는 많지 않다. 오디아르는 오랫동안 시나리오 작가로 활동하다가 1990년대가 되어서야 직접 연출에 뛰어들었고 2000년 이후 인상적인 작품들을 연달아 선보였다. 특히, 2009년에 〈예언자(Un prophète)〉로 칸 영화제 그랑프리를, 2015년에는 〈디판(Dheepan)〉으로 황금종려상을 받으면서 한국에서는 오디아르에 대한 관심이 조금은 뒤늦게 시작된 감이 있다.

오디아르의 작품을 바라보는 관점은 크게 두 방향으로 나뉜다. 첫 번째는 스타일리시한 장르 감독이라는 평가이다. 스릴러에서 웨스턴까지, 심지어 최근 국제적으로 두루 호평을 받은 〈에밀리아 페레즈(Emilia Pérez)〉에서는 뮤지컬까지 시도하며 장르 영화에 대한 감각을 증명해 왔다. 하지만 이 글에서 주목하고자 하는 오디아르의 미덕은 다른 지점과 맞닿아 있다. 오디아르를 작가주의 감독으로 이야기하는 이유 중 하나는 필모그래피를 관통하는 테마에 기인한다. 다수의 작품에서 오디아르는 개인을 제어하고 지배하는 권력의 문제, 특히 사회와 공동체에 편입되지 못하고 주변을 맴도는 개인의 삶을 지속적인 소재로 다루어 왔다. 그래서 그의 작품에는 신체적, 문화적, 경제적 결핍으로 인해 사회로부터 소외된 인물들이 자주 등장한다. 첫 번째 장편 연출작인 〈그들이 어떻게 추락하는지 보라(Regarde les hommes tomber)〉(1994)에서부터 사회에서 낙오된 인물들의 이야기에 관심을 드러냈고, 2001년작 〈내 마음을 읽어 봐(Sur mes lèvres)〉에서는 청각 장애를 가진 여성과 막 출소해 사회에 적응하지 못하는 남성의 이야기를, 10년쯤 지나 〈러스트 앤 본(De rouille et d'os)〉에서도 비슷한 구도를 다시 보여 준 바 있다. 주변적 존재들에 대한 오디아르의 관심은 비교적 최근작인 〈파리, 13구(Les Olympiades)〉(2021)에도 이어져, 파리의 한 동네를 배경으로 외롭게 살아가는 청년들의 불안정한 삶을 담아냈다. 한편, 〈예언자〉와 〈디판〉에서는 문화적, 인종적 이유로 프랑스 사회에 편입하지 못하는 이민자로까지 관심을 확장하며 보다 분명하게 사회적인 메시지를 드러낸다. 이제부터 우리는 오디아르의 주요 작품들을 살펴보면서 경계 밖에 위치한 불안정한 존재들을 향한 감독의 시선을 추적해 보고자 한다.

불완전한 신체: <러스트 앤 본>

프랑스 국민 배우 마리옹 꼬띠아르의 열연 덕분이었을까? 〈러스트 앤 본〉은 오디아르의 작품 중 가장 높은 흥행 성적을 기록했다. 이 영화는 사회로부터 선호되지 못하는 불완전한 몸을 가진 인물들의 만남을 보여 준다. 여기에서 불완전한 몸이라는 의미는 단순히 물리적인 의미를 넘어서 문화적으로 사회가 기대하는 것을 갖추지 못한 경우도 포함한다. 감독은 오늘날 신자유주의 사회에서 결여 혹은 결핍된 몸을 가진 두 인물의 이야기를 통해 관객으로 하여금 몸과 권력의 관계에 대해 진지하게 고민하게 만든다. 영화의 제목인 〈러스트 앤 본〉

은 한국어로는 '녹綠과 뼈'로 번역되며, 이는 프랑스어 원제를 의역 없이 그대로 영어로 옮긴 표현으로 제목에 이미 육체성을 드러내고 있다. 또한, 오디아르는 대사보다는 시각적 디테일에 더 집중함으로써 '보이는' 육체를 지속적으로 강조한다. 〈러스트 앤 본〉의 남자 주인공은 사회적 규율에 의해 길들여지지 못한 원시적 육체를 전시하며, 여자 주인공은 완벽했던 육체에 훼손을 입음으로써 기존에 누리던 사회적 특권들을 박탈당한다. 겉보기에는 멀쩡하지만 사회적 규범이 요구하는 정상성에 미치지 못하는 경제적, 문화적 무능력자인 남성과 어느 날 갑자기 육체에 훼손을 입게 되면서 사회의 주류에서 떨어져 나오게 된 여성의 이야기이다. 이 영화를 이해하기 위해서는 사회학적 관점에서의 '불완전한 몸'에서부터 논의를 시작해야 할 것이다.

억압의 대상으로서의 몸

인간의 신체는 그것이 속한 사회를 떠나 독자적으로 존재하거나 사유될 수 없다. 몸은 한 인간 주체를 드러내는 매개체이며 그것이 속한 공간의 정치, 문화와 긴밀한 관계를 맺고 있다. 역사적으로 통치자들은 구성원들의 몸을 제어하고 억압해야 하는 하나의 대상으로 다루어 왔고, 이것이 바로 푸코가 말하는 '생명정치'의 탄생이다. 생명정치는 오늘날의 국가, 사회 시스템과 개인의 관계를 이해하는 데 여전히 강력한 근거를 제공해 준다. 한 국가, 집단의 통치자들은 규율을 고안하고 강요함으로써 피통치자들을 효과적으로 관리하고자 한다. 즉, 규범과 규율을 내면화시킴으로써 육체를 통제하고, 규율에서 벗어나는 행위를 한 경우 처벌하는 것은 개인을 억압하는 가장 효과적인 방식이었다. 이렇게 해서 인간들은 '길들여진 몸'으로 순응하게 되었다. 즉, 통치자들은 인간의 생명을 규율과 통제의 대상으로 삼음으로써 통치의 용이성, 효율성을 높이고자 하는 생명정치를 지속적으로 시행해 온 것이다. 이런 관점에서 볼 때, 인간의 생명에 대한 관리는 당연히 몸에 대한 관리에 기반을 둘 수밖에 없다.

오늘날의 사회에서는 몸을 통제하는 권력이 상대적으로 유연하거나 존재하지 않는 것처럼 보이지만 사실은 훨씬 더 교묘하게 포장되어 있다. 몸에 대한 권력의 통제는 일상의 영역 곳곳에 배치되어 자연스럽게 출현한다. 이 과정에서 사람들은 기입된 규율을 자신의 욕망으로 착각함으로써 스스로를 획일화하고 억압하고 길들여지고자 한다. 가장 대표적인 예가 바로 이상화된 육체의 전시와 강요이다. 그런데 이상화된 육체는 단순히 미적이거나 물리적인 조건을 의미하는 것이 아니라, 필연적으로 사회적 가치와 결부된다. 즉, 이상적인 육체는 승자의 이미지를 내포하고 있으며 따라서 이상적인 육체가 연상시키는 사회적 조건들이 기대된다. 성공을 의미하는 물질적 요소들이 더해져야 하며, 그에 걸맞은 문명화된 태도가 동반되어야 하는 것이다. 이처럼 오늘날의 사회 속에서 이상적인 몸은 물리적인 조건에 문화, 경제적 요소들이 갖춰짐으로써 비로소 완성되며 이것은 자연 상태의 육체와는 전혀 다르다.

〈러스트 앤 본〉의 주인공인 알리와 스테파니는 이러한 사회적 이상으로부터 한참 거리가 먼 존재들이다. 두 인물은 각자 다른 측면에서 사회가 요구하는 조건들을 충족시키지 못하는 불완전한 몸을 가지고 있다. 즉, 이들은 사회 안에서 삶을 지속해 나가고 있지만 실제로는 거의 배제된 상태에 처해 있다. 알리는 경제적으로는 무능력하지만, 건강한 신체를 통해 자유롭게 성을 남용함으로써 존재감을 찾는다. 한편, 스테파니는 섹슈얼리티가 중요한 권력으로 작동하는 사회에서 장애로 인해 성적 매력을 상실한다. 스테파니가 육체적으로 결핍을 겪고 있다면 알리는 문화적으로 결여된 상태로 낙인찍혀, 배려의 대상이나 배제의 대상으로만 다루어지는 생명정치의 희생자라고 할 수 있다. 영화 내내 오디아르는 이들의 불안정한 상태를 직관적으로 표현하기 위해 거의 대부분의 장면에서 카메라를 고정하지 않은 채 흔들리게 둔다. 한편으로는, 타이트한 미디엄 쇼트와 클로즈업을 지속적으로 활용하여 인물의 얼굴과 신체 일부에만 시선을 집중시킴으로써 육체가 이들을 이해하는 가장 중요한 키워드임을 일관되게 강조한다.

훼손된 육체

스테파니는 육체가 훼손되는 경험을 겪으면서 그동안 누렸던 일상적 특권을 잃게 된다. 돌고래 조련사가 직업인 그녀는 아름다운 외모와 적당한 사회적 지위를 유지함으로써 별다른 문제없이 사회에 잘 순응하면서 살아왔지만, 예기치 못한 사고로 인해 두 다리를 잃게 되면서 하루아침에 '장애인'이라는 정체성으로 새롭게 규정된다. 그녀에게 다리 절단은 새로운 방식으로 자신의 몸을 인식하게 되는 계기로 기능한다. 그녀는 사회에서 권장하는 이상적인 미에 부합하는 얼굴과 몸을 갖고 살아왔기 때문에 영화 초반 그녀의 육체는 욕망 어린 남성 시선의 대상이자 때로는 스스로 성적 매력을 드러내는 장치로 연출된다. 그래서 초반부의 카메라는 그녀의 늘씬한 다리를 향하는 외부의 시선에 동일시함으로써 감독은 스테파니에게 다리가 단순한 신체 이상의 가치를 띠고 있음을 암시한다. 그러나 스테파니는 돌고래 쇼를 진행하던 도중 불의의 사고를 당하게 되면서 성적 매력의 무기였던 두 다리를 잃게 된다. 그녀는 육체의 훼손으로 인해, 매력적인 여성에서 동정과 배려의 대상으로 전환된다. 외모라는 요소가 여성의 가치를 좌우하는 문화 속에서 남자가 아니라 여자 주인공을 신체적 장애인으로 연출했다는 점에서 이 영화는 논란을 불러일으키기도 했다. 실제로 성별에 따라 장애 역시 다른 방식으로 경험되며 장애를 갖게 되었을 때 남성과 비교하여 여성이 더욱 다층적인 측면에서 고통을 겪게 된다는 연구도 있다.[2]

사실 이상적인 몸에 관한 인위적인 조건들이 당연한 것으로 공유되고 있는 현대 사회에서 장애는 사회적인 의미로 해석되어야 한다. 장애라는 개념과 정의는 극히 일부의 사람들, 대부분의 경우 문화적 이상형에 맞는 몸과 정신을 가진 남성을 위한 세계의 구조에 따라 만들어진다.[3] 따라서, 신체의 훼손에서 기인하는 스테파니의 좌절은 그녀의 자발적인 감정의 문제가 아니라 사회·문화적 욕망과 강제에 의해 내면화된 것이다. 남성중심적 전통적 가치관에 장애의 특수성이 더해지면서, 전시되는 존재로 여겨진 여성이 장애를 갖게 될 경우 여성 장애인은 이중으로 불쌍한 존재로 인식된다. 관객의 감정 또한 동일한 맥락에 놓일 수밖에 없다. 오디아르는 대표적인 미녀 배우인 마리옹 꼬띠아르에 극단적인 장애를 입히는 전략을 취함으로써 관객의 고통을 가중시킨다. 그렇다면 관객은 왜 그녀를 보며 안타까움을 느끼고 비장애인들은 장애인들을 보며 자발적으로 배려하고 특별하게 대하고자 하는가? 이 따뜻해 보이는 감정 이면에는 공포와 두려움이 자리 잡고 있다. 훼손된 육체는 '아브젝트(abject)'로 인식되고 우리는 그것이 눈앞에 드러나는 것이 견디기 힘들다. 낯선 육체에 대한 공포에 더하여, 자신 또한 저렇게 될지 모른다는 두려움이 더해짐으로써 장애를 가진 사람에게 거리두기의 태도를 취하게 되는 것이다.[4]

원시적 육체

완벽해 보이는 육체를 상실한 스테파니와는 달리 알리의 몸은 겉으로 보기에는 이상적인 것 같다. 〈러스트 앤 본〉에서 이 남성의 육체는 기존의 시선 권력을 전복하는 방식으로 조명된다. 앞서 언급했듯 영화의 초반부 스테파니의 몸은 남성적 시선에 의해 관찰당한다. 그런데 알리의 몸은 훨씬 더 노골적이고 지속적인 방식으로 포착되며, 우연히 만난 여성과 야외에서 급하게 성관계를 맺는 장면의 경우 포르노적인 뉘앙스까지도 풍김으로써 그의 몸은 아낌없이 소비된다. 성적 매력을 어필할 수 있는 신체 비율과 적당한 근육을 품은 건강한 그의 신체는 현대의 대중매체가 광고하는 조건에 외적으로는 부합한다. 스테파니가 다리를 잃음으로써 더 이상 육체적 매력을 담보하지 못할수록 알리의 섹슈얼한 육체는 더욱 강조된다. 이 지점에서 오디아르는 여성의 몸을 중심으로 하는 관음증적 관람 경험에 균열을 일으킨다.

그러나 알리가 자신의 육체에 기대되는 사회적 조건을 하나도 갖추지 못함으로써 그 육체가 말 그대로 껍데기 이상의 의미를 가지지 못하게 된다는 점에서 두 번째 전복이 일어난다. 한마디로, 그가 가진 것은 몸밖에 없다. 어린 아들에게 먹을 것을 마련해 주기 위해 쓰레기통을 뒤져야 할 만큼이나 그는 경제적으로 무능한데, 이 극도의 빈곤은 사회에서 도태될 수밖에 없는 중대한 문제이다. 알리의 이러한 경제적 무능력은 무엇보다 교육의 부재에서 기인한다. 알리의 행동과 말은 문명화되지 못한 무례함, 일종의 원시성을 드러낸다. 아들을 학교에 보내지 않는다는 사실 또한 그에게 규율화된 사회 시스템을 따르고자 하는 의지가 없음을 증명한다. 알리의 몸은 '길들여지지 않은, 훈육되지 않은 신체'이다. 영화에서는 그가 소변을 보는 장면이 유난히 강조되는데, 이런 모습은 원초적이며 동물적인 뉘앙스를 풍긴다. 그리고 알리는 자신의 감정을 표출하기 위해서 언제나 말보다는 몸을 먼저 사용한다. 나이트클럽에서 싸움에 휘말려 손을 다치는 에피소드나 후반부에 아들을 구하기 위해 맨손으로 호수의 얼음을 깨려고 달려드는 장면 등은 그에게 최초의 반응은 언제나 몸에서 시작되는 것임을 보여 준다.

이처럼 문명화의 부재, 경제력의 부재로 인해 그는 사회의 건강한 구성원으로 자리매김할 수 있는 기회를 얻지 못한다. 오늘날의 사회에서 튼튼하기만 한 신체는 아무런 의미가 없다. 그러나 아이러니하게도, 알리에게 있어 자본으로 치환될 수 있는 유일한 능력 또한 육체이다. 이처럼 원시성으로 특징지어짐과 동시에 알리의 건강한 몸은 경제적 결핍을 채울 수 있는 유일한 도구가 된다. 그는 자신의 유일한 장점을 이용하여 사회적 규율에 스스로 종속되고자 결정하고 노력해 보지만, 결국 실패하고 불법 격투 시합장으로 향한다. 정상적인 방식으로의 사회 편입을 거부하는 그의 본능은 결국 원시성과 무법성으로 귀결되는 것이다. 속살과 피와 상처가 난무하는 싸움터의 장면은 그의 시점에서는 일종의 카니발적 제의이자 축제처럼 연출된다. 알리가 참여하는 이 '싸움터'는 법적 영역 외에 위치한 영역이기에, 육체의 훼손, 심지어 죽음까지도 무규칙 상태로 이용되고 버려지는 곳이며 전혀 보호받지 못하는 장소이다. 하지만 그는 원시적 공간에서 오히려 살아 있음을 느낀다.

알리가 육체를 숨기거나 가리지 않고 자연 그대로 드러내는 태도는 유럽의 문명사회에 대비되는 원초적, 자연적 사회의 풍습에 가깝다. 그는 육체의 본능만을 따르며 감정적 의미를 일절 부여하지 않는 짐승 같은 존재로 등장한다. 반면, 스테파니는 알리에게 둘 사이의 관계에서 예의를 지킬 것을 요구하면서 일종의 규범 역할을 한다. 스테파니는 불법 격투 시합을 벌이는 자들을 '짐승'이라 표현하며, 알리에게 일반적인 이성 관계의 바탕이 되는 요소 중 하나인 배려를 요구한다. 하지만 그녀는 결국 알리의 격투 시합의 매니저 역할을 승낙함으로써 짐승의 세계에 진입하는 이중적인 모습을 보인다. 이처럼 〈러스트 앤 본〉은 그동안 여성을 자연이나 원시성으로, 남성을 문명과 이성으로 구분해 오던 전통적인 이분법을 완전히 뒤집어 버린다는 점에서도 흥미롭다.

근원적 주변성: <예언자>, <디판>

결핍과 장애를 가진 인물에 대한 오디아르의 관심은 자연스럽게 이민자로 이어진다. 절도죄로 징역을 선고받은 아랍계 청년이 감옥 안에서 코르시카 갱들의 수족 노릇을 하다가 결국에는 관계를 전복시킨다는 줄거리로 요약되는 〈예언자〉는 칸 영화제에서의 그랑프리를 시작으로 세자르 영화제에서 13개 부문에 노미네이트되어 작품상과 감독상을 비롯해 총 9개 부문에서 수상을 하는 기염을 토했다. 6년 후 오디아르는 다시 한번, 스리랑카 이민자의 이야기를 그린 〈디판〉을 통해 한계로 내몰리던 주인공이 기존의 권력관계를 뒤집는 결말을 보여 주며 황금종려상을 거머쥐는 성취를 이룬다.

프랑스 영화계에서는 2000년대 들어서며 이민자를 소재로 다룬 영화가 상당히 많이 개봉했으며 한국에서도 나름대로 성공을 거둔 〈언터처블: 1%의 우정〉이나 〈컬러풀 웨딩즈〉의 예에서 볼 수 있듯 대중적인 반향도 컸다. 그러나 코미디 장르를 통해 대중적인 인기를 얻는 이민자 영화들이 식민주의적 관점을 반복하면서 순응적인 태도를 모범적인 '이민자-시민'의 표본으로 제시하고 있는 반면, 오디아르의 영화는 전혀 다른 관점에서 이민자의 상황에 접근하고 있다. 〈예언자〉와 〈디판〉에 재현된 이민자의 모습은 순응적이거나 타협적인 이미지의 정반대 지점에 위치하며, 더 나아가 체제에 대한 저항과 고착된 권력관계를 전복하고자 하는 의지를 보여 준다.

예외적 공간

우선, 인물이 처한 공간적 상황의 특수성과 강제성에 주목할 필요가 있다. 〈예언자〉는 누아르 장르를 차용하여 감옥을 배경으로 이민자의 이야기를 새로운 관점에서 재현한다. 19세의 아랍인 청년 말리크는 절도죄로 6년형을 선고받고 감옥에 들어가게 되는데, 이 순진한 청년은 감옥 안에서 자신의 위치를 찾는 데 어려움을 겪는다. 스리랑카 난민의 이야기를 소재로 하는 〈디판〉의 주인공 디판은 파리 근교 방리유(banlieue)[5]에 새로 지은 대규모 주택 단지에서 경비원으로 일하며 그곳에서의 삶에 적응하고자 노력한다. 〈예언자〉의 감옥과 〈디판〉의 방리유는 프랑스의 보편적이고 일상적인 영역으로부터 분리되어 있는 일종의 독립적 공간이라 할 수 있다. 즉, 정상적인 사회의 규칙이 작동하지 않는 예외적 공간으로, 법에 속해 있으면서 동시에 법에서 벗어나 있다는 모순적인 성격을 갖는다. 이는 아감벤이 지칭한 수용소, 즉 예외 상태가 규칙이 되는 공간[6]의 맥락에서 이해 가능하다. 이 예외 상태는 오늘날 외부적이고 잠정적인 실제적 위협 상태를 가리키는 것이 아니라 법적 규칙 자체와 뒤섞여 있다.[7] 일상적인 삶 속에서 예외 상태의 예를 찾자면 계엄이나 전시 상태 등을 떠올릴 수 있을 것이다. 그러나 이러한 특수 상황이 아니더라도 예외 상태는 언제

어디서든 생성될 수 있으며, 그 대표적인 예가 감옥이다. 〈예언자〉의 감옥은 프랑스라는 주권 국가의 법질서에 속해 있기는 하지만, 바로 이 법에 의해 사회로부터 배제된 자들이 모여 살아가는 예외적 공간의 성격을 띠고 있으며, 〈디판〉의 방리유 역시 법적으로는 프랑스 사회의 일부이긴 하지만 마약 밀매와 총격이 아무렇지 않게 벌어지는 비합법적 영역, 개인의 권리가 보호받지 못하는 곳으로서 '예외적 공간'이라 할 수 있다. 이러한 특수 공간에 놓인 주인공들은 법의 구속력을 받지만 법에 의해 보호되지는 못하는 아이러니한 상황, 즉, 배제되는 방식으로 포함되는 예외 상태에 속하는 것이다.

영화에 등장하는 이 예외 공간들 내부에는 새로운 체계와 규범이 존재하는데, 주권 권력으로부터 배제되거나 이탈한 자들 중에서도 가장 힘이 센 인물에게 권력이 집중되어 있다. 〈예언자〉에는 코르시카인 집단과 아랍인 집단이라는, 본토 프랑스 사회의 주류에서 벗어나는 두 집단이 전면에 등장한다. 더하여, 집시, 이집트인 등 철저하게 소외된 소수 집단들까지 합세하여, 감옥과 바깥을 넘나들며 그들만의 파워 게임을 벌인다. 즉, 예외 공간인 감옥은 사회의 축소판인 것이다. 권력을 잡으려는 세력들이 있고, 수직적으로 맺어진 수많은 관계들이 있는 사회의 정치적 구도는 감옥에서도 동일하게 적용된다. 게다가 이 사회를 총괄하는 상위 권력인 교도소장은 이미 코르시카 세력과 유착 관계를 형성한 상황이다. 일반적인 사회의 부정적인 측면을 답습한 이 고립되고 강제된 커뮤니티에 홀로 던져진, 이제 막 성인이 된 말리크는 스스로 살아남아야만 하는 상황에 처하고 어떻게든 살아남으려 애쓴다.

감옥은 루치아니를 중심으로 하는 코르시카인들과 아랍인들의 두 세력으로 크게 양분되어 있다. 당연히 말리크도 아랍인 그룹에 들어가게 될 것이라 예상하기 쉬우나, 그는 처음부터 아랍인들이 보편적으로 보이는 특징들을 전혀 갖고 있지 않다. 종교가 있는지, 돼지고기를 먹을 수 있는지 묻는 교도관의 질문에 그는 자신에게 왜 그런 질문을 하는지조차 이해를 못한 것처럼 보이며 따라서 제대로 대답도 하지 못한다. 고아로 자란 그는 모국어가 프랑스어인지 아랍어인지조차 생각해본 적이 없다. 그에게는 아랍이든 프랑스든 애초에 어떠한 소속감도 정체성도 없는 것이다. 말리크는 인간 세상에 처음 나온 늑대소년처럼 사회의 규칙이나 질서는 하나도 모르는 짐승 같은 존재로 그려진다. 문맹이라는 사실 또한 그의 원시적 캐릭터에 무게를 더한다.(말리크의 원시성은 다음 작품인 〈러스트 앤 본〉의 알리로 이어진다.) 이런 말리크에게 감옥은 사회화 과정의 장이다. 그는 읽고 쓰는 법과 이런저런 과목들을 배우면서 동시에 몸으로 부딪히며 인간 세상의 규칙을 체득한다. 말리크에게 감옥이라는 예외 공간은 세상의 전부이며 이곳에서의 사회화 과정을 통해서 말리크는 상징계에 들어선다.

〈디판〉이 거주하는 동네는 아랍인 중심의 갱단이 권력 집단으로 군림하면서 마약 밀매를 비롯한 불법적이고 폭력적인 일들을 벌이는 공간이다. 하지만 스리랑카에서 도망 나와 처음으로 이곳에 정착한 디판에게는 이곳이 곧 프랑스 그 자체를 의미한다. 따라서 디판에게 프랑스적 생활 방식은 곧 자신이 처음으로 자리 잡은 방리유, 모든 질서가 아랍인들 중심으로 구축된 특수한 공간의 규칙을 의미한다. 디판이 '다른 사람들'의 생활 방식에 동화해야 한다고 설득하면서 위장 아내인 얄리니에게 히잡을 쓸 것을 권유하는 장면은 이 예외 공간의 규범을 상징적으로 보여 주는 장면이다. 다시 말하면, 스리랑카에서 떠나 이제 막 프랑스에 자리 잡은 주인공들에게 프랑스는 추상적 개념일 뿐이고, 정작 그들을 지배하는 것은 자신들이 실제로 살고 있는 구체적 공간의 특수한 법인 것이다. 디판은 자신에게 주어진 소소한 역할에 충실하면서 이 예외 공간의 질서에 순응하고자 하지만, 본의 아니게 갱들과 시비에 휘말리게 되면서 어려움에 처한다.

배제된 여성

이 두 작품을 관통하는 또 다른 특징은, 이민자가 체제에 적응 혹은 저항함으로써 주체가 되는 양상이 한 '남성'의 '아버지 되기'의 과정으로 단순화되면서 가부장적 권력 구도를 공고히 한다는 점이다. 〈예언자〉의 말리크는 처음에는 자신의 민족적 정체성을 찾는 과정에서 혼란을 겪는다. 감옥에 들어간 지 얼마 지나지 않아 말리크는 코르시카인들의 협박을 못 견디고 아랍인 레예브를 살해함으로써 민족적 정체성을 배신하는 선택을 취한다. 레예브를 죽인 후 코르시카 집단에 편입되면서 말리크는 아랍인들 사이에서 배신자의 낙인이 찍힌다. 그러나 실상 그는 그 어느 쪽에도 온전히 속하지 못한 채 정체성에 혼란을 겪는다. 아랍인들로부터는 코르시카의 개, 돼지로 불리고 코르시카인들에게는 더러운 아랍놈으로 불린다. 세상은 말리크에게 '너는 누구인가? 코르시카인인가? 아랍인인가?'라는 질문을 끊임없이 던진다. 이는 동시에 자기 자신에게 던지는 질문이기도 하다. 살인의 죄책감으로 인해 말리크는 레예브의 환영에 계속 시달린다. 죽은 레예브의 존재는 망령처럼 계속 귀환하여 살아 있는 말리크로 하여금 오히려 아랍인으로서의 정체성을 자각하도록 만든다. 즉, 현실 세계에서는 루치아니에게 종속되어 있는 것처럼 보이지만 말리크에게 있어 진정한 상징적 타자는 레예브이다.

말리크는 코르시카인들의 수족 노릇을 하는 동안 조용히 자신의 힘을 키워 결국에는 루치아니를 완벽하게 배신함으로써 최종 승리자가 된다. 그리고 자신의 돈을 이슬람 종교 지도자 이맘에게 전달하고, 결국에는 아랍인으로서 자신의 정체성과 위치를 확고하게 다진다. 이렇게, 세상으로부터 완전히 버려진 존재였던 말리크는 감옥이라는 특수한 사회에서 치밀한 계획을 바탕으로 주변에서 중심으로, 그리고 중심의 한가운데에 우뚝 서는 데 성공한다. 말리크는, 자신을 마음대로 조종하려 드는 코르시카인 루치아니와 자신을 걱정하고 도우려 하는 아랍인 리아드라는 두 명의 '아버지'들을 제거하고 스스로 아버지의 위치에 올라서게 됨으로써 상징계의 주인이 된다. 감옥에서 나와 걷는 말리크의 옆으로 죽은 친구의 아내와 아이, 그리고 부하들이 따르는 영화의 마지막 시퀀스는 세상의 중심에 우뚝 선 남성주체의 탄생을 축하하는 왕의 대관식에 다름 아니다.

〈디판〉의 주인공은 스리랑카를 떠날 때 이미 아버지의 자격을 상실한 상태였다. 스리랑카 정부에 극렬히 저항했던 타밀 무장 반군으로 활동하다가 더 이상 버틸 수 없게 되자 프랑스로 도망쳐 오게 된 디판은 아내와 아이도 잃고, 패전으로 인해 도망치면서 자신의 정체성을 상징하는 피에 젖은 군복도 불태워 버렸다. 그러나 프랑스에서 새로운 삶을 찾아가기 위해 애쓰는 과정을 통해 그는 다시 아버지가 된다. 동네의 갱들과 벌이는 갈등의 양상은 배제된 자에서 힘을 가진 자로 다시 태어나는 주권 회복의 과정이다. 얄리니의 가방을 수색하려는 갱들과 시비가 붙은 사건을 계기로 디판은 드디어 가족을 지키고자 하는 강력한 의지를 품기 시작한다. 갱들의 구역과 자신의 구역 사이에 선을 긋고 넘어오지 말 것을 경고하는 장면과 접근이 제한되었던 갱들의 아지트를 점령하고 우두머리의 자리에 앉은 디판의 행위는 고착된 관계를 전복시키고자 하는 상징적 시도이다. 〈예언자〉에서도 드러난 패턴이지만, 오디아르는 〈디판〉에서 보다 직접적이고도 극단적인 방식으로 저항을 재현한다. 인간다운 삶을 꿈꾸는 '호모 사케르(homo sacer)'[8]인 디판에게 저항은 생존을 위한 처절한 몸부림이다. 저항의 과정에서 디판은 진짜 '아버지'가 된다. 건물의 여기저기를 고치고 정상화하기 위해 노력하는 동시에 가족이 되어버린 두 여성을 보호하고자 하는 적극적인 의지를 내보이면서 디판은 가장의 역할을 자처한다.

이처럼 남성중심구도에 기반하여 이야기를 전개하고자 한 감독의 의도는 사실 영화의 제목에서부터 이미 예상할 수 있었다. '예언자'는 말리크를 의미하는 것이며 디판 역시 남자 주인공의 이름이다. 여기에서 다시 한번 주체를 형성하는 메커니즘으로서 '호명'의 문제가 등장한다. 디판은 프랑스에서 살아가기 위해서 진짜 이름 대신, 불법으로 획득한 여권에 적힌 가짜 이름인 '디판'으로 불려야만 한다. 죽은 자의 이름으로 호명됨으로써 정체성을 획득하고 주체가 될 수 있다는 비극적 사실을 통해, 배제와 포함이라는 모순적인 상태를 기반으로 하는 이민자의 불안정한 존재 조건이 상기된다. 그런데 이 와중에 '시바다산'이라는 디판의 본명은 언급되는 반면, 디판의 위장 아내와 딸은 영화가 끝날 때까지 원래의 이름은 한 번도 말해지지 않고 새로운 이름으로만 불리며 이 여성들이 본래 가지고 있던 정체성은 너무 쉽게 지워진다. 이처럼, 오디아르의 작품 속 이민자는 남성, 구체적으로는 자신의 가족을 보호하고자 하는 의지를 강하게 표출하는 '아버지'로 상징되며 이 과정에서 여성은 종속적, 부차적 존재로 전락한다. 가부장적 구도를 기반으로 전개되는 내러티브는 섹스와 젠더의 맥락을 넘어, 사회 체제의 기존 권력 구도를 답습한다는 점에서 문제로 지적할 만하다. 프랑스인과 이민자의 고착된 차별적 관계에 대한 전복을 보여 주는 과정에서 남성과 여성 사이의 근원적인 불평등 구도를 반성 없이 수용하고 재생산하는 남성중심주의적 가치관이 전면에 드러난다는 역설이 아쉬움으로 남는다.

도시인의 고독: <파리, 13구>

〈파리, 13구〉는 이전까지의 오디아르 영화와는 전혀 다른 분위기를 담고 있다. 앞서 언급한 작품들에서는 극적인 상황에 처해 있는 인물들과 충격적인 사건들을 바탕으로 무거운 연출을 보여 준 반면, 이 영화에서 오디아르는 한껏 힘을 뺀 것 같다. 그러나 필모그래피에서 가장 그답지 않아 보이는 이 작품에서도 경계인에 대한 감독의 관심은 여전히 유지되고 있다는 점에서 이 작품 또한 짧게나마 언급할 필요가 있으리라 생각한다. 〈파리, 13구〉의 경우 영화 포스터나 홍보 문구만 보면 낭만적인 파리의 장소들을 배경으로 펼쳐지는 평범한 멜로 영화를 연상하기 쉽다. 그러나 이 작품에는 에펠탑이나 센강, 회색 지붕을 가진 19세기풍의 저택처럼 파리라는 이름에서 연상되는 전형적인 공간은 하나도 등장하지 않는다. 파리에서도 가장 파리답지 않은 이국적인 동네 13구의 올랭피아드 구역을 제목이자 배경으로 삼고[9] 파리의 전형성과는 거리가 먼 건조한 현대적인 도시 풍경만을 보여 준다. 13구는 파리에서 가장 남쪽에 위치한 지역으로 파리와 외곽의 경계에 면해 있으며 파리의 행정 구역 중에서 아시아계 이민자의 비율이 가장 높은 소위 파리의 '차이나타운'으로 불리는 동네이다. 이러한 공간적 특성을 십분 활용하여, 한국이나 일본 건축의 처마를 모방한 동양풍의 건물 지붕을 비추며 영화가 시작된다. 이어서 카메라는 빼곡히 들어선 현대식 고층 건물의 수많은 창문들을 훑으며 각자 집에서 여유롭게 밤을 보내는 평범한 사람들의 모습을 보여 주다가 한 집의 거실에서 중국어로 노래를 부르는 에밀리의 모습에서 멈춘다. 이후에도 공간을 포착하는 오디아르의 카메라는 뉴욕이나 서울을 연상시키는 13구의 고층 건물들을 하이 앵글로 촬영한 풍경들을 삽입하여 파리에 대한 관객의 환상과 기대를 철저히 외면한다. 분명히 파리지만 파리가 아닌 듯한 이 공간이 주는 예외적 성격은 영화를 이끌어 가는 핵심적인 전략이라 할 수 있다.

오디아르는 이처럼 가장 이질적이고 주변적인 장소를 배경으로 부르주아 파리지앵 대신 파리에서의 삶에 온전히 적응하지 못한 서툰 청년들의 일상을 보여 준다. 세 명의 주인공들은 화려한 도시 파리에서 잘 살고 싶지만 각자의 이유로 마음의 어려움을 겪는다. 그렇다고 대단한 사건이 벌어지는 것은 아니다. 옴니버스와 유사한 구성으로 연출된 이 작품에는 세 인물의 삶이 차례차례 등장한다. 에밀리는 괜찮은 미래가 보장된 좋은 대학을 나왔음에도 삶에 대한 계획이나 의지 없이 하루하루를 되는대로 살아간다. 가족들은 모두 타지에 흩어져 있고 그녀는 병원에 입원한 할머니의 집에 혼자 살며 전화 상담원으로 겨우 생계를 버텨 나간다. 허무감과 무력감에 허덕이지만, 가족도 친구도 그녀에겐 어떠한 위안도 되지 못한다. 그녀가 유일하게 집착하는 대상은, 룸메이트였다가 섹스 파트너가 되면서 사랑에 빠진 카미유 뿐이다. 고등학교 교사인 카미유는 겉보기엔 별 고민이 없을 것 같지만, 박사학위 준비를 위해 열심히 돈을 벌어야 하기에 마음의 여유가 없다. 그런 그에게 섹스는 스트레스 해소를 위한 것일 뿐이며 에밀리에게 특별한 마음을 품지 않는다. 대신 그는 함께 부동산 일을 하게 된 노라에게 애정을 느끼게 된다. 노라는 서른이 훌쩍 넘은 나이에 법학을 공부하기 위해 갑자기 고향 보르도에서 파리로 상경해 다시 대학에 입학했다. 이렇게만 설명하고 보면 지극히 평범한 남녀들 사이에서 일어나는 뻔한 삼각관계에 불과해 보이지만, 여기에서 중요한 것은 주인공들이 겪고 있는 결핍되고 불안정한 상태이다.

이 청춘들에게 오디아르는 의도적으로 경계성을 부여한다.

에밀리는 아시아계 이민자 출신이고, 카미유는 흑인으로 등장한다. 물론 이들은 다양한 인종의 사람들이 섞여 살아가는 글로벌한 대도시 파리에서는 길을 걷다 언제든 마주칠 수 있는 평범한 인물들이라 할 수 있다. 그럼에도 파리를 배경으로 하는 영화에 기대되는 프랑스를 대표하는 전형적인 캐릭터라고 하기에는 어딘지 모르게 부족해 보인다. 에밀리가 일하는 콜센터 사무실 장면에서 감독의 의도는 명확해진다. 에밀리와 함께 일하는 콜센터 상담사들은 모두 유색 인종들 뿐이다. 얼굴을 보여 주지 않아도 되는 전화기 뒤에서 그들은 본명이 아닌 전형적인 프랑스인의 이름으로 자신을 소개하며 고객을 설득한다. 다양성이 존중받는 평등한 사회라고 하지만, 저임금의 업무들은 이민자 출신에게 맡겨져 있으며, 그마저도 프랑스인인 척해야 믿음을 얻을 수 있다는 씁쓸한 현실을 새삼 확인할 수 있다.

비대면성과 익명성 뒤에서 자신의 진짜 정체성을 철저하게 숨긴 채 살아가는 현대 도시인들의 외로운 삶은 노라의 에피소드에서 더욱 강조된다. 노라는 금발 가발을 쓰고 학교 친구들의 파티에 갔다가 인터넷에서 성인 방송을 진행하는 앰버 스위트라는 여성으로 오해를 받게 되고 더 이상 학교를 다닐 수 없는 상황에 처한다. 그러나 이 사건이 아니라고 해도, 나이가 많고 지방에서 올라온 노라가 파리 대학생들의 커뮤니티에 진입하기 힘드리라는 사실은 동급생들과의 에피소드에서도 충분히 암시된다. 마음을 열 수 있는 사람을 찾을 수 없던 노라는 호기심으로 앰버 스위트의 방송에 접속하고 자신의 상황을 털어놓으면서 두 사람은 속내를 공유하는 사이가 된다. 이름도 사는 곳도 모르는 화면 너머의 사람을 유일한 친구로 여기게 된 것이다. 앰버 스위트 또한 진한 메이크업과 가발로 본래의 외모도 숨기고, 루이즈라는 평범한 진짜 이름도 밝히지 못한 채 음지에서 외롭게 살아가는 인물이라는 점에서 사회가 요구하는 정상성에서 벗어난 인물이다. 이처럼, 감독은 언뜻 평범해 보이는 인물들에게 인종이나 지역, 경제적 상황에 있어서 주변적인 성격을 부여하고, 관계 맺기의 어려움을 보여주고자 한다. 시종일관 흑백으로 촬영된 화면들은 인물들의 고독함과 고립감을 효과적으로 전달하며, 도시의 삭막함과 건조함을 강조한다.

경계를 넘어서

신체적, 문화적, 경제적 결핍, 더 나아가 개인화된 도시의 삶 속에서 마음의 병을 겪는 사람까지, 오디아르는 중심부에 진입하지 못하고 주변을 맴도는 사람들, 소수자들의 이야기에 꾸준히 관심을 보여 왔다. 그리고 이 이야기의 끝에는 이들이 프랑스라는 공동체 안에서 안정된 삶을 살아갈 수 있는 가능성을 언제나 남겨두고자 한다. 그러나 희망의 크기는 현실적인 상황에 따라 조금씩 다르게 그려진다.

우선, 〈예언자〉와 〈디판〉의 경우 프랑스인을 대체하는 권력 집단과 이민자의 관계를 적대적으로 제시하고, 저항을 통해 후자가 이 대립 관계에서 우위를 점함으로써 기존의 권력 체계를 전복하는 대범한 결말을 보여 준다. 이민자들은 기존의 종속적 관계를 벗어나기 위해, 위험하고 불법적일지라도 나름의 방식으로 상황을 타개하고자 시도한다. 그러나 한편으로는, 이민자를 프랑스 사회에서 아예 배제된 비공식적 영역에 위치시키고 그 안에서의 판타지적 전복이라는 한계 속에 가둠으로써 일시적이고 허구적인 봉합의 결말로 이어진다는 점은 아쉽게 느껴진다. 자크 오디아르는 이 두 편의 영화에서 기존의 질서 체계 자체를 뒤흔드는 충격적인 결말을 제시함으로써 이민자의 적극적 저항의 가능성을 제시하고 있지만 사실 실현 가능성은 제로에 가깝다. 또한, 저항 이후의 결과에 대해서도 의문이 남는다. 〈예언자〉의 경우는 주인공이 권력을 획득하고 출소하는 해피엔딩으로 끝나는데, 주인공이 왕으로 등극한 세상은 불법과 폭력을 기반으로 하는 어둠의 영역에 한정된다. 말리크가 정상적인 방식으로 사회에 편입할 수 있을지에 대해서는 전혀 고려되지 않은 것이다. 또한, 〈디판〉의 마지막 장면은 현실인지 상상인지 구분되지 않도록 연출되었다. 주인공이 영국에 무사히 도착해서 아이까지 낳고 행복한 삶을 누리는 예상 밖의 결말에서는 인과성을 찾기가 어렵다. 성가 분위기의 노래가 주는 비현실적 효과까지 더해지면서 감독은 의도적으로 이 장면을 현실로부터 분리해 버림으로써 꿈 혹은 상상이라고 암시하는 것처럼 보이기도 한다. 즉, 현실을 극복하기보다는 하나의 판타지적 세계에 안주하는 편을 선택한 것이다. 이러한 연출은 분명 비판 받을 여지도 있지만, 현실에서 해결책을 찾는 것이 불가능에 가깝다는 감독의 냉정한 전망과 안타까움을 반영하고 있다고도 해석할 수 있겠다.

상대적으로 일상의 드라마를 보여 줬던 다른 두 편의 영화, 〈러스트 앤 본〉과 〈파리, 13구〉에서는 개인적인 관계 맺음을 통한 해결의 실마리를 제시한다. 거시적인 담론을 끌어오는 대신 사적 유대를 발판으로 삶의 전환을 이루어 내고 사회 속에서 주체로 살아갈 수 있음을 이야기하는 것이다. 오늘날의 신자유주의 권력은 시장 원리의 내면화를 통해 자기-경영의 주체를 지향하면서, 그 과정에서 낙오된 개인을 보살피고 배려하는 장치는 마련하지 않는다.[10] 어떤 이유로든 경쟁력을 잃는 것은 결국 자신의 잘못으로 귀결되며 가차 없이 주변부로 내몰린다. 이 팍팍한 세상에서 주인공들은 권력의 명령과 강제로부터 벗어난 자신들만의 연대를 형성하여 이 사회에서 살아남기 위한 방법을 터득한다.

〈러스트 앤 본〉의 두 주인공은 자신들의 장애, 결핍과 결여를 역량으로 전환하고자 노력한다. 사회의 규율을 내면화하는 수동적이고 순종적인 존재로 머무는 대신, 자신들만의 방식으로 존재감을 보여 주고자 하는 욕망에는 장애에 대한 생각의 전환이 담겨 있다. 스테파니는 자신의 허벅지에 오른쪽이라는 단어를 문신으로 새긴다. 이는, 내게 여전히 다리의 일부가 남아 있음을 스스로에게 각인시키는 행위로 자신의 몸을 끌어안으려는 의지의 표식이자, 더 이상 이상화된 미의 규범에 얽매이지 않을 것이며 무기력을 벗어나겠다는 저항의 메시지로 해석할 수 있다. 또한, 오히려 장애를 하나의 무기로 내세우면서 싸움터에서 알리의 매니저 역할을 하는 등 자신이 지금까지 살아오던 방식과는 전혀 다른 삶의 태도를 보여 준다.

앞서 언급한 대로, 스테파니의 몸은 장애를 겪은 후 성적 응시의 대상에서 호기심과 불편함의 대상으로 전환되어 자의와 상관없이 섹슈얼리티를 제거당했다. 그러나 다른 측면에서 그녀는 오히려 자유로워진다. 더 이상 성적으로 대상화되지 않은 몸을 노출할 수 있게 된 것이다. 그녀가 이러한 태도를 취할 수 있게 된 데에는 알리의 사회화되지 않은 태도 또한 결정적인 이유로 작용한다. 그는 초반부 스테파니의 다리에 눈길을 주기도 하지만, 장애를 갖게 된 몸을 보고 동요하지도 않는다. 문명이 설정해 놓은 정상/비정상 이데올로기가 작동하지 않는[11] 알리의 원시성에서 기인하는 편견 없음은 이들의 관계에서 긍정적인 요소로 작동한다. 알리는 스테파니가 장애인이라는 이유로 그녀를 동정한다거나 일방적인 돌봄의 대상으로 여기지 않고 상호적으로 동등한 관계를 구축하기에 이른다.

이렇게 주인공들의 결핍은 오히려 둘 간의 관계를 맺는 데 있어 핵심적인 요소로 작용한다. 두 사람은 몸을 통한 물리적 교감을 기반으로 하는 연대 관계를 구축함으로써 이들의 육체는 사회적 맥락에서 벗어나 순수하게 서로를 향한 의미만을 띠게 된다. 섹스와 쾌락은 이들에게 일종의 저항의 의미를 갖는 중요한 행위가 되는 것이다. 이들의 섹스는 경제적인 교환도 아니며 생식을 위한 것도 아니고, 서로에 대한 위로와 친밀감의 표현으로 순수하게 남는다.[12] 역사적으로 그리고 현재도 성과 섹스는 경제적 교환의 매개로 여겨지며, 그 안에서는 항상 권력 관계가 작동한다. 그러나 두 인물의 관계에서는 어떠한 대가도 발견할 수 없고 그래서 에로틱한 행위라기보다는 일종의 협업 관계처럼 묘사된다. 나체가 되어 대면하는 순간 이들은 서로 간의 벽을 허물고 사회적 조건에 의해 규정되었던 계급을 넘어서며 하나의 존재 대 존재로 만난다. 서로의(또는 나의) 적나라한 몸을 직시한다는 것, 그리고 이 몸을 통한 관계 맺음을 통해 자신과 타인을 새롭게 발견해 나간다는 것, 그리하여 장애를 장애로 여기지 않을 수 있음을 감독은 보여 주고자 한다. 알리는 스테파니와 함께함으로써 사회적인 삶을 살아갈 수 있는 존재로 성장해 나가고, 스테파니에게 알리는 잃어버린 다리를 대체하는 존재가 된다. 이러한 관계 맺음을 통해 그들은 자신의 상황을 직시하는 용기를 바탕으로 서로의 결핍을 채워 주고 삶의 영역을 확장해 나가기에 이른다. 이처럼, 〈러스트 앤 본〉은 몸과 권력의 관계에 집중하면서 오늘날의 사회에서 주변부로 내몰린 존재들이 개인적인 연대의 힘으로 다시 서게 되는 과정을 섬세하게 묘사하고 있다.

〈파리, 13구〉 역시, 지극히 평범하지만 가장 근원적이고도 어려운 감정인 사랑을 통한 극복을 제안한다. 마음의 깊이가 달랐던 에밀리와 카미유는 헤어지고 몇 달 후 다시 만나 애매한 관계를 유지한다. 그사이 에밀리는 데이트 어플을 통해서 낯선 남자들을 만나 일회적 성관계를 통해 어떻게든 마음의 결핍을 채우고자 애썼다. 한편, 카미유는 노라에게 사랑을 느끼고 잠시 만났지만 결국엔 서로를 채워 줄 수 있는 존재가 아님을 깨닫고 헤어지게 된다. 이렇게 에밀리와 카미유는 돌고 돌아 결국 연인 관계가 되며 영화는 끝난다. 노라 역시 유일하게 마음을 터놓을 수 있던 앰버 스위트를 직접 만나고 그 순간 그녀는 강렬한 이끌림을 확인한다. 이렇게 모두가 자신의 감정적 결핍을 메워 줄 누군가를 만난다. 감독은 사회적으로 대단한 성공을 거둔다거나 극적인 돌파구를 찾는다거나 하는 해피 엔딩식의 비현실적인 해결책 따위는 제시하지 않는다. 파리에서의 삶에 적응하지 못한 채 불안정하게 살아가던 인물들은 서로가 서로에게 위안이 되어 줌으로써 이 땅에 조금 더 깊이 발을 붙일 수 있게 되었을 뿐이다.

지금까지 살펴본 것처럼, 자크 오디아르는 사회적으로 규정된 정상성의 범주 밖으로 밀려난 존재들에게 애정 어린 시선을 보내고 이들이 다른 사람들과 동등한 행복을 누릴 권리가 있다는 메시지를 지속적으로 전한다. '프랑스인 백인 남성'이라는 권력의 중심부에 위치한 그의 정체성은 한계로 작용하는 대신, 오히려 소외된 사람들에 대한 그의 작품이 더 주목받을 수 있게 만드는 힘이 되는 것처럼 보인다. 이처럼 보이지 않는 사회적 경계를 계속해서 확장하고 지워 버리고자 노력한다는 점에서 오디아르의 영화는 동시대를 살아가는 한국 관객의 입장에서도 충분히 음미할 만한 가치가 있을 것이다.

주

01 인공지능 시대에 인간이 된다는 것: '실존적 위험'의 여러 의미

1 Nick Bostrom(2014), *Superintelligence: Paths, Dangers, Strategies*. New York: Oxford University Press.

2 Irving John Good(1965), "Speculations Concerning the First Ultraintelligent Machine." *Advances in computers 6*, Edited by Franz L. Alt et al, New York: Academic Press, 31-88.

3 앞의 글.

4 Ashish Vaswani et al.(2017), "Attention is all you need", *Advances in Neural Information Processing Systems 30*,(https://arxiv.org/abs/1706.03762); OpenAI(2023), "GPT-4 Technical Report". arXiv:2303.08774.

5 https://futureoflife.org/open-letter/pause-giant-ai-experiments/

6 Sébastien Bubeck et al.(2023), "Sparks of Artificial General Intelligence: Early experiments with GPT-4," arXiv:2303.12712 (https://arxiv.org/abs/2303.12712)

7 천현득(2022),「예술적 창의성에 대한 인공지능의 도전」,『음악에서의 인공지능과 포스트휴머니즘 미학』, 모노폴리.

8 이 절의 내용 가운데 일부는 다음에 빚지고 있다. 천현득(2023a),「챗GPT의 인식론적 위험: 이해가 필요 없는 세상을 꿈꾸는가?」,『철학과 현실』 137, 101-116.

9 Luciano Floridi(2023). "AI as Agency Without ChatGPT, Large Language Models, and Models", *Philosophy and Technology*, 36(1).

10 천현득(2023a).

11 천현득(2023b),「대형언어모형은 이해를 가지는가?」,『철학사상』 90, 75-105.

12 천현득(2017),「인공 지능에서 인공 감정으로: 감정을 가진 기계는 실현가능한가?」,『철학』 131, 217-24.

13 Emily M. Bender, Timnit Gebru, Angelina McMillan-Major, and Shmargaret Shmitchell(2021), "On the Dangers of Stochastic Parrots", Proceedings of the 2021 ACM Conference on Fairness, Accountability, and Transparency, 610-623. (https://doi.org/10.1145/3442188.3445922)

14 A. Vaswani et al.(2017). "Attention is all you need", *Advances in Neural Information Processing Systems* Vol. 30. (https://arxiv.org/abs/1706.03762)

15 Floridi, Luciano and J. W. Sanders(2004), "On the Morality of Artificial Agents", *Minds and Machines 14*, 349–379.

16 Michael Tomasello(2014), *A natural history of human thinking*, Harvard University Press.; Michael Tomasello (2016), *A natural history of human morality*, Harvard University Press.

17 Brian Hare and Vanessa Woods(2020), "Survival of the friendliest: Homo sapiens evolved via selection for prosociality", *Current Anthropology 61*(S21), S48-S61.; Brian Hare(2011), *The genius of dogs: How dogs are smarter than you think*, Dutton.

18 Joseph Henrich(2015), *The secret of our success: How culture is driving human evolution, domesticating our species, and making us smarter*, Princeton University Press.

19 Daniel C. Dennett(1996), *Kinds of minds: Toward an understanding of consciousness*, Basic Books.

20 José Ortega y Gasset(1961), "Man the Technician" *History as a System and Other Essays Toward a Philosophy of History*, Translated by Helene Weyl, New York: W.W. Norton and Company, 87-161; Shannon Vallor(2024), *The AI Mirror: How to Reclaim Our Humanity in an Age of Machine Thinking*, New York: Oxford University Press.

21 Sandra Watcher, Brent Mittelstadt, and Chris Russell(2024), "Do large language model have a legal duty to tell the truth?", *Royal Society Open Science 11*:240197.

02 LLM의 언어능력: 인간 언어의 경계를 넘는가?

1 https://github.com/NomaDamas/KICE_slayer_AI_Korean

2 https://github.com/Marker-Inc-Korea/Korean-SAT-LLM-Leaderboard/blob/main/Korean_README.md

3 Zhong et al.(2024), AGIEval: A Human-Centric Benchmark for Evaluating Foundation Models, In *Findings of the Association for Computational Linguistics:*

NAACL 2024, pp. 2299-2314.

4 Dahl, R.(2004). *The Umbrella Man and Other Stories* (collection including The Great Automatic Grammatizator). Speak.

5 Frayn, M.(2024). *The Tin Men* (Valancourt 20th Century Classics). Valancourt Books.

6 튜링 테스트는 앨런 튜링(Alan Turing)이 1949년에 개발한 언어 모델에 대한 테스트로, 사람들이 인간과 기계 사이의 대화 속에서 어느 쪽이 기계인지 알아낼 수 있는지 평가한다.

7 Frayn, M.(2024). *The Tin Men* (Valancourt 20th Century Classics). Valancourt Books.

8 Bender et al.(2021), On the Dangers of Stochastic Parrots: Can Language Models Be Too Big?, In Proceedings of the 2021 ACM Conference on Fairness, Accountability, and Transparency (FAccT '21), pp. 610-623.

9 https://www.youtube.com/@%EB%A3%A8%EB%AA%BD%EB%8B%A4%EB%A1%9C/videos

10 Tenney et al.(2019), BERT Rediscovers the Classical NLP Pipeline, In *Proceedings of the 57th Annual Meeting of the Association for Computational Linguistics*, pp. 4593-4601.; Jawahar et al. (2019), What Does BERT Learn about the Structure of Language?, In *Proceedings of the 57th Annual Meeting of the Association for Computational Linguistics*, pp. 3651-3657.

11 Koo et al.(2025). Evaluating large language models on understanding Korean indirect speech acts. arXiv. https://doi.org/10.48550/arXiv.2502.10995

12 Aharoni et al.(2024), Attributions toward artificial agents in a modified Moral Turing Test, Sci Rep 14, 8458.

13 Yuan et al.(2024), Evaluating Character Understanding of Large Language Models via Character Profiling from Fictional Works, In *Proceedings of the 2024 Conference on Empirical Methods in Natural Language Processing*, pp. 8015-8036.

14 Li et al.(2024), The Dawn After the Dark: An Empirical Study on Factuality Hallucination in Large Language Models, In *Proceedings of the 62nd Annual Meeting of the Association for Computational Linguistics* (Volume 1: Long Papers), pp. 10879-10899.

03 스타니슬랍스키 '시스템'의 뇌과학적 원리

1 이 글은 『러시아연구』(제35권 제1호, 2025.05)에 게재된 필자의 「감정과 행위: 스타니슬랍스키 '시스템'에 대한 뇌과학적 접근」을 수정한 글임을 밝힌다.

04 동물을 잘 쓰는 법

1 글의 일부는 필자가 2024년 8월 국립아시아문화전당에서 "비인간을 쓰는 법"이라는 제목으로 진행한 강연의 발표문이다.

2 Rachel Cusk(2021), *Second Place*, New York: Picador, 7-8.

3 위의 책, 148-49.

4 Nichole Shukin(2009), *Animal Capital: Rendering Life in Biopolitical Times*, Minneapolis: University of Minnesota Press, 11.

5 위의 책, 11.

6 위의 책, 7.

7 Jacques Derrida(2008), *The Animal That Therefore I Am*, Edited by Marie-Louise Mallet and translated by David Wills, New York: Fordham University Press, 29.

8 위의 책, 31.

9 위의 책, 31.

10 Nichole Shukin(2009), 37.

11 위의 책, 20.

12 위의 책, 21.

13 Donna J. Haraway(2008), *When Species Meet*, Minneapolis: University of Minnesota Press, 20.

14 위의 책, 20.

15 위의 책, 20.

16 위의 책, 42.

17 Leonard Lawlor(2017), "Violence and Animality: An Investigation of Absolute Freedom in Foucault's *History of Madness*", *Foucalut and Animals*, Edited by Matthew Chrulew and Dinesh Joseph Wadiwel, Leiden: Brill, 67.

18 Bruno Latour(1993), *We Have Never Been Modern*, Translated by Catherine Porter, Cambridge, MA: Harvard University Press, 10.

19 위의 책, 10.

20 위의 책, 10-11.

21 위의 책, 11.

22 위의 책, 46.

23 위의 책, 46.

24 Tim Ingold(2016), *Lines: A Brief History*, London: Routledge, 1.

25 위의 책, 2.

26 위의 책, 2.

27 Donna J. Haraway(2016), *Staying with the Trouble: Making Kin in the Chthulucene*, Durham: Duke University Press, 42.

28 위의 책, 42-43.

29 위의 책, 43.

30 Cary Wolfe(2003), *Animal Rites: American Culture, the Discourse of Species, and Posthumanist Theory*, Chicago: University of Chicago Press, 39.

31 위의 책, 39.

32 위의 책, 39.

33 위의 책, 39.

34 위의 책, 42.

35 Marilyn M. Cooper(2019), *The Animal Who Writes: a Posthumanist Composition*, Pittsburgh: University of Pittsburgh Press, 30-31.

36 위의 책, 38.

37 Cary Wolfe(2013), *Before the Law: Humans and Other Animals in a Biopolitical Frame,* Chicago: University of Chicago Press, 8.

38 위의 책, 8-9.

39 위의 책, 9.

40 위의 책, 9.

41 위의 책, 16.

05 겹쳐진 경계: 동아시아 고대 제국의 변경과 그 주변

1 김병준(2008), 「漢이 구성한 고조선의 멸망과정 : 『사기』 조선열전의 재검토」, 『한국고대사연구』 50.

2 이성규 외(2006),『낙랑문화연구』, 동북아역사재단; 오영찬(2006),『낙랑군 연구』, 사계절 ; 중앙문화재연구원 편(2014),『낙랑고고학개론』, 진인진.

3 Kim Byung-joon(2013), "Lelang Commandery and Han China's Commandery-Based Rule", *The Han Commanderies in Early Korean History*(edited by Mark E. Byington), Boston: Korean Institue of Harvard University.

4 譚其驤 編(1981),『中國歷史地圖集』, 中國歷史地圖出版社.

5 『사기』 권110「흉노열전」"筑長城, 自代幷陰山下, 至高闕爲塞." 등.

6 『사기』 권113「서남이열전」.

7 高久建二(1995),『낙랑고분문화연구』, 학연문화사; 오영찬(2006),『낙랑군 연구』; 중앙문화재연구원(2014),『낙량고고학개론』 등. 한인계통, 고조선계통 등 용어에 대한 문제는 김병준(2007),「서평: 낙랑군 연구의 새로운 이해 틀, '낙랑인'」,『한국고대사연구』 48 참조.

8 김병준(2006),「지역문화에서 주변문화로: 중국고대 파촉문화의 華化 과정」,『四川文化』 2.

9 『사기』 권116「서남이열전」.

10 『후한서』 권86「남만서남이열전」"於是以右校令度尙爲荊州刺史, 討長沙賊, 平之. 又遣車騎將軍馮緄討武陵蠻, 竝皆降散. 軍還."

11 陳偉 主編(2018),『里耶秦簡牘校釋』(第2卷), 武漢大學出版社.

12 이와 관련하여 동남아시아 산악지대에서 저지대 중앙 권력에 저항하며 존재하고 있었던 '조미아'라는 집단에 주목할 필요가 있다. 이들은 국가의 지배가 미치지 않는 지역이 최근까지도 존재한다는 점에서 시사하는 바가 크다.

13 이성규(2005),「중화제국의 팽창과 축소 : 그 이념과 실제」,『역사학보』 186.

14 陳偉 主編,『里耶秦簡牘校釋』(第1卷), 武漢大學出版社, 2012, 簡8-461.

15 김병준(2008),「낙랑군 초기 편호과정과 '胡漢稍別': 〈樂浪郡初元四年縣別戶口多少 ㅁㅁ〉 목간을 단서」,『목간과 문자』 1.

06 정치경제철학 교육은 어떤 역량을 기르고, 길러야 하는가?

1 이 글의 초고는 2024. 10. 18. 서울대학교 인문학연구원에서 주최한 제6회 인문학 심포지엄 〈경계: 짓다, 지우다, 넘어서다〉, 2025. 5. 19. 경북대학교 철학과/PPE 융합전공에서 주최한 제2회 PPE 포럼에서 발표되었다. 유익한 논평을 통해 내용을 재검토, 보완할 기회를 주신 이해완, 권홍우, 최정규 교수님께 감사를 표한다.

2 대표적인 저널로 *Politics, Philosophy & Economics*(https://journals.sagepub.com/home/PPE), 학회로 The Philosophy, Politics, and Economics Society(https://ppesociety.org)를 들 수 있다. 여러 대학의 PPE 프로그램에 대한 정보는 https://ppesociety.org/ppe-programs-around-the-world에서 찾을 수 있다. 서울대에서도 2016년 개설된 정치경제철학 연계전공이 2024년 2학기부터 정치경제철학 연합전공으로 확대, 개편해 운영되고 있다(https://ppe.snu.ac.kr). (검색일: 2024. 12. 18.)

3 정치경제철학 연구의 성격, 대상, 학제성(interdisciplinarity)에 대한 논의로 Alan Hamlin (2010), "The PPE enterprise: A substantive research programme", *Politics, Philosophy & Economics 9*(4), 366-378; Geoffrey Brennan and Geoffrey Sayre-McCord(2022), "PPE as an Intellectual Enterprise", *The Routledge Handbook of Philosophy, Politics, and Economics*, Routledge, 3-16 참조.

4 이러한 입장의 대표적 사례로 Lionel Robbins(1932), *An essay on the nature and significance of economic science*, Macmillan and Co, ch. 6.

5 Daniel Hausman and Michael S. McPherson(2009), "Preference satisfaction and welfare economics", *Economics & Philosophy 25.1*, 1-25, 특히 16쪽 이하. 시민들의 선호 대신 정책 결정자가 시민들에게 좋은 것이라 여기는 바에 따라 정책을 수립하면 자신에게 좋은 것이 무엇인지 판단할 시민들의 능력을 무시하고 그들을 어린애 취급하는 것이라 그르다고도 할 수 있다. Seana Shiffrin(2000), "Paternalism, unconscionability doctrine, and accommodation", *Philosophy & Public Affairs 29.3*, 205-250.

6 경제학 전공자가 종종 다른 학문 전공자보다 이기적인 행동, 성향을 보이는 것도 이와 유사하게 오해로 인해 발생하는 문제라 할 수 있다. Amitai Etzioni(2015), "The moral effects of economic teaching", *Sociological Forum 30.1*, 228-233. 개인의 행동과 경제 현상의 중요한 측면을 설명하는데 유용한 이론, 간명한 모델을 만들기 위해 여러 다른 동기들을 사상(捨象)하고 사람이 이기적이라고 가정하기도 하는데, 그것이 모든 행위의 동기에 대한 완전한 설명이나 나아가 불가피하고 정당한 것으로 오해되는 것으로 보인다.

7 개인에게 좋음, 복리에 대한 여러 윤리학 이론을 조망하려면 Guy Fletcher(ed.)(2016), *The Routledge handbook of philosophy of well-being*, London: Routledge 참조.

8 우선주의에 대해서는 Derek Parfit(1997), "Equality and priority", *Ratio 10.3*, 202–221.

9 기본적 자유를 구현하는 대표적인 제도는 국민의 기본권 보장을 선언하고, 정부 권력

을 분립하여 부(部)간 상호 견제를 통해 오남용되기 쉬운 공권력에 의한 기본권 침해를 방지하는 헌법이다. 대한민국헌법도 국민의 기본적 자유를 천명하고, 국민의 모든 자유와 권리는 국가안전보장, 질서유지, 공공복리를 위해 필요한 경우에 한해 법률로써 제한할 수 있으며, 제한하는 경우에도 자유와 권리의 본질적 내용을 침해할 수 없다고 규정해(37조 2항), 대한민국이 자유주의 국가임을 밝히고 있다. 또한, 국회가 제정한 법률이 이러한 헌법에 어긋나진 않는지, 행정부의 명령, 규칙, 처분이 헌법과 법률에 부합하는지를 헌법재판소와 법원이 독립적으로 심판하도록 규정하고 있다(107조 2항, 111조 1항 1호). 이처럼 정치철학과 함께 법학을 공부해도 개인의 자유가 제도적으로 구현되는 기제에 대한 이해를 심화할 수 있다.

10 롤스의 기본적 자유 및 그의 정의론 전반에 대한 개괄적 소개로는 필자가 2022. 5. "자유와 정의: 롤스의 자유주의적 정의론"이라는 제목으로 〈네이버 열린연단〉에서 강연한 내용을 참조: https://openlectures.naver.com/contents?contentsId=143760&rid=2962(검색일: 2024. 12. 18.) 이 단락의 내용도 위 강연 원고의 일부를 활용해 작성되었다.

11 법치주의 원리에 따라 사전에 공포된 명확하고 일관된 법규에 따라 예측할 수 있게 공권력이 행사되어야, 시민들의 자발적 협력이 수월해져 사회가 번영하고 국민의 복지가 향상된다는 것이 여러 경험 연구를 통해 입증되어 왔다. 예를 들어 Robert Barro(1997), *Determinants of Economic Growth: A Cross-Country Empirical Study*, MIT Press. Timothy Besley and Torsten Persson(2011), *Pillars of Prosperity*, Princeton University Press, ch.3. 이에 대한 이론적 설명으로는 F. A. Hayek(1944), *The Road to Serfdom*, The University of Chicago Press, ch.6. [국역본: 프리드리히 하이에크(2018), 『노예의 길』, 김이석 옮김, 자유기업원.]

12 Lon Fuller(1964), *The Morality of Law*, Yale University Press. [국역본: 론 풀러(2015), 『법의 도덕성』, 박은정 옮김, 서울대학교출판문화원.]

13 일찍이 버나드 윌리엄스는 종국적 사태의 가치에만 주목하고 행위가 결과에 이르는 과정을 무시하는 것이 결과주의의 문제라고 지적한 바 있다. J. J. C. Smart and Bernard Williams(1973), *Utilitarianism: for and against*, Cambridge University Press, 108-9.

14 Martin Wilkinson(2013), "Nudging and manipulation", *Political Studies 61.2*, 341-355.

15 Masahiko Aoki(2001), *Toward a comparative institutional analysis*, MIT press.

16 John Rawls(1999), *A theory of justice, Harvard University Press*, 242 [국역본: 존 롤스(2003), 『정의론』, 황경식 옮김, 이학사].

17 John Tomasi(2012), *Free market fairness*, Princeton University Press, ch.8.

18 Peter Hall and David Soskice eds.(2001), *Varieties of Capitalism: The Institutional Foundations of Comparative Advantage*, Oxford University Press, ch.1.

19 한국 경제의 제도적 특성을 조망하려는 초보적 시도로 이영훈 엮음(2014), 『한국형 시장경제체제』, 서울대학교출판문화원.

20 Cristina Bicchieri(2005), *The grammar of society: The Nature & Dynamics of Social Norms*, Cambridge University Press; Geoffrey Brennan, Lina Eriksson, Robert Goodin and Nicholas Southwood(2013), *Explaining Norms*, Oxford University Press 참조. 공식 법적 규칙(formal legal rules)의 본성에 대한 사회(과)학적 분석으로는 H. L. A. Hart(1961/2012), *The concept of law*, Oxford University Press. [국역본: 허버트 하트(2001), 『법의 개념』, 오병선 옮김,아카넷.]

21 Christine Schroeder and Deborah Prentice(1998), "Exposing pluralistic ignorance to reduce alcohol use among college students", *Journal of Applied Social Psychology 28.23*, 2150-2180. 반면, 대학 총장이 학생의 음주를 금지하는 학칙을 내린다면, 그에 반항하려는 동기를 유발해 오히려 술을 더 많이 마시게 되는 부작용이 생길 수도 있다. 인센티브의 상대방이 인센티브가 자신의 자율적 자기 결정을 손상시키고 다른 사람이 자신을 통제하려는 수단으로 여기면, 의도와 달리 부정적 효과를 낳을 수 있음에 대해서는 Samuel Bowles (2016), *The moral economy: Why good incentives are no substitute for good citizens*, Yale University Press, 98-102. [국역본: 새뮤얼 보울스(2020), 『도덕경제학』, 최정규·박용진·전용범 옮김, 흐름출판.]

22 Michele Gelfand, Sergey Gavrilets and Nathan Nunn(2024), "Norm dynamics: Interdisciplinary perspectives on social norm emergence, persistence, and change." *Annual Review of Psychology 75.1*, 341-378.

23 Sara Constantino et al.(2022), "Scaling up change: a critical review and practical guide to harnessing social norms for climate action", *Psychological science in the public interest 23.2*, 50-97.

24 Vasiliki Fouka(2020), "Backlash: The unintended effects of language prohibition in US schools after World War I", *The Review of Economic Studies 87.1*, 204-239. Brian Wheaton, "Laws, beliefs, and backlash", Unpublished Working Paper at https://www.anderson.ucla.edu/sites/default/files/document/2022-09/Laws%20Beliefs.pdf (검색일: 2024. 12. 18.).

25 Brian Arthur(2009), *The nature of technology: What it is and how it evolves*,

New York: Free Press. Brian Arthur(2014), *Complexity and the economy*, Oxford University Press. Gerald Gaus(2021), *The Open Society and Its Complexities*, Oxford University Press, Part II.

26 현실의 합리성과 불가피성을 이해하면 현실과 화해할 수 있다는 생각은 헤겔적이다. G. W. F. Hegel(1991), *Elements of the Philosophy of Right*, edited by Allen Wood and translated by H. B. Nisbet, Cambridge University Press, 22. John Rawls (2001), *Justice as fairness: A restatement*, Harvard University Press, 3-4 [국역본: 존 롤스(2016), 『공정으로서의 정의: 재서술』, 김주휘 옮김, 이학사]도 참조.

27 Joshua Angrist et al.(2017), "Economic research evolves: Fields and styles", *American Economic Review 107.5*, 293-297; Wolfgang Pietsch(2021), *Big Data*, Cambridge University Press.

28 Darrell Huff(1954/1982), *How to lie with statistics*, W. W. Norton[국역본: 대럴 허프(2022), 『새빨간 거짓말, 통계』, 박영훈 옮김, 청년정신]; Carl Bergstrom and Jevin West(2020), *Calling bullshit: The art of skepticism in a data-driven world*, New York: Random House.

29 최정규(2016), 『게임이론과 진화 다이내믹스』, 이음; Stephen Schecter and Herbert Gintis(2016), *Game theory in action: an introduction to classical and evolutionary models*, Princeton University Press.

30 John Miller and Scott Page(2009), *Complex adaptive systems: an introduction to computational models of social life: an introduction to computational models of social life*, Princeton University Press; Paul Smaldino(2023), *Modeling social behavior: Mathematical and agent-based models of social dynamics and cultural evolution*, Princeton University Press.

31 김현섭(2023), 「민주주의의 퇴행이란 무엇이고, 어떻게 발생, 진행되며, 왜 문제인가? 조망과 평가」, 『한국정치연구』 32.3, 29-67.

32 Abhijit Banerjee and Esther Duflo(2019), *Good economics for hard times*, New York: Public Affairs[국역본: 아비지트 배너지·에스테르 뒤플로(2020), 『힘든 시대를 위한 좋은 경제학』, 김승진 옮김, 생각의 힘.]; Gerald Gaus(2021), *The Open Society and Its Complexities*, Oxford University Press, Part III.

33 Nancy Cartwright and Jeremy Hardie(2012), *Evidence-based policy: A practical guide to doing it better*, Oxford University Press; Diane Coyle(2021), *Cogs and Monsters: what economics is, and what it should be*, Princeton University Press. [국역본: 다이앤 코일(2023), 『톱니바퀴와 괴물』, 김홍옥 옮김, 에코리브르.]

34 정치적 권력 행사가 부당한 강압(coercion)이 되지 않으려면 그에 기속되는 모든 사람이 자신의 관점에서 이성을 발휘해 승인할 것이라 합리적으로 기대할 수 있는 이유와 원칙에 따른 것이어야 한다. 롤스는 이 원칙을 '정당성에 대한 자유주의적 원리(liberal principle of legitimacy)'라 불렀다. John Rawls(1993/2005), *Political Liberalism*, Columbia University Press, 137.[국역본: 존 롤스(2016), 『정치적 자유주의』, 장동진 옮김, 동명사.] Gerald Gaus(2011), *The Order of Public Reason*, Cambridge University Press, 479 이하도 참조. 어떤 사람에게 그가 수용할 수 있는 이유 없이 강제력을 행사하는 것은, 상황을 성찰하고 이유를 인식할 수 있는 이성을 지닌 존엄한 인간을 단지 수단으로 취급하거나 지배(dominate)하려는 것으로 그의 인격을 존중한다고 보기 어렵다. Thomas Nagel(1991), *Equality and Partiality*, Oxford University Press, 159. Charles Larmore(2020), *What is political philosophy?*, Princeton University Press, 144-58.

35 James Scott(1998), *Seeing like a state: How certain schemes to improve the human condition have failed*, Yale University Press. [국역본: 제임스 스콧(2010), 『국가처럼 보기』, 전상인 옮김, 에코리브르.]

07 인지진화종교학: 초학제적 연구 프로그램

1 막스 뮐러(1995), 『종교학입문』, 김구산 옮김, 동문선, 34-35.

2 현대적 의미의 종교학이 시작된 19세기 이전에도 서양의 고대와 중세, 그리고 초기 근대 시기에 활동한 철학자, 신학자, 사상가 등이 당대의 지성사적 문제의식에 따라 다양한 관점에서 종교를 학문적 연구의 대상으로 바라보았으며, 이러한 노력이 현대 종교학 출현의 근간이 되었다. 유요한(2020), 『종교학의 이해: 현대사회의 종교학』, 세창출판사, 103-118.

3 Walter H. Capps(1995), *Religious Studies: The Making of a Discipline*, Minneapolis: Fortress Press, xxi.

4 Jeppe Sinding Jensen(2014), *What is Religion?*, Durham: Acumen, 6-7.

5 Ara Norenzayan(2013), *Big Gods: How Religion Transformed Cooperation and Conflict*, Princeton: Princeton University. [국역본: 아라 노렌자얀(2016), 『거대한 신, 우리는 무엇을 믿는가: 신은 인간을 선하게 만드는가 악하는게 만드는가』, 홍지수 옮김, 김영사.]

6 Joseph Henrich(2015), *The Secret of Our Success: How Culture Is Driving Hu-*

man Evolution, Domesticating Our Species, and Making Us Smarter, Princeton: Princeton University. [국역본: 조지프 헨릭(2024), 『호모 사피엔스: 인류를 지배종으로 만든 문화적 진화의 힘』, 주명진, 이병권 옮김, 21세기북스.]

08 문학은 어떻게 대중과 만날까?: 『젊은 베르터의 고통』과 『그림 동화』의 경우

1 글을 읽을 수 있는 사람들의 비율은 지속적으로 증가하여 1800년에는 25%, 1840년에는 40%, 1870년에는 75%가 되었으며, 20세기로 넘어가던 1900년경에는 90%에 이르게 된다

2 형인 야콥은 사전의 A, B, C, E 부분의 전부 및 F 부분의 일부를 집필하였고, 동생인 빌헬름은 D 부분을 집필했다. 두 사람의 사후에 롤프 힐데브란트 등의 저명한 독문학자들이 집필을 이어 가다가 프로이센 학술원이 사전의 집필을 넘겨 받았다. 독일이 분단된 이후인 1946년부터는 서독의 괴팅겐 학술원과 동독 학술원이 함께 사전의 집필을 이어 갔고, 1961년, 그림 형제에 의해 사전 집필이 시작된 지 123년 만에 사전의 마지막 권인 32권이 발간되었다. 1971년에는 단어 설명의 출처를 담은 33권이 출간되었다.

09 거란족의 요나라에 편입된 발해인들

1 송영대(2017), 「디아스포라의 관점에서 본 발해 유민의 고려 이주 양상과 특징 검토」, 『동아시아고대학』 46, 동아시아고대학회, 146.

2 요 황제릉의 가장 큰 특징은 주변에 제사와 수비를 위한 성, 즉 봉릉읍을 설치하는 것이다. 조릉의 봉릉읍이 조주, 회릉의 봉릉읍이 회주, 경릉의 봉릉읍이 경주이다. 봉릉읍에는 황제가 거처할 공간, 제사공간과 음식을 마련하는 공간 등이 마련되었다.

3 박순우(2019), 「10~14세기 '발해인' 정체성의 변질과 진화」, 『한국사연구』 184, 한국사연구회, 182-183

4 현재의 내몽고 적봉시 파림좌기(巴林左旗) 임동진(林東鎭) 근처에 해당한다.

5 徐秉琨·孫守道 主編(1998), 『東北文化 – 白山黑水中的農牧文明 –』, 中國地域文化大系, 上海遠東出版社, 商務印書館.

6 ゴ ジンイ(2021), 「遼塼室墓の立體構造に關する一視點」, 『早稻田大學大學院文學研究科紀

要』 66.; 권오영(2022), 『부여, 고구려, 발해 고분과 유라시아 북부 고분의 비교』, 한국의 고대 고분과 유라시아 네트워크 3, 134-164.

7 杜曉帆(1986), 「試探遼墓出土的面具,銅絲網絡與宗教的關係」, 『文物天地』 6; 楊晶(1992), 「契丹族的金屬網絡和面具」, 『文物天地』 6; 木易(1993), 「遼墓出土金屬面具,網絡及相關問題」, 『北方文物』 4; 劉冰(1994), 「試論遼代葬俗中的金屬面具及相關問題」, 『內蒙古文物考古』 1.

8 陳永志(2011), 「出土文物から見た契丹人の葬送習俗」, 『草原の王朝 契丹』, 九州國立博物館, 15.

9 徐秉琨·孫守道 主編(1998), 『東北文化-白山黑水中的農牧文明-』, 中國地域文化大系, 上海遠東出版社, 商務印書館.

10 九州國立博物館(2011), 『草原の王朝契丹』.

11 唐統天(1988), 「遼'陳國公主墓誌銘'補」, 『遼金契丹女眞史研究』 1.; 魏奎閣(1989), 「蕭紹矩世系初考」, 『遼金契丹女眞史研究』 1.

12 권오영(2023), 「발해 유민 디아스포라의 고고학적 증거들」, 『인문논총』 80-1, 서울대학교인문학연구소.

13 『舊唐書』: 靺鞨蓋肅愼之地, 後魏謂之勿吉. 在京師東北千餘里, 東至於海, 西接突厥, 南界高麗, 北隣室韋, 其國凡爲數十部, 各有酋帥, 或附於高麗, 或臣於突厥.

14 『類聚國事』: 渤海國者, 高麗之故地也. --其國延袤二千里, 無州縣館驛, 處處有村里, 皆靺鞨部落, 其百姓者, 靺鞨多, 土人少. 皆以土人爲村長, 大村曰都督, 次曰剌史, 其下百姓皆曰首領. 土地極寒, 不宜水田, 俗頗知書, 自高氏以來, 朝貢不絶.

15 『松漠紀聞』: 其王舊以大爲姓, 右姓曰高張楊竇烏李, 不過數種, 部曲奴婢無姓者皆從其主.

16 이효형(2018), 「동아시아 경계인으로서의 발해인과 발해유민」, 『동아시아고대학』 52, 동아시아고대학회,32.

10 경계 넘기의 어려움: 유럽 난민 문제에 대한 문학적 성찰

1 난민 숫자는 다음의 두 통계자료 참조. '2009년에서 2023년 사이 유럽연합 내 최초 망명 신청자 수(Anzahl der erstmaligen Asylbewerber in der Europäische Union in den Jahren 2009 bis 2023)'와 '2014년에서 2024년까지 독일 내 망명 신청 수(Anzahl der Asylanträge in Deutschland von 2014 bis 2024)'.
https://de.statista.com/statistik/daten/studie/1173554/umfrage/asylbewerber-in-der-eu/ https://de.statista.com/statistik/daten/studie/76095/umfrage/

asylantraege-insgesamt-in-deutschland-seit-1995/

2 「'반이민' 정서 확산에… 독일 "국경 검문 강화"」, 『경향신문』 2024.9.10. Online https://www.khan.co.kr/ article/202409102148025

3 '독일을 위한 대안'은 튀링겐주에서는 1위를 차지했고, 바로 옆 작센에서는 1.3%라는 근소한 차이로 2위를, 브란덴부르크에서도 1.7% 차이로 2위를 기록했다. 주별 선거 결과는 다음 사이트 참조.

https://www.tagesschau.de/wahl/archiv/2024-09-01-LT-DE-TH/index.shtml

https://www.tagesschau.de/wahl/archiv/2024-09-01-LT-DE-SN/index.shtml

https://www.tagesschau.de/wahl/archiv/2024-09-22-LT-DE-BB/index.shtml

4 세 명을 숨지게 하고 여덟 명에게 중상을 입힌 범인은 더욱이 유럽연합 내 타국을 경유해 불법으로 독일에 들어왔기 때문에 더블린 협약에 따르면 독일에서 난민 지위를 신청할 자격조차 없어 최초 입국 국가인 불가리아로 송환될 예정이었다. 이 사건에 대해서는 다음을 참조.

https://de.wikipedia.org/wiki/Messeranschlag_in_Solingen

5 국가별 국경 통제 현황에 대해서는 유럽연합 집행위원회의 다음 사이트 참조.

https://home-affairs.ec.europa.eu/policies/schengen-borders-and-visa/schengen-area/temporary-reintroduction-border-control_en

6 이 소설의 제목은 '가다'라는 의미를 지닌 불규칙 변화 동사 'gehen'의 기본형, 과거형, 과거분사가 나열된 형태로 보통 불규칙 동사표에 수록된 형태이다. 실제로 소설에는 불규칙 동사표를 외우는 난민 청년의 모습이 묘사되며 몇몇 대목에 의미적 연관이 있는 불규칙 동사의 변화형이 삽입되기도 한다. 영역본의 제목은 *Go, Went, Gone*이다.

7 영어로 번역된 외국 소설을 대상으로 한 인터내셔널 부커상은 작가와 번역가에게 공동으로 수여되는데, 예니 에르펜베크는 번역가 미하엘 호프만과 함께 이 상을 받았다. 2016년 『채식주의자』로 번역가 데보라 스미스와 함께 부커상의 전신인 맨부커상을 받은 작가 한강은 2024년 노벨 문학상을 수상했는데, 예니 에르펜베크도 영미권 언론에서 유력한 노벨 문학상 후보로 거론될 만큼 현재 가장 주목받는 독일 작가 중 한 명이다.

8 장편소설 『모든 저녁이 저물 때』에 대해서는 다음의 졸고 참조. 조성희(2023), 「막간극을 통한 서사의 확장-예니 에르펜베크의 『모든 저녁이 저물 때』에 나타나는 가족사와 시대사의 교차」, 『독어교육』 86집, 193-217; 조성희(2023), 「에르펜베크의 『모든 저녁이 저물 때』에 나타난 상호텍스트성: 마야콥스키의 「젊음의 비밀」과의 연관을 중심으로」, 『외국문학연구』 91호, 67-90.

9 Jenny Erpenbeck(2018), *Gehen, ging, gegangen*, München, 29. 이하 이 소설에서의 인용은 본문에 쪽수만 표기하며 인용문의 번역은 필자가 직접 했다. 이 작품은 독일어로 쓰였지만, 아직 독일어를 잘하지 못하는 난민들의 말을 그대로 인용하듯이 종종 영어나 이탈리아어로 된 단어나 문장도 나오는데, 원문의 이러한 차이를 보여주기 위해 영어는 번역하지 않고 그대로 둔다.

10 Friedmar Apel(2015), "Wir wurden, werden, sind sichtbar", *Frankfurter Allgemeine Zeitung vom 16.09.2016.* online http://www.faz.net/-gr3-87529; Judith von Sternburg(2015), "Jedermann und die Afrikaner", *Die Frankfurter Rundschau vom 18.09.2015.* online https://www.fr.de/kultur/literatur/ jedermann-afrikaner-11693352.html

11 Judith von Sternburg(2015).

12 샤피는 리하르트가 전문가의 입장보다는 배우는 사람의 입장으로 더 자주 등장한다는 점, 이 작품이 교사와 학생의 역할을 유연하고 상호 교환 가능하게 설정함으로써 새로 온 사람에게만 배움을 기대하는 기존의 통합 개념을 의문시하고 있다는 점을 지적한다. Monika Shafi(2017), "'Nobody Loves a Refugee'. The Lessons of Jenny Erpenbeck's Novel *Gehen, ging, gegangen*", *Gegenwartsliteratur 16*, 190.

13 실제로 카다피는 죽기 얼마 전 다음과 같은 말을 했다고 한다. "잘 들어라, 나토 국민들아! 너희는 장벽에 폭격을 퍼붓고 있다. 아프리카인이 유럽으로 이주할 길을 막고, 알카에다 테러리스트들을 막고 있는 그 장벽에 말이다. 그 벽은 리비아다. 너희 바보들이 그 벽을 허물고 있다. 너희는 아프리카에서 밀려올 수많은 이민자들로 지옥의 불을 맛볼 것이다. 바로 너희가 알카에다를 지원한 것이다. 난 거짓말을 한 적이 없고, 지금도 허풍이 아니다. 너희는 반드시 그렇게 될 것이다." 슬라보예 지젝(2016), 『새로운 계급투쟁: 난민과 테러의 진정한 원인』, 김희상 옮김, 자음과모음, 58.

14 Peter Sloterdijk(2015), "Die Europäer definieren sich selber als gutartig", Peter Sloterdijk im Gespräch mit Rainer Burchardt, *Deutschlandfunk vom 30.7.2015.* Online https://www. deutschland funk.de/peter-sloterdijk-die-europaeer-definieren-sich-selber-als-100.html.

15 송병준(2022), 『유럽연합의 자유안전사법지대: 거버넌스와 정책』, 한국학술정보, 371-374 참조.

16 송병준(2022), 368-371 참조.

17 유럽연합의 이민·난민 정책 개혁에 대해서는 다음 두 기사와 유럽연합 이사회 보도자료 참조. 「EU, '난민 강제분담' 新이민협정 최종 승인…2026년 시행」, 『연합뉴스』, 2024.5.14. Online https://www.yna.co.kr/ view/AKR20240514167500098; "Was

das neue EU-Asylgesetz bringt", *Tagesschau vom 14.05.2024*. Online https://www.tagesschau.de/ausland/europa/eu-asylgesetz-100.html; https://www.consilium. europa.eu/de/press/press-releases/2024/05/14/the-council-adopts-the-eu-s-pact-on-migration-and-asylum/

18 Katharina Granzin(2015), "Der gute Richard", *Die Tageszeitung vom 13.9.2015*. online https:// taz.de/Roman-ueber-Fluechtlingsbiografien/!5229981/

19 이 글에서는 다루지 못했지만, 주인공 리하르트는 그의 선의와 진지함에도 불구하고 그의 의식 한편에 자리 잡은 인종과 젠더에 대한 태도 면에서 문제적 인물이기도 하다. 주인공을 어떻게 평가할 것인가에 대해서 필자는 2024년 6월 28~30일에 열린 상호문화적 독문학회(Gesellschaft für interkulturelle Germanistik)의 국제학술대회에서 발표한 바 있으며 이 원고는 수정, 보완 후 출간 예정이다. Seonghee Cho(2024), "Vom Beobachter zum Freund: Solidarität durch Empathie in Jenny Erpenbecks *Gehen, ging, gegangen*", Tagung der Gesellschaft für interkulturelle Germanistik 2024: Krisen als Impulse für die Germanistik? Überlegungen, Untersuchungen, Reflexionen.

20 예컨대, 2016년 12월 19일 베를린 도심의 크리스마스 시장에서 자행된 이슬람 극단주의자의 트럭 테러로 13명이 숨지고 67명이 다쳤으며, 2024년 8월 23일 졸링겐시 축제 현장의 흉기 테러로 3명이 사망하고 8명이 다쳤다.

21 Homi K. Bhabha(2018), "Migration, rights, and survival : The importance of the humanities today", *From the European South 3*, 7-12.

11 움직이는 경계: 정동과 페미니즘

1 새삼스러운 말이지만, 페미니즘의 역사와 정의는 단일하지 않다. 편의상 이 글에서는 근대 초기에 시작된 여성의 권리 요구, 평등을 추구하는 사회운동, 젠더와 섹슈얼리티를 둘러싼 사유와 앎의 체계를 포괄하여 페미니즘으로 부른다.

2 조선정(2022), 「여성의 시간, 차이의 공간: 페미니스트 문학비평과 탈주체」, 『영미문학페미니즘』 30.2.

3 Sara Ahmed(2004), *The Cultural Politics of Emotion*, Edinburgh: Edinburgh University Press.

4 Edwin Curley ed.(1994), *A Spinoza Reader: The Ethics and Other Works*, New Jersey: Princeton University Press. 많은 연구자들이 언급했다시피, 스피노자의 용

어 사용이 일관적이지 않기 때문에 그의 저서를 절대적 기준으로 여길 필요는 없다. 비슷한 이유로, 번역을 둘러싸고 벌어졌던 복잡한 논쟁을 복기할 필요도 없을 것이다. 이 지면에서는 지난 수십 년 동안 학술장에서 개념적 실효성을 발휘하면서 통용된 용법을 따른다. 덧붙여, 이 글이 영미권 이론에 집중하는 탓에 두텁게 축적된 국내 연구를 살펴 반영하지 못한 한계가 있음을 미리 밝혀둔다.

5 Melissa Gregg and Gregory J. Seigworth eds.(2011), *The Affect Theory Reader*, Durham: Duke University Press.

6 Patricia Clough and Jean Halley eds.(2007), *The Affective Turn: Theorizing the Social*, Durham: Duke University Press.

7 Clare Hemmings(2005), "Invoking Affect: Cultural Theory and the Ontological Turn," *Cultural Studies 19.5.*

8 Gille Deleuze and Félix Guattari(1980/1987), *A Thousand Plateaus*, Translated by Brian Massumi, Minneapolis: Minnesota University Press.

9 한강(2007), 『채식주의자』, 창비.

10 Eve Kosofsky Sedgwick and Adam Frank(1995), "Shame in the Cybernetic Fold: Reading Silvan Tomkins," Critical Inquiry 21.2.

11 Eve Kosofsky Sedgwick(1997), "Paranoid Reading and Reparative Reading, Or, You're So Paranoid, You Probably Think This Introduction Is About You", *Novel Gazing: Queer Reading in Fiction*, Durham: Duke University Press.

12 Eve Sedgwick(2007), "Melanie Klein and the Difference Affect Makes", *South Atlantic Quarterly 106.3.*

13 조선정(2021), 「비평하는 몸」, 『문학동네』 108.

14 Joan Scott(1997), *Only Paradoxes to Offer: French Feminists and the Rights of Man*, Cambridge: Harvard University Press.

15 Simone de Beauvoir(1949/2011), *The Second Sex*, Translated by Constance Borde and Sheila Malovany-Chevallier, New York: Vintage.

16 Judith Butler(1990), *Gender Trouble: Feminism and the Subversion of Identity*, New York: Routledge; Judith Butler(1993), *Bodies That Matter: On the Discursive Limits of Sex*, New York: Routledge.

17 Judith Butler(2004), *Precarious Life: The Power of Mourning and Violence*, London: Verso; Judith Butler and Athena Athansiou(2013), *Dispossession: The Performative in the Political*, London: Polity.

18 Mark Fisher(2008), *Capitalist Realism: Is There No Alternative?*, Alresford: John

Hunt Publishing.

19 Lauren Berlant(2011), *Cruel Optimism*, Durham: Duke University Press.

12 경계 밖의 존재들을 향하는 자크 오디아르의 시선

1 이 글은 「동시대 프랑스 영화에 재현된 이민자와 프랑스인의 관계 맺기 양상」(『프랑스문화연구』, 2018)과 「자크 오디아르의 〈러스트 앤 본〉에 나타난 몸과 권력의 관계」(『영화연구』, 2019)에 실린 필자의 글 일부를 수정 및 보완, 확장하여 재수록한 것이다.

2 장애를 갖게 되었을 때 남성과 비교하여 여성이 겪게 되는 다층적 고통에 대해서는 Michelle Fine and Adrienne Asch ed.(1988), *Women with disabilities: Essays in Psychology, Culture and Politics*, Temple University Press.를 참고하라.

3 수전 웬델(2013), 『거부당한 몸: 장애와 질병에 대한 여성주의 철학』, 강진영, 김은정, 황지성 옮김, 그린비, 13-14.

4 줄리아 크리스테바(2001), 『공포의 권력』, 서민원 옮김, 동문선, 21-43.

5 방리유(banlieue)는 사전적으로는 교외 지역을 의미하지만, 오늘날에는 파리로 대표되는 프랑스 대도시의 외곽 지역에 형성된 이민자 밀집 거주 지역으로 통용되며 빈곤과 범죄 등의 사회적 문제를 안고 있다.

6 조르조 아감벤, 『호모 사케르: 주권 권력과 벌거벗은 생명』, 박진우 옮김, 새물결, 2008, 319.

7 위의 책, 318.

8 '호모 사케르'는 "희생물로 바칠 수는 없지만 죽여도 되는 생명"(조르조 아감벤, 『호모 사케르』, p.175)을 가리키는 표현으로, 생명정치적 맥락에서 주권, 법으로부터 버림받은 자를 의미한다.

9 이 작품의 원제는 〈Les Olympiades〉로 파리 13구의 도시 재개발 계획의 일환으로 조성된 현대적인 고층 복합 건물로 이루어진 구역을 가리키며, 각 건물의 명칭은 삿포로, 헬싱키, 도쿄 등 외국 도시에서 빌려 왔다.

10 사토 요시유키(2014), 『신자유주의와 권력: 자기-경영적 주체의 탄생과 소수자-되기』, 김상운 옮김, 후마니타스, 10-12.

11 김호영(2017), 『영화관을 나오면 다시 시작되는 영화가 있다: 열한 편의 영화와 열한 명의 감독』, 위고, 95-96.

12 푸코가 지적했듯이, 성을 중심으로 하는 생명 통치는 억압의 가장 기본적이며 상징

적인 방식이다. 인류 보존의 목적을 벗어나는 '쾌락'을 위한 성은 금기시되어 왔다. 19세기 빅토리아 시대에는 "생식기능에 부합하지 않거나 생식기능에 의해 변형되지 않는 것은 더 이상 발붙일 곳이 없다. (……) 섹스는 17세기 억압의 시대가 출현하게 되면서 자본주의의 발전과 일치되기에 이른다. 즉, 그것은 부르주아 질서와 일체가 되었던 것 같다.": 미셸 푸코, 『성의 역사』, 27-29.

찾아보기

ㄹ

ㅁ

ㅂ

ㅅ

ㅊ

ㅋ

ㅌ

ㅍ

ㅎ

저자 소개

가나다순

구형찬

서울대학교 종교학과 강사. 종교문화의 진화인지적 제약을 연구한다. 서강대 K종교학술확산연구소 연구교수이자 서울대 진화인류학연구실 수석연구원으로 활동 중이다. 주요 저서로 『휴먼 디자인: 진화가 빚어낸 인간의 뇌, 마음, 행동, 그리고 사회와 문화』(공저), 『감염병 인류』(공저) 등, 역서로 『신을 찾는 뇌: 종교는 어떻게 진화했는가』, 『문화 설명하기: 자연주의적 접근』(공역) 등이 있다.

권오영

서울대학교 국사학과 교수. 서울대학교 국사학과에서 박사학위를 수여받고 국립중앙박물관 학예연구사, 동아대학교와 한신대학교 교수를 역임했다. 주요 저서로는 『미래를 여는 한국 고대사』, 『삼국시대, 진실과 반전의 역사』, 『해상 실크로드와 동아시아 고대국가』, 『고대 동아시아 문명교류사의 빛, 무령왕릉』 등이 있다.

김병준

서울대학교 역사학부 동양사전공 교수. 서울대학교에서 중국고대사 연구로 박사학위를 받았으며, 한림대학교 교수를 역임했다. 중국이라는 근대국가의 틀을 뛰어넘어 동아시아라는 종합적 시야에서 고대사를 복원하려고 노력하는 중이다. 저작으로는 『동부 유라시아 카타콤 및 부장품의 전파 네트워크』, 『중국 고대 지역문화와 군현지배』, 「사마천의 비판적 논어 읽기와 그 서사」, 「경계를 넘어서: 동아시아 시각에서 본 고구려벽화」, 「시각문서에서 시각석비로」, 「漢代 묘장 분포의 변화」, 「신의 웃음, 성인의 樂」 등이 있다.

김현섭

서울대학교 철학과 교수. 윤리학과 정치철학을 주로 연구, 교육하고 있으며, 서울대 정치경제철학 연합전공 운영에도 활발히 참여하고 있다. 미국 뉴욕대 철학과에서 박사학위를 받았고, 스탠포드대 사회윤리학 센터에서 박사 후 과정을 거쳤으며, 대한민국 법원에서 판사로 근무한 바 있다. 최근 논문으로 「Is luxury tax justifiable?」, 「Do We Know How to Implement Rawls's Liberal Principles of Justice?」가 있고, 민주주의 퇴행에 관한 책을 쓰고 있다.

백승무

서울대학교 노어노문학과 교수. 러시아학술원 산하 러시아문학연구소에서 박사학위를 취득한 후 러시아 연극이론과 한국 연극비평 분야를 연구하고 있다. 특히 스타니슬랍스키의 연극이론과 메이예르홀트의 생체역학에 깊은 관심을 가지고 있으며, 연극을 정신분석학, 뇌과학, 생체과학과 융합하는 데에도 흥미를 가지고 있다. 저역서로 『메이예르홀트의 연출세계(1-4)』(공역), 『한국연극, 깊이』, 『20세기를 빛낸 극작가 20인』 등 다수가 있다.

이동신

서울대학교 영어영문학과 교수. 현대미국소설과 포스트휴머니즘 분야를 연구한다. Texas A&M 대학교에서 박사학위를 취득한 후, 2010년부터 서울대학교에서 영어영문학과 교수로 재직 중이다. 저서로 『포스트휴머니즘의 세 흐름』, 『SF, 시대정신이 되다』, 『다르게 함께 살기: 인간과 동물』 등, 역서로는 『기이한 실재론: 러브크래프트와 철학』, 『점원』 등 다수가 있다.

이상아

서울대학교 언어학과 교수. 서울대학교 언어학과와 컴퓨터공학부를 졸업하고, 같은 대학 언어학과에서 석사 및 박사 학위를 받았다. 전공은 컴퓨터언어학이다. 대규모 언어 모델(LLM)의 언어 처리와 추론 과정을 분석하며, 그 과정이 인간의 인지 구조와 어떻게 같고 다른지에 관심을 두고 있다. 최근에는 영어 중심 데이터에 기반해 학습된 LLM이 드러내는 언어적·문화적 다양성의 한계를 연구하고 있다.

이선우

서울대학교 불어불문학과 교수. 프랑스 영화를 비롯한 영상 예술 전반과 프랑스 문화를 연구한다. 파리10대학에서 아피찻퐁 위라세타쿤에 대한 연구로 영화학 박사학위를 취득했으며, 성신여자대학교 프랑스어문문화학과 조교수를 지냈다. 지은 책으로 『영화로 읽는 파리』(공저), 『횡단하는 아프리카: 아프리카 문화, 세계를 넘나들다』(공저), 『영화로 읽는 프랑스 문화』, 옮긴 책으로는 『프랑스의 자살: 68혁명 이후 프랑스는 어떻게 자멸에 이르렀나』 등이 있다. 프랑스 사회와 문화 속에서 영화를 이해하는 작업에 가장 관심이 많지만, 아시아, 아프리카를 포함한 제3세계 영화 연구도 지속하고 있다.

조선정

서울대학교 영어영문학과 교수. 영국소설, 여성문학, 젠더/섹슈얼리티 이론, 퀴어서사, 비평이론을 연구하고 가르친다. Texas A&M 대학교에서 19세기 영국소설 연구로 박사학위를 받은 후 서울여자대학교에서 재직했다. 『*An Ethics of Becoming: Configurations of Feminine Subjectivity in Jane Austen, Charlotte Brontë, and George Eliot*』을 썼고, 『*Austen in Asia*』, 『페미니즘: 차이와 사이』, 『크리티컬 포인트: 문학, 비평, 이론』에 저자로 참여했다. 최근 논문으로 「여성화, 끝나지 않는 기획: 『제인 에어』의 가정과 제국」, 「여성의 시간, 차이의 공간: 페미니스트 문학비평과 탈주체」 등이 있다.

조성희

서울대학교 독어독문학과 교수. 괴테 시대의 문학과 기억문화, 동시대 소설을 중심으로 독문학을 연구한다. 독일 프라이부르크대학교에서 괴테의 소설에 관한 연구로 박사학위를 받았다. 지은 책으로 『*Verletzte Seelen. Psychische Traumata in Goethes Romanen*《*Wilhelm Meisters Lehrjahre*》*und*《*Die Wahlverwandtschaften*》』, 주요 논문으로 「막간극을 통한 서사의 확장-예니 에르펜베크의 『모든 저녁이 저물 때』에 나타나는 가족사와 시대사의 교차」, 「괴테와 쉴러의 문학적 협력-바이마르 고전주의의 기관지 『호렌』을 중심으로」, 「독일 문학아카이브의 역사와 현재」, 「한강의 『소년이 온다』와 홀로코스트 문학」, 「헤르타 뮐러의 『숨그네』에 나타난 고통의 시적 형상화」, 「가족기억과 나치 과거사」 등이 있다.

천현득

서울대학교 과학학과 교수. 서울대학교 물리학과를 졸업하고 동대학원에서 과학철학으로 박사학위를 받았다. 인공지능의 철학적, 윤리적 쟁점들에 관심을 가지고 인공지능과 감정, 이해, 설명가능성, 투명성 등에 관해 연구해 오고 있다. 지은 책으로는 『토머스 쿤, 미완의 혁명』, 『과학이란 무엇인가』(공저), 『인공지능의 존재론』(공저), 『인공지능의 윤리학』 (공저) 등이 있고, 「Functions of Scientific Concepts」, 「Meta-incommensurability Revisited」, 「Distributed Cognition in Scientific Contexts」, 「인공지능 윤리에서 해명가능성 원리」(공저), 「인공 지능에서 인공 감정으로」 등 과학철학의 여러 주제로 논문을 썼다.

홍진호

서울대학교 독어독문학과 교수. 19세기 말 20세기 초의 독일문학과 공연예술을 연구한다. 서울대학교에서 학사와 석사를 마치고 베를린 훔볼트 대학에서 박사학위를 마쳤다. 저서로 『이토록 매혹적인 고전이라면』, 『욕망하는 인간의 탄생』, 『문학작품 감상문 및 보고서 쓰기』 등, 역서로는 『파도』, 『독일 전설』(공역), 『다른 한편』, 『라이겐』 등이 있다.

인문학 공동연구 총서
경계, 짓다-지우다-넘어서다

2025년 11월 5일 초판 1쇄 인쇄
2025년 11월 20일 초판 1쇄 발행

엮음 서울대학교 인문대학
편집 정지현 · 김천희 · 엄귀영
디자인 김진운

펴낸이 윤철호
펴낸곳 ㈜사회평론아카데미
등록번호 2013-000247(2013년 8월 23일)
전화 02-326-1182
팩스 02-326-1626
주소 03993 서울특별시 마포구 월드컵북로6길 56
이메일 academy@sapyoung.com
홈페이지 www.sapyoung.com